Peter Ortag

Jüdische Kultur und Geschichte

Ein Überblick

Bonn 1997
Lizenzausgabe für die
Bundeszentrale für politische Bildung

3., aktualisierte Auflage 1997
Titelgestaltung:
Matthias Frach, Berlin
Satz, Layout und Grafik:
Autor
Gesamtherstellung:
Brandenburgische Universitäts-
druckerei und Verlagsgesellschaft
Potsdam mbH
Herausgeber:
Brandenburgische Landeszentrale
für politische Bildung
PF 60 10 51, 14410 Potsdam

ISBN 3-89331-299-4

Inhaltsverzeichnis

Vorwort

Deutschland 1922. Auf dem Höhepunkt der Inflation druckten viele Städte eigenes, sogenanntes Notgeld. Auch Sternberg im Mecklenburgischen gab solche Kupons heraus. Bemerkenswert daran waren die darauf abgebildeten Motive. Sie stellten ein Ereignis dar, welches sich 1492 in Sternberg zugetragen haben soll – eine Hostienschändung. Am 22. Oktober jenes Jahres, so die gar nicht fromme Legende, verkaufte ein Priester einer Gruppe von Juden zwei geweihte Hostien. Diese durchstachen den konsekrierten Leib Christi mit Nadeln, so daß Blut daraus floß. Die angebliche Untat wurde der Obrigkeit bekannt. Siebenundzwanzig an der „Tat" mehr oder weniger beteiligte Juden starben auf dem Scheiterhaufen, ihre Glaubensgenossen hatten Mecklenburg und das benachbarte Pommern zu verlassen. Sternberg etablierte sich als Wallfahrtsort und gelangte dadurch zu Wohlstand. Erst die Reformation bereitete dem makaberen Kult ein Ende. Noch 430 Jahre später aber war den Sternberger Stadtvätern jenes Ereignis wert, als Bildergeschichte ihr Notgeld zu zieren. Unkommentiert, als handele es sich dabei um eine historische, wahrheitsgemäße Begebenheit. Die Zeitgenossen, abgesehen von den jüdischen, dürften es eher gleichgültig aufgenommen haben.

Zwar gab es Juden schon seit 1500 Jahren in Deutschland. Ein wirklich nachbarschaftliches Zusammenleben mit der christlichen Majorität blieb die Ausnahme. In der Regel waren Juden immer die Fremden, mißtrauisch observiert, abgesondert, zurückgesetzt, verfolgt, vertrieben, häufig genug erschlagen oder verbrannt. Sie blieben bestenfalls Geduldete in einer festgefügten christlich-abendländischen Gesellschaftsordnung.

Jahrhundertelang bestimmten die unsinnigsten Vorurteile das Bild, das sich die rechtgläubigen Europäer von den buchstäblich unter ihnen lebenden Juden machten. Was mochte in ihren mit seltsamen Schriftzeichen gefüllten Büchern stehen? Was beteten sie in ihrer unverständlichen Sprache in ihren düsteren Synagogen? Schlachteten sie nicht Christenjungen zur Osterzeit, um sich an deren Blut zu laben? Und hatte nicht Christus der Herr selbst den hartherzigen Juden Ahasver und damit jenen ganzen Stamm verflucht, rastlos durch Zeit und Raum zu streifen, bis zum Jüngsten Tag?

Weder Aufklärung noch zunehmende Säkularisierung der Gesellschaft besiegten den Aberglauben. Bis hinein in das 20. Jahrhundert feierten die Greuelmärchen des Mittelalters Urständ, siehe Sternberg 1922. Als zwei Generationen später deutsche Nationalsozialisten die „Endlösung der Judenfrage" planten und diese mit dämonischer Zielstrebigkeit durchzuführen begannen, rührte sich kaum eine helfende Hand, um den Bedrängten beizustehen. Die Saat jahrhundertealter Indoktrination ging auf.

Ob ein objektives Bild der Juden, ihrer Religion und Geschichte das Schreckliche hätte verhindern können, darf bezweifelt werden. Fest steht aber, daß das permanent verteufelnde und verfälschende Judenbild dem furchtbarsten Völkermord der Menschheitsgeschichte Vorschub leistete.

Sternberger Notgeld von 1922: Juden bei der Hostienschändung (Originalreproduktion)

Löste das nach dem Krieg bekannt gewordene Ausmaß des Massenmordes an den Juden Europas einerseits Betroffenheit und Scham aus, so bauten sich andererseits neue Barrieren zwischen Juden und Nichtjuden auf. Unsicherheit im Umgang miteinander ist an der Tagesordnung, die permanente Angst vor Mißverständnissen führt gerade oft genug zu Peinlichkeiten. So dividieren wohlmeinende Politiker in ihren Sonntagsreden immer wieder „Juden und Deutsche" auseinander. Sie ignorieren dabei, daß es, allen bitteren Erfahrungen mit der jüngeren Vergangenheit zum Trotz, Juden in Deutschland gibt, die sich mit Fug und Recht als Deutsche begreifen.

In denkbar groben Strichen versucht die vorliegende Arbeit, solche und andere Mißverständnissen auszuräumen. In aller Kürze soll ein möglichst objektives Bild von der Religion und der Geschichte der Juden vermittelt werden.

Es ist ein Angebot, mehr oder weniger unterbewußt vorhandene Reste von Vorurteilen durch Wissen zu ersetzen. Daß sich der Kosmos einer dreitausendjährigen jüdischen Geschichte nicht in ein schmales Bändchen pressen läßt, versteht sich allerdings von selbst. Die Publikation will die Tür zu einer noch immer weitestgehend unbekannten Welt öffnen helfen, nicht mehr, aber auch nicht weniger. Dem Leser bleibt es überlassen, schließlich ganz einzutreten und weiterzugehen.

Danksagung

Ohne die tatkräftige Unterstützung und Beratung durch zahleiche Personen und Institutionen wäre diese Arbeit nicht möglich gewesen. Zu außerordentlichem Dank verpflichtet bin ich deshalb unter anderem der Israelitischen Synagogen-Gemeinde (Adass Jisroel) zu Berlin, K.d.ö.R., vertreten durch Frau Orly Zoels, Herrn Professor Dr. Peter von der Osten-Sacken, Leiter des Instituts Kirche und Judentum, Zentrum für christlich-jüdische Studien an der Humboldt-Universität zu Berlin, Herrn Moshe Aumann, Herausgeber von „Christians and Israel", Jerusalem und Herrn Heinz F. Esser, Landeszentrale für politische Bildung Nordrhein-Westfalen, Düsseldorf.

Peter Ortag — Berlin-Köpenick im Juli 1995

Hinweise für die Leser

1. Abweichende Schreibweisen von Namen antiker Persönlichkeiten und Ortsnamen

Unterschiedliche Schreibweisen in verschiedenen Quellen finden sich unter anderem für die im folgenden Text erwähnten ägyptischen Pharaonen *Merneptah* (1224 - 1214 v. d. Z., (→ B/I.1.) und Schoschenk I. (ca. 946 - 925 v. d. Z., (→ B/I.3.): Merneptah (Jepsen) kann auch als Merenptah (Hermann) oder Merenphthah (Noth) bezeichnet sein. Für *Schoschenk I.* (Jepsen) finden sich auch die Namen Schischak/Sisak (Bibel) oder Scheschonk (Hermann).
Neben griechischen Bezeichnungen antiker Herrscher wie zum Beispiel *Herodes Archelaos* (→ B/I.5.) gibt es auch romanisierte Formen, in diesem Fall Archelaus. Gleiches gilt auch für Ortsbezeichnungen: Festung *Herodaion* = Herodium.

2. Abweichende Schreibweisen hebräischer Begriffe

Im Text erläuterte und nicht anders bezeichnete Fremdwörter sind in der Regel hebräische Begriffe (aram.: aramäisch, griech.: griechisch, lat.: lateinisch, arab.: arabisch). Der Charakter der hebräischen Schrift (→ A/III.1.) erschwert offensichtlich eine eindeutige Transkription. Daraus ergeben sich häufige Abweichungen:
Tora (→ A/III.2.) kann und wird häufig Thora (auch DUDEN und WAHRIG) geschrieben.
Der Monat *Aw* (→ A/III.5.) kann auch Av geschrieben werden. Unrichtig ist die Bezeichnung Ab.
Für *Sepharad/Sephardim* (→ A/II.1.) kann und wird auch Sefarad/Sefardim geschrieben.
Ortsangaben wie *Bet* („Haus", → A/III.1.; zum Beispiel Betlehem oder Betschemesch) können auch Beth geschrieben werden. Inzwischen ist die Schreibweise ohne th üblicher geworden, gleiches gilt auch für Namen, zum Beispiel *Rut* (Ruth) oder *Ester* (Esther).

3. Euphemismen oder Antonyme

Um „unaussprechliche" (Tabu-)Wörter zu meiden, verwendeten die Verfasser jüdischer Gebete und der sogenannten rabbinischen Schriften Euphemismen oder sogar Antonyme. So lautet der Titel eines Talmud-Traktates (→ A/III.3.) Toharot – behandelt werden aber nicht „Taugliche Dinge", Unreines ist der Gegenstand dieser Abhandlung. Und die Totenhallen auf den Friedhöfen werden „Häuser des Lebens" genannt (→ A/II.3.). Auch im Totengebet Kaddisch findet der Tod keine Erwähnung, dafür ist immer wieder vom Leben die Rede.

4. Demographische Angaben

Neben einer eindeutigen halachischen (religionsgesetzlichen; → A/III.3.) Definition des „jüdischseins" sind individuelle Identifikationsmodelle möglich (→ A/I.). Dies erschwert eindeutige demographische Angaben. So gab es in der ehemaligen DDR um 1989 offiziell nur etwa 350 Juden. Inoffizielle Schätzungen hingegen gingen von 3.000 Juden aus, die sich in ihrer Mehrzahl allerdings nicht den bestehenden Gemeinden angeschlossen hatten. Die Zahlenangaben in der vorliegenden Publikation können demnach nur Trends wiederspiegeln.

Querverweise zu erläuternden oder ergänzenden Textpassagen sind durch Pfeile (→) gekennzeichnet.

A Religiöse Grundlagen

I. Judentum – was ist das?

Was sind die Juden? Ein Volk? Eine Nationalität? Anhänger einer Glaubensrichtung? Oder gar eine Rasse? Prinzipielle Fragen, auf die es, soviel sei vorab schon gesagt, nicht in jedem Falle befriedigende Antwort gibt – gerade für Nichtjuden ein heikles Problem, das viel Sensibilität erfordert, zumal es immer wieder zu peinlichen Mißverständnissen im Umgang miteinander führen kann.

In der Antike, zu Zeiten eines eigenen Staatswesens, waren die Juden ein Volk mit eigener Religion. Auch in nachstaatlicher Zeit galt diese Definition noch.

Im Mittelalter, unter den christlichen und islamischen Völkern (→ B/II.1. und 6.), war die jüdische Identität vornehmlich ein Problem der Religionszugehörigkeit. Mit einem Übertritt zum Christentum oder Islam erfolgte im Prinzip auch die völlige religiöse und soziale Trennung von der jüdischen Gemeinschaft.

Andererseits sind seit der Antike auch Angehörige anderer Völker und Religionen zum Judentum konvertiert. Gegenüber diesen sogenannten Proselyten gab es seitens der jüdischen Gelehrten unterschiedlichste Auffassungen, die von schroffer Ablehnung bis zu wohlwollender Befürwortung reichten (vgl. u.a. Pessachim 87b, Schabbat 31a).

Das Stichwort:
Proselyten
Das Judentum ist im Gegensatz zum Christentum und Islam keine missionarisch tätige Religion. Zwar ist es möglich, das Judentum anzunehmen, aber das Übertrittsverfahren ist sehr kompliziert. Nichtjuden, die sich beschneiden ließen und das mosaische Gesetz annahmen, wurden in antiker Zeit als Proselyten (griech.: Fremdlinge, Ankömmlinge; heb.: Gerim) bezeichnet. Die bekannteste Proselytin der Bibel ist Rut, Angehörige des mit den Israeliten tief verfeindeten Volkes der Moabiter. Rut gilt als Stammutter des Geschlechts König Davids. In frühjüdischer Zeit traten vornehmlich in Südsyrien angesiedelte Griechen zum Judentum über, später auch nordwestarabische Stämme. Selbst im europäischen Mittelalter, trotz zunehmenden Drucks von christlicher Seite, waren Übertritte zum Judentum nichts vollkommen Ungewöhnliches. Unter dem Eindruck der besonders nach dem I. Kreuzzug (→ B/II.2.) massenhaft einsetzenden Judenverfolgungen versiegte der Zugang zum Judentum von außen nahezu völlig. Dennoch gab es zu allen Zeiten und in fast allen Kulturkreisen Menschen, die sich bewußt dem jüdischen Glauben zuwandten. Schon deshalb ist es absurd und unwissenschaftlich, von einer „jüdischen Rasse" oder „jüdischem Blut" sprechen zu wollen.

weiter Seite 17

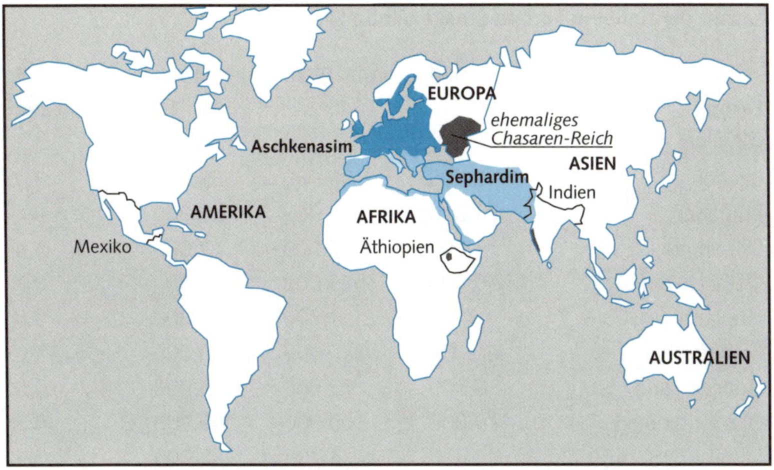

In Aschkenasim und Sephardim unterteilte bereits die rabbinische Tradition die Judenheit: Als Aschkenas (nach 1. Mose 10,3) galt Deutschland, Sepharad (vgl. Obadja 20) waren Spanien und Portugal. Beide Namen übertrugen sich auf die dort lebenden Juden. Im modernen Sprachgebrauch gelten als Aschkenasim Juden des „westlichen", europäischen Kulturkreises, Sephardim sind „östliche", nordafrikanisch-vorderasiatische Juden. Allerdings nicht nur die Herkunft, auch zahlreiche rituelle Besonderheiten unterscheiden Aschkenasim und Sephardim voneinander.

Jüdisches Leben gab es auch außerhalb beider großen Kulturströmungen. Spektakulär war im Mittelalter der Übertritt der Chasaren-Oberschicht zum Judentum (7.-10. Jh.).

Andere Völker behaupten von sich, Nachkommen der „Verlorenen Stämme" Israels (→ B/I.3.) zu sein, so unter anderem die dunkelhäutigen Felascha aus Äthiopien. Das sephardische Oberrabbinat in Israel erkannte 1972 die sehr umstrittene These an, die Felascha seien „zweifelsfrei" Abkömmlinge vom Stamm Dan. Dank aufsehenerregender „Rückhol"-Aktionen leben inzwischen fast alle äthiopischen Juden in Israel.

Auf altisraelitische Herkunft berufen sich auch die B'ne Israel in Indien. Ihre Heimat war die Westküste des Subkontinents, später vornehmlich die Stadt Bombay.

In Mexiko gibt es eine aus Indianern und Mestizen bestehende Gruppierung, die Israelitas, die für sich ebenfalls direkte jüdische Abstammung reklamieren. Möglicherweise stammen sie von aus Spanien vertriebenen Juden ab.

Anzahl der Juden in Europa (ausgewählte Länder)

Europa	1900	1930	1980	1980 auf 1.000 Ew.
Albanien	k.A.	200	200	0,1
Belgien	12.000	45.000	33.000	3,4
Bulgarien	28.300	46.000	5.000	0,6
Dänemark	5.000	6.000	7.000	1,4
Deutschland	590 000	565 000	34 500	0,7
Finnland		1.800	1.200	0,3
Frankreich	86.000	230.000	600.000	11,2
Griechenland	8.300	73.000	5.000	0,5
Großbritannien	179.000	300.000	350.000	6,3
Irland		3.700	2.000	0,6
Italien	47.000	47.000	32.000	0,6
Jugoslawien		68.000	5.000	0,2
Luxemburg	1.200	2.250	750	2,1
Niederlande	104.000	157.000	27.000	1,9
Norwegen		1.500	900	0,2
Österreich	1,994.000	250.000	8.000	1,1
Polen		3,000.000	5.000	0,1
Portugal	1.200	1.000	600	0,1
Rumänien	269.000	900.000	33.000	1,4
Rußland/UdSSR	5,116.000	2,672.000	1,811.000	7,0
Schweden	5.000	6.500	15.000	1,8
Schweiz	12.500	18.000	21.000	3,3
Spanien	2.500	4.000	12.000	0,3
Tschechoslowakei		357.000	8.000	0,5
Ungarn		445.000	100.000	9,3

Die unter 1900 nicht aufgeführten Länder waren zu dieser Zeit noch von anderen Staaten politisch abhängig – zum Beispiel gehörten in Europa Polen und Finnland zum Russischen Reich, Irland zu Großbritannien und Norwegen zu Schweden. Durch massenweise Auswanderung, Flucht oder Freikauf aus dem Machtbereich des Deutschen Reiches in der Zeit zwischen 1933 und 1945 stieg die Anzahl der Juden in manchen neutralen Ländern kurzzeitig stark an. In Schweden gab es zwischen Januar 1944 und April 1945 12.000 jüdische Flüchtlinge. Ende 1944 lebten in der Schweiz sogar 27.000 jüdische Emigranten.

Anzahl der Juden in Übersee (ausgewählte Länder)

	1900	1930	1980	1980 auf 1.000 Ew.
Amerika				
Argentinien	7.000	206.000	242.000	9,0
Brasilien	2.000	35.000	110.000	0,9
Chile	k.A.	2.200	25.000	2,3
Kanada	16.400	156.000	308.000	1,3
Mexiko	1.000	16.000	35 000	0,5
USA	1,136.000	4,228.000	5,750.000	26,0
Uruguay		5.000	40.000	1,3
Venezuela	410	1.000	17.000	1,3
Afrika				
Ägypten	25.300	66.000	250	
Algerien	57.100	k.A.	k.A.	
Äthiopien	50.000	51.000	32.000	1,0
Libyen	10.000	24.500	0	
Marokko	150.000	143.000	18.000	1,0
Südafrika	30.000	85.000	108.000	3,7
Tunesien	45.000	70.000	2.500	0,8
Asien				
Afghanistan	k.A.	5 000	100	
Arabische Halbinsel	20.000	k.A.	k.A.	
China		20.000	50	
Indien	22.000	24.000	4.500	
Israel		17. 000	3,283.000	837,1
Jemen		58.000	1.200	0,1
Libanon		5.000	200	0,1
Persien/Iran	35.000	90.000	37.000	1,0
Syrien		21.000	4.500	0,5
Türkei	159.700	80.000	22.000	0,5
Australien				
Australien	15.300	24.000	70.000	4,9
Neuseeland	1.600	2.800	4.000	1,3

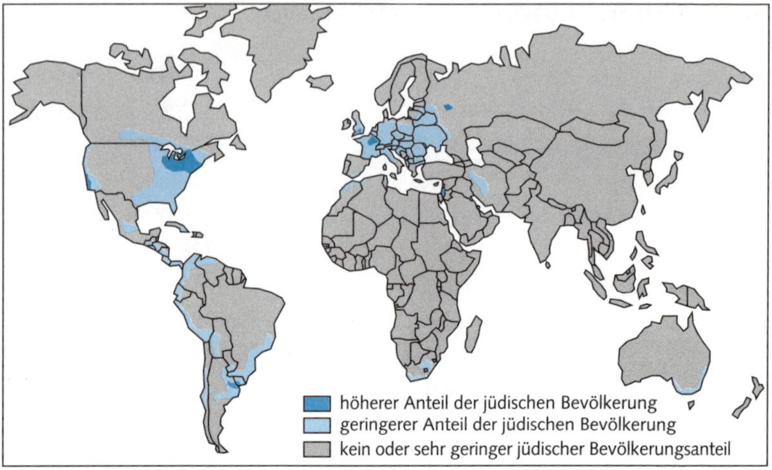

Verbreitung der jüdischen Gemeinschaft in der Gegenwart

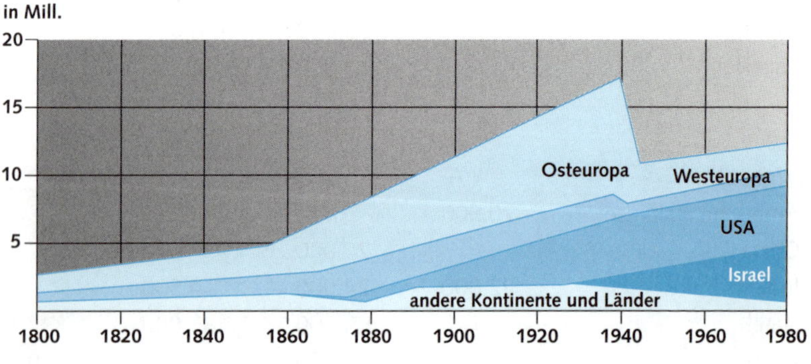

Durch Emigration ist auch die Anzahl der Juden in Übersee während und nach dem II. Weltkrieg stark angestiegen. Überhaupt verlagerten sich die Schwerpunkte jüdischen Lebens weg von Europa in die Neue Welt beziehungsweise, nach 1948, hin zum Staat Israel. Die einstmals relativ starken Gemeinden in den islamischen Ländern hingegen haben nach dem offenen Ausbruch des israelisch-arabischen Konfliktes stark abgenommen, teilweise sogar den Stand Null erreicht. Ausnahmen sind lediglich Marokko und – erstaunlicherweise – der Iran. Der größte Teil der arabischen Juden wanderte nach Israel aus.

In der Neuzeit, beginnend mit dem Zeitalter der Emanzipation (→ B/III.2.), wurde ein völlig neues Selbstverständnis entwickelt: zumindest in den westeuropäischen Ländern gab es nun den Staatsbürger jüdischen Glaubens. Ethnisch konnte sich dieser als Deutscher, Franzose oder Engländer fühlen, als Gläubiger blieb er seiner jüdischen Religion verpflichtet. Damit schien die Ausgrenzung des Mittelalters endgültig der Vergangenheit anzugehören.

Ganz anders stellte sich noch an der Schwelle zum 20. Jahrhundert die Situation in Osteuropa dar (→ B/III.4.). Hier waren Ghetto (→ B/II.1.) und offene, brutale Diskriminierung durch die „Wirtsvölker" bittere Realität geblieben. Diese feindliche Umwelt, der eigene enge Kulturkreis mit Jiddisch als oft einziger Umgangssprache hatte deshalb gerade in Polen und Rußland unter den Juden das Gefühl der nationalen Identität nie ganz erlöschen lassen. Im Gegensatz zu den sich zunehmend sicher und etabliert fühlenden „westlichen" Juden nahm das Ostjudentum deshalb auch voller Begeisterung die Ideen des Zionismus auf (→ B/III.3.).

Der im 19. Jahrhundert auch in Mittel- und Westeuropa um sich greifende Antisemitismus, eine Judenfeindlichkeit neuer Qualität, rief allerdings selbst in den „zivilisierten" europäischen Staaten Skeptiker auf den Plan. So mutmaßte selbst Martin Buber, die Juden seien „ein Keil, den Asien in Europas Gefüge trieb, ein Ding der Gärung und Ruhestörung" (1), er sprach von der „psychophysischen Eigenart des Judentums" (2), von „ererbten Wesensbesonderheiten" (3), gar einem „jüdischen Rassenproblem" (4).

Dennoch, in den meisten europäisch geprägten Ländern der Welt dominiert das Selbstverständnis des Staatsbürgers jüdischen Glaubens: die religiöse Verpflichtung gegenüber der überlieferten Religion und die staatsbürgerliche Verpflichtung gegenüber der Heimat-Nation, der man sich, allen Erfahrungen der Vergangenheit zum Trotz, legitim zugehörig fühlen kann.

Offen bleiben aber noch weitere Möglichkeiten der Identität:

– als religiös und national empfindender Jude, der die Nationalität des Landes, in dem er lebt, für sein Selbstverständnis nicht annimmt oder
– als national empfindender Jude und Atheist.

Ungeachtet des religiösen und nationalen Selbstverständnisse erkennt der Staat Israel (→ B/IV.) prinzipiell jedem Juden auf der Welt die Staatsbürgerschaft zu, falls dieser es wünscht.

Auch in der ehemaligen Sowjetunion (→ B/III.8.) galt „jüdisch" als Nationalität. Bereits 1918 entstand dort ein Kommissariat für jüdische Nationalangelegenheiten (Evkom), und in den zwanziger Jahren wurde die Bildung eines jüdischen Gebietes innerhalb der Russischen Föderation beschlossen. Dieses „Autonome Gebiet der Juden", 1933 im äußersten Südosten Sibiriens gegründet, blieb allerdings selbst für die sowjetischen Juden ohne größere Bedeutung.

Die jüdische Tradition beantwortet die Frage nach der jüdischen Identität kurz und knapp so: Jude ist primär derjenige, welcher von einer jüdischen Frau geboren wurde. Mag hingegen die gesamte männliche Linie jüdisch sein – Sohn oder die Tochter einer nichtjüdischen Mutter müssen selbst in diesem Fall formal in die jüdische Gemeinschaft aufgenommen werden, um nach dem jüdischen Gesetz als Juden gelten zu können.

Die Problematik der jüdischen Identität erschwert auch exakte Angaben über die Größe der jüdischen Gemeinschaft. Die meisten entsprechenden Angaben beruhen deshalb auf Schätzungen:

Um 1900 gab es ca. 10,5 Millionen Juden weltweit; seit den frühen achtziger Jahren stagniert ihre Zahl um etwa 13 bis 17 Millionen – eine Folge des Massenmordes an den europäischen Juden in den Zeiten des deutschen Nationalsozialismus, aber, in der Gegenwart, auch der starken Assimilation und gemischtkonfessioneller Ehen.

Abschließend noch einige Anmerkungen zu den jüdischen Familiennamen. Per Edikt oder Dekret hatten die Juden des deutschen Kulturkreises Ende des 18./Anfang des 19. Jahrhunderts Familiennamen anzunehmen – in Preußen ab dem 11. März 1812, in Bayern ab dem 10. Juni 1813, in Württemberg ab dem 25. April 1828 und in Österreich durch Patent schon ab dem 23. Juli 1787.

Bis dahin benannten sich Juden entweder nach ihrem Vater – zum Beispiel Isaak ben Abraham = Isaak, Sohn Abrahams – oder nach dem Ort ihrer Herkunft – etwa Jakob von Danzig. Naheliegend waren deshalb, um bei den angeführten Beispielen zu bleiben, Nachnamen wie Isaak Abraham oder Abrahamssohn beziehungsweise Jakob Danzig oder Danziger. Besonders in Österreich war aber auch von Amts wegen die Vergabe diskriminierender Namen wie Kanalgeruch oder Grünspan üblich.

Der Tradition verhaftet blieben die Familiennamen der Nachfahren hohenpriesterlichen oder priesterlichen Geschlechts. Auf Aaroniten, also Juden hohenpriesterlicher Abkunft, weisen Namen wie Kohen/Cohen, Kohn, Kahn – als Synonym Schiff – oder Katz (Akronym von Kohen Zedek, gerechter Priester) hin. Auf levitische (priesterliche) Ahnen lassen Halevi/Halevy oder Segal (von Segan Lewia = Führer der Leviten) schließen; Levi/Levy, auch Lewy, Lewis, Levit(t) kann vom ursprünglich hebräischen Vornamen Levi abgeleitet sein und ist deshalb nicht unbedingt ein Indiz für priesterliche Vorfahren.

Viele Juden, die nach Israel übersiedelten, legten bei dieser Gelegenheit ihre deutsch klingenden Namen ab. So hieß Israels erster Ministerpräsident ursprünglich David Grün – später nannte er sich Ben Gurion, „Sohn eines Löwen".

Andererseits gibt es natürlich auch Juden mit Namen Müller, Meier, Schmidt. Und ein „jüdischer Name" ist noch längst kein sicheres Zeichen für eine entsprechende Identität seines Trägers. Und, um letztlich auch noch dies zu erörtern, allen boshaften Verzerrungen von Hieronymus Bosch bis zu den Karikaturisten des „Stürmers" zum Trotz – die Form der Nase ist es erst recht nicht!

II. Jüdischer Glaube in Vergangenheit und Gegenwart

1. Zur historischen Entwicklung der Religion

Das Judentum, unmittelbar aus der altisraelitischen Religion hervorgegangen, ist die erste und nach eigenem Verständnis konsequenteste monotheistische Religion der Welt. Eine Religion, die auf den ersten Blick ausgesprochen monolithisch wirkt, aber wie andere Glaubensrichtungen auch unterschiedlichste Facetten hat: die Spannweite reicht von streng orthodoxen Auffassungen bis hin zu extrem reformierten Strömungen. Die Mehrzahl der heutigen Juden vertritt allerdings eher gemäßigtere, liberale Glaubenspositionen zwischen diesen beiden Gegenpolen. Ebenso wie anderen Religionen formte sich das Judentum in einer vieltausendjährigen Geschichte aus. Abgesehen von der folgenreichen Abspaltung der Christen im 1. Jahrhundert n. d. Z. blieben schismatische Tendenzen die Ausnahme. Den relativ gleichmäßigen Entwicklungsstrom unterbrach in Europa im 18. und 19. Jahrhundert die Aufklärung. Im Prinzip aber ist die jüdische Religion ihren vieltausendjährigen Grundlagen fast unverändert treu geblieben.

Als eigentlicher Religionsstifter gilt Moses, ein Israelit, welcher der biblischen Überlieferung nach als Findelkind in höchsten ägyptischen Kreisen aufgewachsen ist. Tatsächlich weist der israelitisch-jüdische Glaube viele Parallelen zu altägyptischen religiösen Vorstellungen auf. Auch die für Vorderasien außergewöhnliche Verehrung nur *einer* Gottheit findet sich kurzzeitig in der ägyptischen

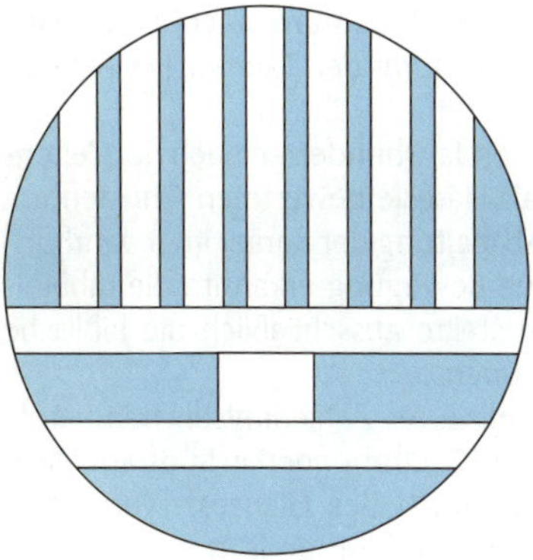

Die Menora (Abbildung nach einer stark stilisierten Darstellung über dem Eingangsportal des reformierten Tempels in der Hamburger Oberstraße; Felix Ascher/Robert Friedmann, 1931) gilt neben dem Davidstern als das Symbol für den jüdischen Glauben schlechthin. So gehörte der Siebenarmige Leuchter zur Einrichtung des Jerusalemer Tempels. Nach seiner Zerstörung verbrachten ihn die siegreichen Römer in die Hauptstadt ihres Imperiums. Eine authentische Abbildung dieser Ur-Menora befindet sich am Titus-Bogen in Rom. Nach diesem Relief ist die Menora im Staatswappen Israels gestaltet (→ B/IV.1.).

Kultur: Amenophis IV. (Echnaton) versuchte im 14. Jahrhundert v. d. Z. den Aton-Kult – die Verehrung der Sonnenscheibe – als monotheistische Religion durchzusetzen. Es gibt Theorien, daß Moses ein Anhänger dieser gescheiterten Reform gewesen sein könnte und Gedanken des Aton-Glaubens in „seine" Religion hat einfließen lassen (vgl. auch Josephus, Contra Apionem I, 26,5 ff und 28).

Mit der legendären Übergabe der Zehn Gebote durch Gott an Moses erhielt der israelitische Glaube seine sittlich-moralische Grundlage. Unter den Israeliten selbst setzte sich die neue Religion nur allmählich durch. Auch die Institutionalisierung des Glaubens durch die Gründung eines bedeutenden Zentralheiligtums, des Tempels in Jerusalem (→ B/I.2.), verhinderte nicht, daß fremde Kulte populär blieben. Bis zum Ende der Königszeit standen phönizische, kanaanitische und syrische Gottheiten in Konkurrenz zu Israels „Nationalgott" Jahwe. So deuteten die Propheten nicht von ungefähr den Verlust der Eigenstaatlichkeit als Strafe Gottes.

Die Restitution des Tempeldienstes nach dem Exil, religiöse Reformen und der Abschluß des biblischen Kanons führten schließlich zu einer Blüte der Religion, die allerdings durch äußere Einflüsse (Hellenismus, → B/I.5.) bedroht blieb. Die endgültige Auflösung des Tempeldienstes nach der Zerstörung des Zweiten Tempels (→ B/I.6.) stürzte den Glauben einerseits in eine tiefe Krise, bedeutete aber auch einen konsequenten Neuanfang. Der durch weltliche Einflüsse kompromittierte, zunehmend inhalts- und damit sinnleere Opferdienst im Tempel und seine korrumpierte Priesterschaft wurde abgelöst von einer neuen, unverbrauchten Elite des Glaubens. Die Rabbiner, Träger einer volksnahen Religiosität, prägten die nächste, viele Jahrhunderte andauernde Epoche der jüdischen Religion. An die Stelle des einen Zentralheiligtums traten nun die Synagogen. Das sogenannte rabbinische Judentum brachte auch eine Fülle religiösen Schrifttums hervor, dessen Krönung der Talmud (→ A/III.3.) darstellt.

Zur Existenzbedrohung geriet in den ersten Jahrhunderten nach der Zeitenwende die Auseinandersetzung mit dem als Häresie bewerteten Christentum (→ B/II.2.). Weniger folgenreich blieb die Abspaltung der Karäer im 8. Jahrhundert. Diese von Mesopotamien ausgehende Bewegung erkannte die rabbinischen Schrifttraditionen nicht an, sondern stellte ausschließlich die biblische Überlieferung in den Mittelpunkt ihres Glaubens.

Eine nur schwer zugängliche, auf komplizierter Zahlenmystik beruhende Form des Judaismus, die Kabbala, entstand im 12. Jahrhundert in Südfrankreich. Hauptwerk des Kabbalismus ist der Sohar (Buch des Glanzes), vermutlich abgefaßt von Moses von Leon im Spanien des 13. Jahrhunderts.

Die Judenverfolgungen im Osteuropa des 17. und 18. Jahrhunderts hatten nicht nur die Entstehung der pseudomessianischen, eschatologischen Bewegung des Sabbatai Zwi zur Folge (→ B/III.1.). Mit dem Chassidismus bildete sich im polnisch-ukrainischen Raum eine besondere Form jüdischen Pietismus heraus.

Das Stichwort:

Chassidismus

Der Chassidismus (von Chassidim, die Frommen) entstand an der Wende vom 17. zum 18. Jahrhundert in Polen. Er wurzelt tief im Kabbalismus. Als sein Gründungsvater gilt der als Wunderrabbi verehrte Israel ben Elieser Ba'al Schem Tow („BeSchT". 1700?-1760). Die Chassidim folgen einem charismatischen Oberhaupt, dem Zaddik (ein Gerechter), dem Wunderkräfte und besondere Gottesnähe nachgesagt werden. Ein Hauptmerkmal des Chassidismus ist seine lebensbejahende Fröhlichkeit.

Die Zentren des Chassidismus, der auch auf den deutsch-jüdischen Religionsphilosophen Martin Buber großen Einfluß ausübte, gingen mit der Vernichtung des osteuropäischen Judentums durch Nazideutschland unter. Vorher ausgewanderte und überlebende Zaddikim und Chassidim gründeten vornehmlich in New York (→ B/III.4.) neue „Hoyfes" („Höfe"), in denen diese jüdische Glaubenrichtung weiterlebt. Zu den bedeutendsten Chassidim-Gemeinschaften zählen die Lubawitscher, Szatmarer und Bratzlawer. Eine einflußreiche Zaddikim-Dynastie stellte die Familie des Lubawitscher Rabbiners Menachem Mendel Schneerson (✳ 1902, ✡ 1994) dar.

Eine tiefe Zäsur auch in die jüdische Glaubenswelt brachte das Zeitalter der Aufklärung in Europa mit sich. Die Öffnung der Ghettos und die allmähliche Emanzipation ihrer Bewohner erzwang eine Anpassung der Religion an die Erfordernisse der Zeit und der veränderten Umwelt. Formal geschah dies, indem die Sprache der „Wirtsvölker" Einzug hielt in den Kultus. Traditionelle äußere Zeichen des Judentums wie Bart und Schläfenlocke (vgl. 3. Mose 19, 27) wurden aufgegeben, wobei streng orthodoxe Glaubensfraktionen dem alten Brauchtum allerdings weiter treu blieben. Das andere Extrem, das zunächst vornehmlich in Deutschland verbreitete Reformjudentum (→ B/III.2.), paßte sich stark der christlichen Umgebung an – mit teilweise in deutscher Sprache abgefaßten Gebeten und Predigten, Chorgesang und Orgeln in den Synagogen, die als „Tempel" bezeichnet wurden, und mit „Konfirmationen" für Jungen und Mädchen. Das moderne Reformjudentum und das Liberale Judentum, in der Gegenwart vornehmlich in den USA und Großbritannien vertreten, kennt im Gegensatz zum orthodoxen und traditionellen Judentum auch die gleichberechtigte Teilnahme der Frauen am Kultus, sogar als Rabbinerinnen oder Vorbeterinnen.

Zentren der Orthodoxie waren vor dem Krieg die ost- und südosteuropäischen Staaten. Heute sind die Strenggläubigen verstreut zwischen der Judenheit in aller Welt, ihre Zentren liegen in den USA (→ B/III.8.) und Israel. Nichtjuden halten die traditionell schwarzgekleideten, immer Hut oder Streimel – eine Breitrandige Fellmütze, ursprünglich Kopfbedeckung der polnischen Adligen des 17./18. Jahrhunderts – , sowie Bart und Schläfenlocken tragenden Orthodoxen für die Vertreter des Judentums schlechthin. Aber selbst in Israel beträgt ihr Anteil an der Bevölkerung höchstens 10 %.

2. Religiöse Grundlagen

Mag es innerhalb des Judentum auch sehr unterschiedliche, kontroverse Auffassungen in Glaubensfragen geben, wichtig sind die gemeinsamen Nenner, auf die sich der jüdische Glaube in seiner Vielfalt bringen läßt – der Glaube an einen Gott, an die Gottesebenbildlichkeit des Menschen mit allen Verpflichtungen, die daraus erwachsen, und die Hoffnung auf das Erscheinen des Messias. Und alle Juden sind gleichermaßen den drei Bundeszeichen – der Beschneidung, dem Tefillin-Tragen und der Einhaltung des Schabbat – verpflichtet.

Oberstes Prinzip der jüdischen Religion ist der Glaube an einen *einzigen* Gott, den Schöpfer aller Dinge, ein rein geistiges Wesen, unkörperlich und unsterblich.

Getreu diesem Prinzip lautet das Glaubensbekenntnis:

„Höre Israel, der Ewige, unser Gott, der Ewige ist einzig!"
(Sch`ma Israel adonai elohenu adonai echad)

Nach jüdischem Selbstverständnis hat dieser Gott mit dem Patriarchen Jakob (Jisroel/Israel) einen Bund (Berit) geschlossen, ihn sowie seine Nachkommen erwählt – zu seinem Volk erklärt – und diesem Volk das Land zwischen Mittelmeer und Jordan zum Besitz gegeben (vgl. 1. Mose 17, 7/8.13.). Durch den Akt der Gesetzesübergabe an Moses wurde dieser Bund nochmals bekräf-

Moses auf dem Berg Sinai. (Nach einer Illumination in der sogenannten Vogelkopf-Haggada, Deutschland, ca. 1300). Alle Personen in dieser Handschrift sind mit Vogelköpfen dargestellt, um das aus 2. Mose 20,4 abgeleitete Bilderverbot zu umgehen. Da Abbildungen von Gott für das Judentum völlig undenkbar sind, erscheint hier nur die Hand des Herrn, welche Moses die Gesetzestafeln reicht. Der Gesetzstifter trägt den für das Hochmittelalter in Deutschland vorgeschriebenen Judenhut.

tigt (vgl. 2. Mose 19). Die These vom „auserwählten Volk" läßt manche Mißdeutung zu. Sie ist primär theologisch zu verstehen und bedeutet für den Gläubigen keine Bevorzugung gegenüber anderen Menschen. Es ist vielmehr eine Verpflichtung zu strengem, gottgewolltem Handeln, eher eine Erschwernis denn ein Privileg im weltlichen Sinne.

Die Grundlagen jüdischen Seins sind festgeschrieben in den Fünf Büchern Moses, der Tora (→ B/III.2.). Im Mittelpunkt stehen dabei die Zehn Gebote („Dekalog": 2. Mose 20; 5. Mose 5) als oberste Richtlinie. Um dieses „Grund-Gesetz", den „Garten", errichteten die rabbinischen Gelehrten mit der Halacha (→ B/III.3.) einen „Zaun" in Form zahlreicher weiterer Ge- und Verbote – in der Summe gibt es im Judentum 365 Verbote und 248 Bestimmungen. Als Beispiel sei hier die weite Auslegung von 2. Mose 23, 19; 34, 26 und 5. Mose 14, 21 genannt. Spricht die Tora lediglich davon, daß man das Fleisch des „Böckleins nicht in der Milch seiner Mutter kochen dürfe" – eine altisraelitische Reaktion auf den heidnisch-kanaanitischen Milchzauber –, so sprachen die Rabbinen ein generelles Verbot der Mischung von Milch und Fleischgerichten aus (→ B/II.3.).

Das Judentum lehnt im Gegensatz zum Christentum eine Mittlerschaft zwischen Gott und den Menschen ab, es kennt keinen Sündenerlaß durch einen Kleriker, keine Beichte und keine Heiligenverehrung. Der Mensch steht Gott direkt gegenüber und muß sich für sein Tun verantworten – die Idee der Erbsünde wird abgelehnt. Dem einzelnen Menschen bleibt die Wahl, seinem „guten Trieb" (Jezer ha-Tow) oder seinem „bösen Trieb" (Jezer ha-Ra) zu folgen. Da es dem Menschen faktisch unmöglich ist, lückenlos nach dem Gesetz gottgefällig zu leben, ist er auf die Gnade des Allmächtigen angewiesen. Diese wird gewährt, wenn der Mensch Reue zeigt, zur „Umkehr" zum Guten (Tschuwa) bereit ist. Gelegenheit dafür hat er immer wieder. Pflicht des Gläubigen ist es, gute Werke zu tun (Zedaka), das ist an die Stelle des ehemaligen Opferdienstes getreten (vgl. Hosea 6,6), damit kann er seine Rechtschaffenheit unter Beweis stellen: „Die Seele des Sich-Abmühenden arbeitet für ihn" (Sanhedrin 99a). Dabei wird die Kausalität allen menschlichen Tuns betont: „Wie du getan hast, wird dir getan werden; deine Taten fallen auf dein Haupt zurück" (Obadja 15); „Wer eine Grube gräbt, fällt hinein, und wer einen Stein wälzt, auf den rollt er zurück" (Sprüche 26, 27).

Primär ist das Judentum ausgesprochen stark auf das Diesseits orientiert. Vorstellungen von einem Reich der Toten existierten schon im altisraelitischen Glauben, aber dieses „Land des Vergessens" (Psalm 88, 13), in dem alles erlischt (Prediger 9, 10) war wenig erstrebenswert. Als Schlußfolgerung des Prinzips „Belohnung des Guten – Bestrafung des Bösen" entstand schließlich der Glaube an ein Leben nach dem Tode, entweder im Paradies oder in der Hölle: „Viele von denen, die im Lande des Staubes schlafen, werden erwachen – die einen zum ewigen Leben, die anderen zur ewigen Schmach" (Daniel 12, 2).

Eine wichtige Forderung an den Gläubigen ist die Nächsten-, ja sogar die Feindesliebe: „Du sollst deinen Nächsten lieben wie dich selbst" (3. Mose 18, 18), „Hungert dein Hasser, so gib ihm Brot zu essen; leidet er Durst, so laß ihn

Wasser trinken" (Sprüche 25, 21). Strafe ist nicht Angelegenheit des Menschen, sondern Gottes: „Sprich nicht: ich will Böses vergelten! Harre auf Jahwe, er wird dir helfen" (Sprüche 20, 22).

Ziel des Menschen soll es sein, Gott so „nah" wie möglich zu kommen: „Darum heiligt euch und seid heilig; denn ich bin der Herr, euer Gott" (3. Mose 20, 7). In der jüdischen Mystik wird dieser Frage ein sehr hoher Wert eingeräumt. Diese mißt dem Gläubigen eine Rolle als Mitschöpfer und Miterhalter der sich ständig erneuernden Welt zu.

Eine weitere Grundlage des Judentums ist der Glaube an den Messias (Meschiach = „der Gesalbte"), an die Erlösung des Judentums und der gesamten Menschheit durch einen Gesandten Gottes kurz vor dem Ende der Zeit, an den ewigen Frieden (vgl. Jesaja 9 und 11). Mehrfach traten Personen mit dem Anspruch auf, der Messias zu sein. Dazu gehörten Simon bar Kochba (→ B/I.7.), Jesus von Nazaret (→ B/II.1.) und Sabbatai Zwi (→ B/III.1.).

Zentrale Bedeutung für die jüdische Gemeinschaft hat, wie bereits oben gesagt, das „Gelobte (= versprochene) Land". Auch in den Zeiten des Exils (Galut) gedachten die Juden stets der verlorenen Heimat der Vorväter: „Dieses Jahr hier, nächstes Jahr in Jerusalem; dieses Jahr Sklaven, nächstes Jahr freie Menschen", so heißt es im Abschlußgebet zum Pessach-Fest. Und der 137. Psalm, 5-6, mahnt: „Vergesse ich dich, Jerusalem, so verdorre meine Rechte. Meine Zunge soll an meinem Gaumen kleben, wenn ich deiner nicht gedenke, wenn ich nicht lasse Jerusalem meine höchste Freude sein". Der immerwährende Gedanke an ein Ende des oft so demütigenden, schmachvollen, nicht zuletzt ständig und immer wieder bedrohten Lebens zwischen Angehörigen übermächtiger fremder Religionen trug mit zum Überleben des Judentums bei.

3. Jüdisches Leben – jüdischer Ritus im Alltag

Weitaus stärker als im Christentum und im Islam bestimmen religiöse Handlungen und Symbole das Leben des praktizierenden Juden. Manches davon ist der Allgemeinheit bekannt: so tragen strenggläubige Juden ständig einen Hut, darunter ein sogenanntes Scheitelkäppchen (Kippa, jiddisch: Jarmulke). Prinzipiell ist es Pflicht, geweihte jüdische Stätten wie Synagogen und Friedhöfe mit einer Kopfbedeckung zu betreten. Schon im Altertum repräsentierte der bedeckte Kopf den freien, unabhängigen Menschen – im Römischen Reich erhielten freigelassene Sklaven einen Hut als Zeichen der Freiheit (pileatus servus). Der „unbedeckte" Mensch hat sich Gott und seinen Orten nicht zu nähern.

Für die meisten anderen jüdischen Bräuche gibt es ebenfalls Erklärungen, mitunter auch rationaler Art. Beispielsweise waren zahlreiche Bestimmungen, welche die Hygiene betreffen, ihrer Zeit weit voraus. Prinzipiell ist es aber müßig, für alle säkularen Bräuche nach einer profanen Erklärung oder Begründung zu suchen – da es sich um Gottes Gebote handelt, erfordern sie Einhaltung.

Praktisches Judentum beginnt für den männlichen Abkömmling einer jüdischen Mutter traditionsgemäß am achten Tag nach der Geburt. Gemäß dem Gesetz (vgl. 3. Mose 13,3) wird an diesem Tage die Beschneidung (Brith Milah, Bund der Beschneidung) vorgenommen. Der Knabe ist damit ein Ben Brith, ein Sohn des Bundes – des Bundes Gottes mit dem Volk Israels.

Die Beschneidung, die chirurgische Entfernung der Vorhaut (Orla), nimmt der Beschneider (Mohel) vor, ein von Ärzten dazu autorisierter Fachmann.

Mit 13 Jahren wird der Knabe religionsmündig, ein „Sohn der Pflicht" (Bar Mizwa; vgl. Abot 5, 24), dem Gesetz zufolge ist nun nicht mehr der Vater für das Tun seines Sohnes verantwortlich.

Zur Bar-Mizwa-Feier wird der junge Jude erstmals in der Synagoge zur Lesung aus der Tora aufgerufen, erstmals können zum Gebet Tefillin angelegt werden (siehe unten). Religionsmündigkeit bedeutet auch Zugehörigkeit zum Minjan. Inzwischen ist es allgemein üblich, auch Mädchen offiziell in den Kreis der Erwachsenen aufzunahmen. Eine Bat Mizwa („Tochter der Pflicht") wird die Jüdin mit 12 Jahren.

Der jüdische Tag beginnt mit dem Morgengebet, entweder daheim oder in der Synagoge. Die Männer hüllen sich dazu in einen Gebetsmantel (Tallit) und legen die Gebetsriemen (Tefillin) an.

Am Tallit befinden sich sogenannte Schaufäden (Zizit; plural: Ziziot, vgl. 4. Mose 15, 38-41), die, wie der sprichwörtliche Knoten im Taschentuch, zur Erinnerung gemahnen sollen – an Gott und die Pflichten Ihm gegenüber.

An den Tefillin – sie werden an Kopf und linken Arm angelegt (vgl. 5. Mose 6,8 und 11, 18) – sind kleine würfelförmige Lederkapseln befestigt. Diese enthalten Pergamentstreifen mit dem Text der beiden oben genannten Tora-

Stellen sowie den Versen aus 2. Mose 13, 9 und 16. Die Handtefillin umschlingen den linken Unterarm siebenmal, die Kapsel zeigt dabei in Richtung des Herzens. Kopftefillin werden so gebunden, daß die Kapsel genau in der Mitte der Stirn, oberhalb des Nasenbeins, sitzt.

Zum Abendgebet werden Tefillin nicht angelegt. Frauen tragen keine Tefillin (vgl. Mischna Brachot III, 3).

Eine Mesusa (Türpfosten) ist eigentlich das „Zeichen" an den Türrahmen jüdischer Häuser und Wohnungen (vgl. 5 Mo 6, 4-9): Kapseln oder ähnliche Behältnisse mit Pergamentstreifen, auf welchen der Text von 5. Mo 6, 4-9 und 11, 18-20 geschrieben steht. Durch eine Öffnung in der Mesusa ist der Gottesname Schaddai lesbar.

Befestigt wird das „Zeichen" an den jeweils rechten Innenrahmen aller Türen des Hauses, etwa in Augenhöhe und schräg in Richtung zur Tür. Es ist üblich, die Mesusa beim Betreten oder Verlassen des Hauses zu berühren.

Von größter Bedeutung für den jüdischen Alltag ist die Einhaltung strenger Speisegesetze. Dabei wird unterschieden zwischen koscher (eigentlich kaschèr, von Tauglichkeit) und trefe (taréf). Koscher ist unter anderem das Fleisch von Rind und Schaf sowie Geflügel, trefe ist zum Beispiel Schweine-, Esels-, Kaninchen- und Kamelfleisch (vgl. 3. Mose 11 und 14).

Strengstens untersagt ist der Genuß von Blut, die Tora spricht in diesem Falle ein zehnfaches Verbot aus (vgl. 1. Mose 9, 4 und 5. Mose 12, 23). Das macht ein rituelles Schlachten, das sogenannte Schächten, notwendig.

Gläubiger mit Tallit, Zizit und Tefillin. Nach dem Gemälde „Der betende Jude" von Marc Chagall, 1914. Chagall (1887-1985), jüdisch-russischer Maler von Weltgeltung, gab in seinen Werken häufig religiöse Themen wider. Neben jüdischen nahmen aber auch christliche Motive in seinem Schaffen breiten Raum ein.

Der Schächter muß das Tier mit einem makellosen Messer so töten, daß nach einem einzigen Schnitt durch den Hals bis zur Wirbelsäule schnellstmöglich alles Blut abfließt und dabei die Fleischfaser und innere Organe nicht unnötig zerstört werden.

Der ordnungsgemäßen Schächtung folgt eine akribisch genaue Fleischbeschau (Bedika, Untersuchung), um den Verzehr von Fleisch kranker Tiere zu vermeiden.

Vor dem Genuß wird das Fleisch mehrfach gewässert und gesalzen, damit auch noch mögliche letzte Blutreste daraus entweichen.

Ein Grundprinzip der jüdischen Küche ist neben der Speisegesetzgebung die strikte Trennung von Fleisch- und Milchprodukten (Basar we Chalaw). Entsprechend notwendig sind getrennte Kochtöpfe sowie separates Geschirr und Besteck. Außerdem sind diese entsprechende Gerätschaften getrennt aufzubewahren (vgl. 2. Mose 23, 19; 34, 26 oder 5. Mose 4, 21). Damit nicht genug: für die Speisen zum Pessach-Fest (→ A/III.5.) ist ein dritter Satz Haushaltgeräte notwendig!

Vom Alltag zurück zum jüdischen Lebenskreislauf. In diesem stellt die Heirat einen besonderen Höhepunkt dar.

Dem Verhältnis zwischen Mann und Frau wird im Judentum eine fast mystische Bedeutung beigemessen. Gemäß der biblischen Schöpfungsgeschichte formte Gott die Frau aus einer Rippe Adams, des ersten Menschen. Der Mann sucht deshalb nach der Frau, ist sie doch ein Teil von ihm (1. Mose 2, 23), er sucht nach ihr, um diesen Verlust auszugleichen (Kidduschin 2b). Denn Einsamkeit bedeutet Unglück, Gottesferne und ist nicht gottgewollt. Deshalb ist die Ehe ein Heiligtum.

Am Anfang der Trauungszeremonie steht der Rabbinersegen über der verschleierten Braut (4. Mose 6, 24-26). Unter einem Baldachin (Chuppa) findet dann die eigentliche Trauung statt: ein insgesamt neunfacher Segen, die Verlesung der Eheurkunde (Ketubba) und – als Höhepunkt – das Anstecken des Eherings an den rechten Zeigefinger der Braut durch den Bräutigam. Dieser spricht dabei die Formel: „Mit diesem Ring bist du mir angetraut nach dem Gesetz Mose und Israel". Es folgt der Weinsegen und abschließend zertritt der nunmehrige Ehemann ein Glas – in Erinnerung an den zerstörten Jerusalemer Tempel.

Auch auf seinem letzten irdischen Weg begleiten den gläubigen Juden zahlreiche Rituale. In orthodoxen Gemeinden obliegen die Pflichten dem Verstorbenen gegenüber einer speziellen Vereinigung, der Heiligen Bruderschaft (Chewra Kaddischa). Diese sorgt zunächst für eine ständige Bewachung (Schmira; Wache) des Toten bis zu dessen Beisetzung. Der Verstorbene ist aufgebahrt im Haus des Lebens (Bet ha Chajim), der Leichenhalle nahe des Friedhofs. Dort wird er gewaschen und in sein Totenkleid (Tachrichim und Kittel, zu Lebzeiten trug er diese bereits – an den Neujahrstagen in der Synagoge, in Erinnerung an seine Sterblichkeit) gehüllt. Männer werden außerdem mit ihrem Tallit, dem an einem Zipfel die Ziziot abzutrennen sind, bestattet.

Damit der Tote wenigstens symbolisch in der Erde des Heiligen Landes ruhen kann, ist dem Sarg – ursprünglich war auch der Gebrauch eines solchen unüblich – ein Säckchen mit Erde aus dem Lande Israel beizugeben.

In der Regel hält ein Trauerredner eine Grabrede (Hesped). Dann singt der Kantor den 91. Psalm, der Sarg senkt sich in das Grab, begleitet von den Worten aus Daniel 12,13.

Das Sagen des Kaddisch (Heiligung) schließt die Grablegung ab. Dieses Totengebet, das den Tod und das Sterben unerwähnt läßt, hat offensichtlich das christliche Vaterunser beeinflußt. Ähnliche Formulierungen wie „Erhoben und geheiligt werde sein großer Name" oder „Sein Reich entstehe" finden sich auch in diesem Gebet. Zum Kaddisch ist eine Gemeinschaft von mindestens zehn religionsmündigen Männern notwendig.

An das Begräbnis schließt sich eine Trauerwoche (Schiwa; Sieben Tage, vgl. 1. Mose 50, 10) an. Äußeres Zeichen der Trauer ist die Kerija, ein Riß in der Kleidung. In alter Zeit war es üblich, in diesen Tagen bewußt ungepflegt zu sein, in „Sack (Sak; grobes Gewand) und Asche" zu gehen.

Der äußere Charakter von jüdischen Gräbern und Friedhöfen – jiddischer Euphemismus: Getort, Guter Ort – ist traditionell eher schlicht und karg. Erst unter christlichem Einfluß wurde auch der Blumenschmuck üblich. Da die Totenruhe absolut heilig ist, werden Gräber nicht aufgehoben. Jahrhundertealte Grabstellen sind deshalb auf entsprechend frühen jüdischen Gottesäckern keine Seltenheit.

Das ehrende Gedenken an die Toten ist ein wesentlicher Teil der jüdischen Ethik. Den Verstorbenen wird am Jahrestag ihres Hinscheidens gedacht, seitens der Kinder durch Fasten und das Entzünden einer Kerze, die den Tag über brennt. Der Sohn gedenkt seiner verstorbenen Eltern zur „Jahrzeit" durch Sagen des Kaddisch, bis an das Ende *seiner* Tage.

4. Zur Rolle der Frau im Judentum

Das traditionelle Judentum trägt ausgesprochen patriarchalische Züge. Frauen kommen, bei oberflächlicher Betrachtung, nur am Rande vor: Im Gottesdienst spielen sie keine Rolle, alle Riten beziehen nur die Männer ein. Im häuslichen Bereich bietet sich ein etwas anderes Bild, aber die Dominanz des „starken Geschlechts" ist auch hier gegeben. Ausnahmen macht lediglich das Reformjudentum, unter dessen Einfluß auch liberale und konservative Gemeinden den Frauen mehr Rechte einräumten.

Die jüdische Überlieferung kennt zahlreiche Heroinnen. Die Richterin Deborah, couragierte Frauen wie Ester oder Judith – sie alle genießen höchste Wertschätzung. Dennoch kennt bereits das alte Israel zahlreiche Einschränkungen für Frauen, die mit den Reinheitsgeboten zusammenhängen. So durften nur Männer die heiligen Bezirke des Tempels betreten und dort als Priester Dienst tun (→ B/I.6.).

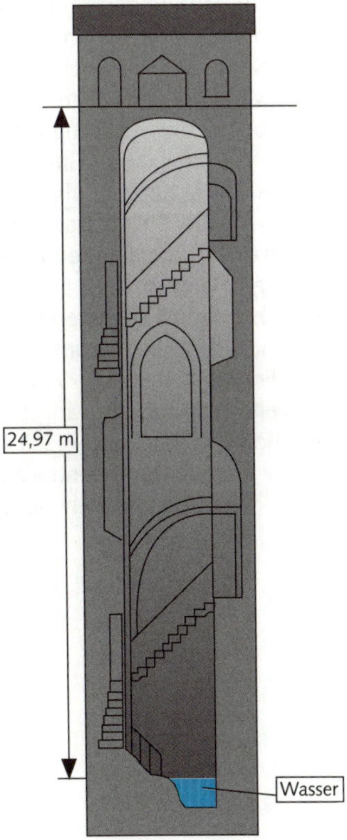

Mikwe (Sammlung des Wassers), ist ein rituelles Tauchbad, welches zu den ältesten Institutionen einer jüdischen Gemeinde gehört. Vorschrift ist, daß dieses Bad mehr als 800 Liter (drei Kubik-Ellen) quellendes oder fließendes Wasser fassen muß.
Mikwaot befinden sich entweder unter oder in der Nähe der Synagoge. Der Schacht des in der nebenstehenden Grafik dargestellten Tauchbades von Friedberg in Hessen (um 1260) war fast 25 Meter tief und etwa 5 Meter breit.
Für Frauen war der Besuch des rituellen Tauchbades nach der Menstruation und nach Entbindungen obligatorisch.
Auf die Mikwe-Tradition – auch zum Judentum übertretene Heiden hatten sich dem Tauchbad zu unterziehen – geht die christliche Taufe zurück: Das frische, „lebendige" Wasser soll die Sünde, das Alte, Überwundene abwaschen, hinwegtragen.

Der Kodex des Talmud manifestiert die in der Bibel festgelegte Rolle der Frau als vom Manne dominiertes, abhängiges Wesen. Ein ganzer Abschnitt, die dritte Ordnung, befaßt sich mit den Frauen (Naschim). Ähnlich despektierlich wie die abendländische Kultur, wo die Frau bis in die Neuzeit hinein als eine Art Mischwesen zwischen Mann und Kind galt, völlig abhängig von Emotionen, sah auch das Judentum das „Weib".

Der Mann, rational bestimmt und damit Garant der Ordnung, war froh, als solcher geboren zu sein. Dafür dankte er seinem Schöpfer im täglichen Morgengebet: „Gesegnet seist Du Ewiger, unser Gott, König der Welt, der Du mich nicht als Weib erschaffen (schelo assani ischa)". Erst 1846 hob eine Rabbinerkonferenz in Breslau diesen Spruch auf. In orthodoxen Gemeinden ist er allerdings bis heute noch üblich.

Und bis ins Hochmittelalter erlaubte das jüdische Gesetz theoretisch die Vielehe. Eine Verordnung des angesehenen Rabbis Gerschon ben Juda (um 960-1040), Leiter der Mainzer Talmud-Hochschule und ein Meor ha Gola (Licht des Exils) schließlich verbot die Polygamie für den aschkenasischen Bereich.

Ernsthafte Bemühungen um eine Gleichstellung von Mann und Frau wurden im Zuge der Öffnung des Judentums zu Beginn des 19. Jahrhunderts unternommen, unter anderem auf jener oben genannten Konferenz. Es vergingen aber zum Beispiel noch 76 Jahre, bis ein weiterer Beschluß jener in Schlesien tagenden Rabbiner umgesetzt wurde: die Feier der Bat Mizwa in der Synagoge.

Wesentlich radikaler setzte die jüdische Reformbewegung die Frauenemanzipation in religiösen Belangen durch. Ein früher Vertreter dieser Strömung, Abraham Geiger, war bereits 1837 der Auffassung, daß es bei der Behandlung von Mann und Frau keine Unterschiede geben dürfe. Somit standen im Reformjudentum auch geistliche Ämter den Frauen offen. Allerdings erhielt erst 1972 eine Frau in den USA die Rabbinerwürde zugesprochen.

Die Orthodoxie hingegen hält auch heute noch strikt an den alten Regeln fest; für einen öffentlichen Gottesdienst werden nur die Männer zum Minjan gezählt, und in der Synagoge sitzen Männer und Frauen getrennt (→ A/III.4.).

Daß die Stellung der jüdischen Frau im weltlichen Bereich längst der modernen Zeit angepaßt ist, beweist ihre Situation im Staat Israel. Seit der Staatsgründung im Jahre 1948 haben Frauen aktiv und weitestgehend gleichberechtigt in allen gesellschaftlichen Bereichen, nicht zuletzt auch bei der Landesverteidigung, mitgewirkt.

III. Sprache, Schrifttum und Kultus

1. Hebräisch

Die klassische Sprache des Judentums ist Hebräisch: alle wichtigen religiösen Werke sind größtenteils in dieser Sprache abgefaßt; Kultus, Liturgie und Gebet sind von ihr dominiert – somit ist es nahezu unmöglich, das Wesen des Judentums ohne elementare Kenntnisse dieser Sprache zu erfassen.
Neben dem Hebräischen war lange Zeit Aramäisch die beherrschende Volkssprache der Israeliten und später der Juden. Zur Zeit des Exils in Europa entwickelten sich auf der Grundlage des Hebräischen eine Reihe eigener, nur von bestimmten jüdischen Volksgruppen gesprochene Sprachen. Von diesen erlangte Jiddisch die größte Bedeutung.

„Urahne" der hebräischen Schrift sind die auf der ägyptischen Bilderschrift basierenden Sinai-Hieroglyphen. Diese noch sehr an Piktogramme erinnernden Zeichen wurden im Laufe der Jahrhunderte zu einer Konsonantenschrift weiterentwickelt (siehe Kasten).

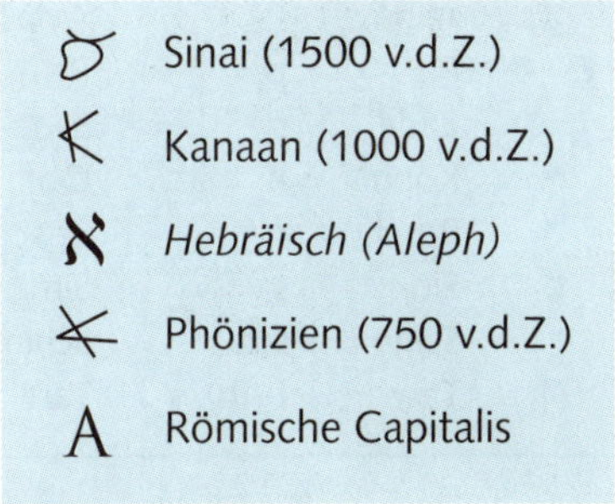

Jeder Konsonantwert entspricht quasi als Eselsbrücke einem Wort: *Aleph* ist der Ochsen- , *Resch* der Menschenkopf, *Bet* heißt Haus und *Gimel* Kamel. Das Problem der fehlenden Vokalzeichen - BN kann *Ben*, also Sohn und *banah*, „er baut" bedeuten - wurde auf verschiedene Weise gelöst. So ordnete man zunächst, dem Beispiel des Aramäischen folgend, bestimmten Konsonanten Vokale zu, *Aleph* erhielt zum Beispiel das „o". Im 8. Jahrhundert schließlich entwickelten drei Gelehrtenfamilien aus Tiberias, Ben Ascher, Ben Naphtali und „Pseudo-Ben-Naphtali" ein System aus Punkten und Strichen, die, unter den entsprechenden Konsonanten angeordnet, Vokalwerte darstellen.

Das Vokal-Problem führte auch später noch zu kuriosen Fehlern mit weitreichenden Folgen. So geht die Verfälschung des Gottesnamen JHWH in „Jehova" auf falsche Vokalsetzung zurück.

Der Gleichklang hebräischer Wörter und falsche Transkription ist auch die Ursache für eine ungewöhnliche Darstellung des Mose selbst auf jüdischen Abbildungen: Die Autoren der Vulgata schrieben ihm in 2. Mose 34, 29 Hörner zu, gemeint ist aber der Glanz in seinem Gesicht nach dem Empfang der Gesetzestafeln. „Dank" der Vulgata versahen viele Künstler Moses-Darstellungen mit Hörnern, unter anderem auch Michelangelo (Grabmal Julius' II, 1516, Rom/S. Pietro in Vincoli).

	I.	II.	III.	IV.	V.	VI.	Zahl
א	Aleph	-	Alaef	-	-	Alef	1
ב	Bet	b, v	Bet	b	b	Bet	2
ג	Gimel	g	Gimael	g	dsch	Gimel	3
ד	Dalet	d	Dalaet	d	d	Dalet	4
ה	He	h	He	h	h	He	5
ו	Waw	v, w, u	Waw	w	w	Waw	6
ז	Sajin	z	Zayin	z	z	Sajin	7
ח	Chet	x	Het	h	h, ch	Chet	8
ט	Tet	t	Tet	t	t, z	Tet	9
י	Jod	j, y, i	Yod	y	j	Jod	10
כ ך	Kaph	k, ch	Kaf	k	k	Kaf	20
ל	Lamed	l	Lamaed	l	l	Lamed	30
מ ם	Mem	m	Mem	m	m	Mem	40
נ ן	Nun	n	Nun	n	n	Nun	50
ס	Samech	s	Samaek	s	s	Samech	60
ע	Ajin	-	Ayin	-	-, r	Ajin	70
פ ף	Pe	p, f	Pe	p	f, p	Pe	80
צ ץ	Zade	s	Sade	s	s, d	Zade	90
ק	Koph	k	Qof	q	k	Kof	100
ר	Resch	r	Res	r	r	Resch	200
שׂ	Sin	s	Sin	s	s	Sin	300
שׁ	Schin	sch	Schin	s	s	Schin	
ת	Taw	t (th), s	Taw	t	t	Taw	400

Das hebräische Alephbet besteht aus 22 Konsonanten und wird von rechts nach links geschrieben und gelesen. Beim Schreiben der Buchstaben beginnt man in der oberen linken Ecke. Jedem Konsonanten ist ein bestimmter Zahlenwert zugeordnet. Groß- und Kleinschreibung gibt es nicht, allerdings werden die Buchstaben Kaph, Mem, Nun, Pe und Zade anders geschrieben, wenn sie am Ende eines Wortes stehen.
Für das hebräische Alephbet stehen zahlreiche Transkriptionsmodelle zur Verfügung. Teilweise werden, trotz großer Übereinstimmung, auch einzelne Buchstaben unterschiedlich bezeichnet (I./II. De Lange, III./IV. Körner, V. Hermann – keine Benennung der Buchstaben, VI. Neues Jüdisches Lexikon – keine Transkription).

In den Ländern des Exils übernahmen die Juden in der Regel die Sprachen der Völker, unter denen sie lebten. Gleichzeitig entwickelten sie im Mittelalter eigene Sprachen: auf der Grundlage von Mittelhochdeutsch entstand Jiddisch, in Spanien Judeo Espagnol und in Südfrankreich Judeo Provençal (Schuadit).

Das Stichwort:

Jiddisch

Als wohl einflußreichste dieser Sub-Sprachen darf das Jiddische angesehen werden. Es entstand im 12. Jahrhundert auf der Basis von Mittelhochdeutsch, das stark durchsetzt wurde mit hebräischen, aber auch lateinischen und französischen Begriffen. Bei seiner Ausdehnung nach Osteuropa übernahm das Jiddisch noch zahlreiche slawische Wörter. In der Kombination dieser Komponenten entstanden eigene Wortschöpfungen wie zum Beispiel „matzil sein" (hebräisch-deutsch: erretten), „darschanen" (hebräisch-deutsch: predigen), „chendig" (hebräisch-deutsch: anmutig), „Schabbeslicht" für Sabbatlicht oder „jüdischen" für beschneiden, „benschen" (von lateinisch: benedicere, segnen) und „oren" (lateinisch: orare, beten).

Die Vernichtung des Ostjudentums durch Nazideutschland im II. Weltkrieg bedeutete nicht das Ende der jiddischen Kultur. Besonders in den orthodoxen Gemeinden der USA und Israels spielt diese Sprache noch eine bedeutende Rolle. Schon deshalb, weil es in diesen streng religiösen Kreisen wie ehedem verpönt ist, das heilige Hebräisch durch den alltäglichen Gebrauch zu entweihen.

Auch in der Weltkultur lebt Jiddisch weiter. Sein einflußreichster Protagonist war der polnisch-amerikanische Schriftsteller Isaac Bashevis Singer, der in seinen Werken immer wieder die Geschichte seiner osteuropäischen Heimat und der dortigen Juden reflektierte. Für sein Schaffen erhielt Singer 1978 den Literatur-Nobelpreis.

Das mehr und mehr zu rein religiösen Zwecken „entrückte" Hebräisch wurde dabei allerdings nie zur wirklich toten Sprache, richtig wiederbelebt haben es allerdings erst die Zionisten im 20. Jahrhundert – eine gewaltige kulturelle Leistung! Als Neuhebräisch (Ivrit) ist es die Amtsprache des Staates Israel.

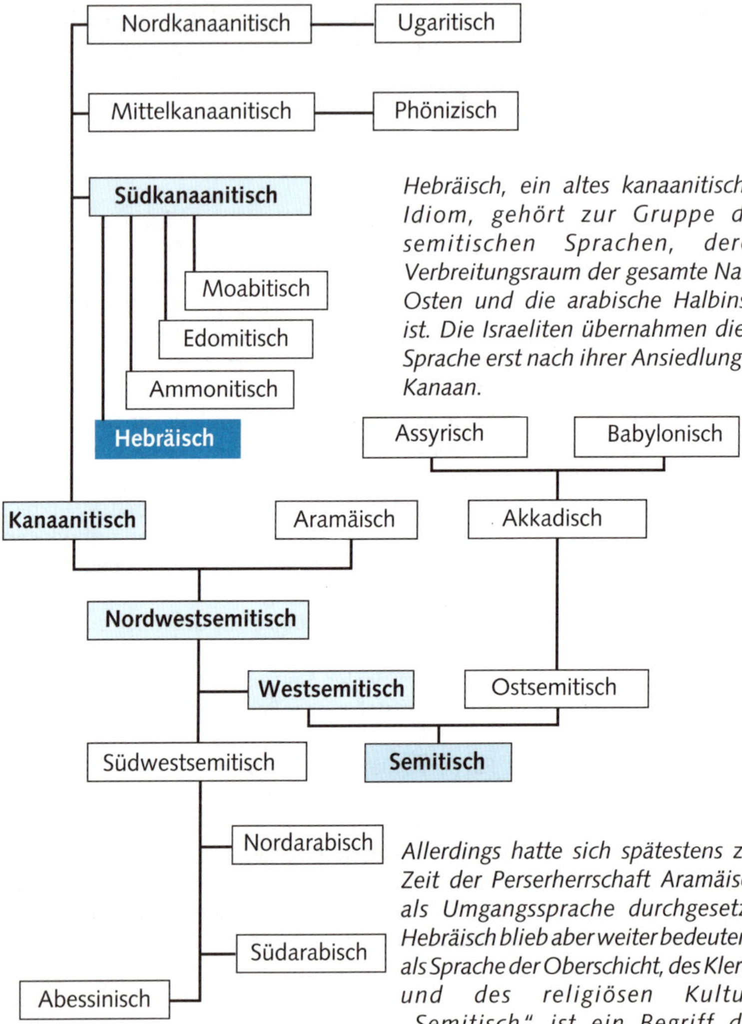

Hebräisch, ein altes kanaanitisches Idiom, gehört zur Gruppe der semitischen Sprachen, deren Verbreitungsraum der gesamte Nahe Osten und die arabische Halbinsel ist. Die Israeliten übernahmen diese Sprache erst nach ihrer Ansiedlung in Kanaan.

Allerdings hatte sich spätestens zur Zeit der Perserherrschaft Aramäisch als Umgangssprache durchgesetzt. Hebräisch blieb aber weiter bedeutend als Sprache der Oberschicht, des Klerus und des religiösen Kultus. „Semitisch" ist ein Begriff der Sprachwissenschaft, er ist entlehnt aus 1. Mose, 10: Demnach ist der Noah-Sohn Sem der Stammvater der vorderasiatischen Völker. Dennoch ist „semitisch" keine ethnologische Kategorie, und der Begriff „Antisemitismus" im Prinzip irreführend und unwissenschaftlich.

Jiddisch hat seinen Ursprung im Norden des mittelalterlichen Herzogtums Lothringen. Zwischen dem 13. und 15. Jahrhundert breitete sich diese Sprache über ganz Mittel- und große Teile Osteuropas aus. Gleichzeitig entwickelten sich unterschiedliche Dialekte.
Geschrieben wird Jiddisch mit hebräischen Buchstaben.
Judeo Espagnol, auch Judezmo oder Ladino genannt, wurde nach der Vertreibung der Juden aus Spanien im Jahre 1492 von diesen nach Nordwestafrika, auf die Balkan-Halbinsel und nach Westanatolien mitgenommen.

2. Tora und Bibel

Zweifelsohne ist die Bibel eines der monumentalsten und einflußreichsten Schriftwerke der Menschheit. Kein anderes „Buch" hat die vorderasiatische und europäische Kulturgeschichte stärker beeinflußt als sein hebräischer „1. Teil": ohne diesen sind weder das christliche neue Testament noch das heilige Buch des Islam, der Koran, in ihrer vorliegenden Form denkbar. Mit der Hebräischen Bibel (Tenach, vom Akronym TaNaKh – Tora, Propheten, Schriften) drang altisraelitisch-jüdisches Gedankengut und Werteverständnis tief ein in Christentum und Islam, beeinflußte und beeinflußt Denken und Handeln von fast 3 Milliarden Menschen aller Kontinente in Vergangenheit, Gegenwart und Zukunft.

Das „Allerheiligste" der Hebräischen Bibel und der Grundstein des jüdischen Glaubens sind die Fünf Bücher Mose, die Tora (Lehre, Unterweisung, Gesetz; griech.: Pentateuch = Fünf Bücher). Benannt werden diese Bücher nach ihren Anfangsworten: Bereschit („Am Anfang", 1. Mose), Schemot („Die Namen", 2. Mose), Wajikra („Er rief", 3. Mose), Ba Midbar („In der Wüste", 4. Mose) und Dewarim („Die Worte", 5. Mose).

Schriftlich fixiert wurde die Tora vom sogenannten Jahwisten (um 950 v. d. Z.) beziehungsweise Elohisten (um 800 v. d. Z.). Diese Bezeichnungen beruhen auf den von diesen Autoren gebrauchten Gottesnamen – Jahwe und El. Eine dritte und chronologisch letzte Quelle der Tora ist die Priesterschrift (um 550 v. d. Z.). Die Tora, in der alle 613 Ge- und Verbote (Mizwot) des Judentums enthalten sind, erzählt die Geschichte von der Weltschöpfung bis zum Tode des Religionsstifters Moses.

Das Stichwort:

Die Tora-Rolle

Als Zeichen der großen Verehrung der Juden für das Wort Gottes werden die Tora-Rollen mit üppiger Pracht verziert und ausgestattet.

Die Tora-Rolle wird auf zwei Stäbe aufgewickelt, ein solcher Stab wird als Baum des Lebens (Ez Chajim) bezeichnet. Die Rolle selbst ist mit einem speziellen Tuch (Mappa) umhüllt, darüber deckt sich der reichbestickte Mantel (Me'il). Im sephardischen Kulturkreis verbergen sich die Rollen in einem Kasten aus Holz (Tik). Geschmückt werden die Tora-Rollen mit einem Schild (Tass), beliebte Motive darauf sind der Löwe, das Symbol des Stammes Juda, und die beiden Säulen Boas („in ihm ist Kraft") und Jachin („er steht fest"), die an der Vorhalle des Ersten Tempels standen.

Der Deuter (Jad), ein Stab, an dessen Ende sich eine kleine Hand mit ausgestrecktem Zeigefinger befindet, dient als Lesehilfe. Außerdem wird auf diese Weise vermieden, daß die kostbaren Handschriften vom Finger des daraus Vorlesenden berührt und nach längerem Gebrauch beschädigt werden.

Zum weiteren Schmuck der Rollen dienen eine Krone (Kether) oder – je nach

Anlaß – ein Aufsatz (Rimonim = Granatäpfel) von unterschiedlichster Ausführung, meist versehen mit Glöckchen – als Reminiszenz an die Kleidung der Hohenpriester, die ebenfalls mit Glöckchen verziert war.

Tass, Jad, Kether und Rimonim sind meist aus Silber gefertigt.

Zur Herstellung der etwa ein Meter hohen Tora-Rollen dürfen vom Schreiber (Sofer) nur speziell für diesen Zweck von Hand gefertigte Pergamente aus der Haut rituell reiner Tiere, Gänsekiele und Tinten ohne metallische Zusätze verwendet werden.

Die Schreibweise jedes einzelnen Buchstabens ist genau festgelegt. Der kleinste Schreibfehler macht die betroffene Rolle für den rituellen Gebrauch untauglich. Ist eine Tora-Rolle nach langer Verwendung verschlissen, wird sie, einem Verstorbenem gleich, auf dem Friedhof bestattet.

Der zweite Teil der Hebräischen Bibel sind die Bücher der Propheten (Newiim; unterteilt in Newiim Rischonim – Bücher der Ersten Propheten – und Newiim Acharonim – Bücher der Letzten Propheten). Sie entstanden in der Zeit von 750 bis 500 v. d. Z. Ihre Inhalte sind Gottesworte, Warnungen, Belehrungen und Prophezeiungen, ausgesprochen von Sehern, weisen Männern aus dem Volk. Oftmals verfolgt von den Herrschern der Teilreiche Israel und Juda, sprachen die Propheten zumeist unbequeme Wahrheiten aus. Sie pranger-

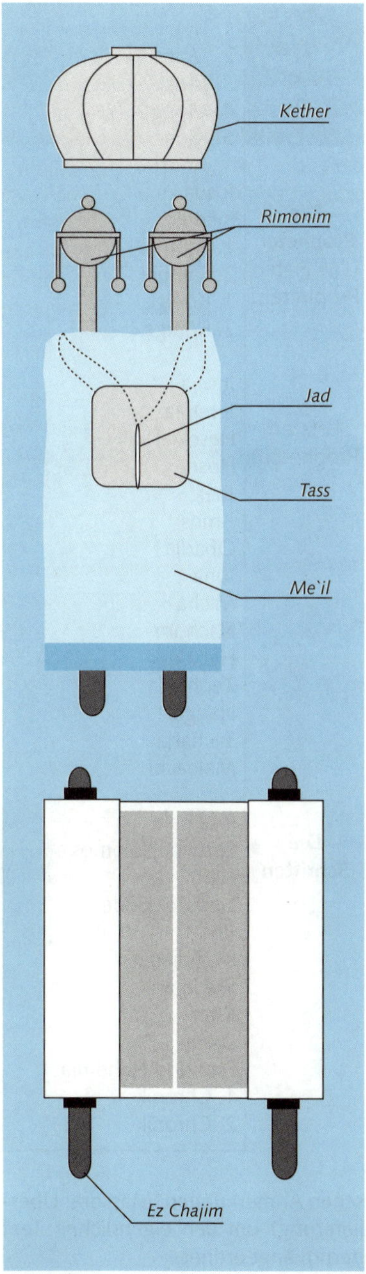

Tora-Rolle (aschkenasisch)

ten nicht nur den Abfall vom wahren Glauben und den Einfluß fremder Kulte an, sondern sprachen sich auch aus gegen soziale Ungerechtigkeit (vgl. Amos) und politische Unfähigkeit der Machthaber (vgl. Jeremia).

Die Schriften (Ketuwim), dritter Teil der Bibel, stammen im wesentlichen aus der Zeit des Babylonischen Exils oder sind noch späteren Ursprungs. Abgeschlossen wurde der Kanonisierungsprozeß der Hebräischen Bibel um 75 v. d. Z.

Für den synagogalen Gebrauch sind neben der Tora noch die sogenannten Fünf Rollen (Megillot) von Bedeutung: Das Hohelied, die Bücher Rut, Prediger, Ester und die Klagelieder. In der sephardischen Tradition haben alle diese Bücher wie die Tora auch ihre ursprüngliche altorientalische Rollenform beibehalten. Im aschkenasischen Bereich trifft dies nur noch auf die Ester-Rolle zu.

Die Sprache der Bibel ist, von wenigen aramäischen Abschnitten abgesehen, Alt-Hebräisch. Da sich nach dem Babylonischen Exil Aramäisch als Umgangssprache durchgesetzt hatte, mußten die biblischen Schriften übersetzt werden. Die auf diese Weise entstandenen Targumim enthalten allerdings auch legendenhafte Ausschmückungen des Ur-Textes.

Eine generelle Überarbeitung der Hebräischen Bibel erfolgte zwischen dem 6. und 10. Jahrhundert im Zuge der Vokalisierung der hebräischen Sprache. Mißverständlichkeiten und Widersprüche sollten weichen, die heiligen Schriften erhielten ihre Unterteilung in Abschnitte und Verse. In der Hebräischen Bibel sind die bei dieser Reform entstandenen textkritischen Anmerkungen (Massora; Überlieferung) um den eigentlichen Text herum angeordnet.

Tora (5 Bücher Moses)	**1. Mose** (Genesis) **2. Mose** (Exodus) **3. Mose** (Leviticus) **4. Mose** (Numeri) **5. Mose** (Deuteronomium)
Die Propheten (Die Ersten Propheten)	Josua Richter 1. Samuel 2. Samuel 1. Könige 2. Könige
(Die Letzten Propheten)	Jesaja Jeremia Hesekiel Hosea Joel Amos Obadja Jona Micha Nachum Habakuk Zephanja Haggai Sacharja Maleachi
Die Schriften	Psalmen Sprüche Salomos Hiob Lied der Lieder Rut Klagelieder Prediger Ester Daniel Esra und Nehemia 1. Chronik 2. Chronik

3. Der Talmud

Für die meisten Nichtjuden ist er das schriftgewordene Kennzeichen des Judentums – der Talmud. Eigentlich ein Kuriosum: Fast jeder kennt diesen Begriff, aber die wenigsten wissen um Herkunft, Aufbau und Inhalt des Werkes. Die judenfeindliche christliche Propaganda umgab ihn stets mit einer Aura der Frevelhaftigkeit, der Blasphemie. So wurden zum Beispiel 1242 in Paris 24 Karrenladungen Talmud-Manuskripte verbrannt. Erlaubte Papst Leo X. 1523 dem Drucker Daniel Bomberg aus Venedig, eine zensurfreie Ausgabe herzustellen, verbot der Heilige Stuhl bereits 1553 das Werk wieder, da es angeblich Schmähungen des Christentums enthalte.

Die Ursprünge des Talmud (Belehrung) liegen in der Zeit nach dem I. Jüdischen Krieg (→ B/I.7.), als im Lehrhaus von Jawne mit der schriftlichen Fixierung der außerbiblischen mündlichen Überlieferungen, Gesetze und Sitten begonnen wurde – der Tempel war zerstört, irgendwann würde er wiedererrichtet werden müssen; es galt also, Augenzeugen zu befragen, das Brauchtum mußte weiterleben. Der Grundstein für die **Mischna** (Wiederholung) war damit gelegt. Die Autoren der Mischna wurden als Tannaiten (Lehrer) bezeichnet. Gesammelt hat die Mischna Jehuda ha Nasi im Lehrhaus von Zippori (Sephoris) um das Jahr 200.

Gegliedert ist die Mischna in sechs Ordnungen (Sedarim) mit insgesamt 63 Traktaten (Massechot) und 525 Lehrsätzen (Perakim):

I. **Seraim** (Saaten), 11 Traktate;
Gebete und Gesetze zur Landwirtschaft
II. **Moéd** (Festzeit), 12 Traktate;
Vorschriften zu den Fest- und Feiertagen
III. **Naschim** (Frauen), 7 Traktate;
Ehe- und Familiengesetzgebung
IV. **Nesikin** (Schädigungen), 10 Traktate;
Zivil- und Strafrecht
V. **Kodaschim** (Heilige Dinge), 11 Traktate;
Opfer- und Schlachtbestimmungen
VI. **Toharot** (Taugliche Dinge), 12 Traktate;
vielgestaltige Reinheitsbestimmungen

Auf die Mischna folgte die Auslegung derselben durch die Amoräer (Sprecher, Ausleger) in Form der Gemara (Vollendung). Sind die Bestimmungen der *Mischna* meist kurz und bündig gehalten, zieht sich die Diskussion darüber hin und füllt den weitaus größten Teil des Talmud.

Abgeschlossen wurde die Zusammenführung von Mischna und Gemara um das Jahr 500 in Mesopotamien, seinerzeit das Zentrum jüdischer Gelehrsamkeit. Neben dem sogenannten Babylonischen Talmud („Babli") gibt es noch einen weniger umfangreichen Jerusalemer Talmud („Jeruschalmi"). Im aschkenasischen Bereich erlangte nur der „Babli" kanonische Bedeutung.

Der Umfang der Gemara schwankt sehr stark, zu manchen Lehrsätzen gibt es keine Auslegungen, andere werden seitenlang diskutiert.

Die Sprache der Mischna ist ein mit vielen Lehnswörtern aus dem Griechischen, dem Lateinischen und dem Persischen durchsetztes Mittelhebräisch, die Gemara wurde in Aramäisch abgefaßt.

Inhaltlich unterscheidet sich der Talmud in Halacha (Schritt; Gesetzeslehre) und Aggada (Erzählung). Die Halacha ist eher streng und formalistisch, hier werden die religiösen Pflichten festgeschrieben, akribisch und genau alle Aspekte des jüdischen Lebens und Tuns festgelegt. Unterschieden wird dabei in

1. Toragesetze (eigentliche Halachot – Gufe Halachot)
2. Mosaische Halachot vom Sinai (Halachot Lemosche Missinai)
3. Biblische Alte, Frühe und Spätere Halachot
4. Provinzial-Halachot aus dem Volksleben und
5. weitere, zum Beispiel medizinische, Halachot

Speziell zur Einführung in die Halacha und zu ihrem besseren Verständnis entstanden bereits im 1. und 2. Jahrhundert Teilsammlungen daraus. Das bedeutendste dieser Gesetzeswerke ist der Schulchan Aruch (Bereiteter Tisch) des Joseph Karo, eines im 16. Jahrhundert aus Spanien in das Heilige Land eingewanderten Gelehrten.

Der Charakter der Aggada hingegen ist fabulierend, poetisch und kennzeichnet die Gemara. Diese neigt denn auch mitunter zum – durchaus nicht negativ zu verstehenden – „Verplaudern", zur Abschweifung vom ursprünglichen Gegenstand. Als Beispiel sei hier der Traktat Gittin (Scheidebriefe) aus der III. Ordnung genannt. Die Gemara befaßt sich nicht nur mit dem Abfassen, Beurkunden und Überbringen des Scheidungsbriefes nach einer gescheiterten Ehe, sondern berichtet auch ausführlich über die Vorgänge zu Zeiten der beiden Jüdischen Kriege.

Es gibt kaum ein Thema, welches der Talmud neben seinen oben angedeuteten Hauptinhalten nicht behandelt: ob Naturwissenschaften oder Medizin, Handel und Gewerbe, Kunst und Kultur, Geschichte und Archäologie – der Leser steht einer gewaltigen, über die Jahrhunderte angesammelten Fülle von Erkenntnissen gegenüber. Entsprechend groß ist der Umfang des Werkes: die von Lazarus Goldschmidt, Berlin, ab 1897 besorgte deutsche Ausgabe umfaßt 12 Bände mit insgesamt 10 324 Seiten!

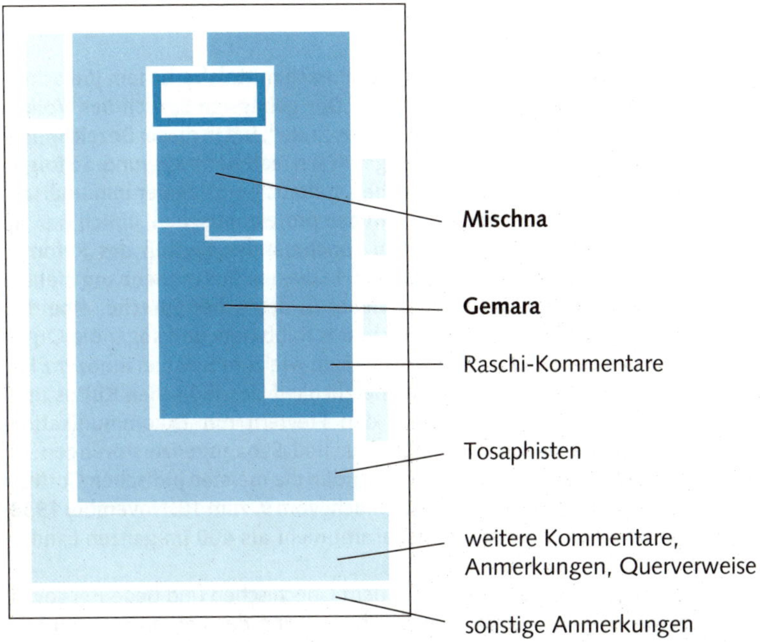

Die obenstehende Grafik stellt die erste Seite des Babylonischen Talmud in einer jüngeren Ausgabe dar (Traktat Brachot 2a, stark stilisiert; die einzelnen Kolumnen sind als blaue Flächen dargestellt): Der Mischna-Text umfaßt in diesem Beispiel dreizehneinhalb Zeilen. Danach – die Trennung ist hier durch einen weißen Strich hervorgehoben – beginnt die dazugehörige Gemara; auf Seite 9b folgt der zweite Mischna-Satz.
In frühen Talmud-Ausgaben wurde die Gemara um die Mischna herum angeordnet. In den späteren Ausgaben umschlossen die Kommentare von Rabbi Schlomo ben Jizhak (Raschi, → B/II.5.) – in der typischen „Raschi-Schrift" ausgeführt – Mischna und Gemara. Als nunmehr äußere Schicht stehen die Kommentare der Tosaphisten. Diese fügten dem Talmud in der Zeit zwischen dem 12. und 14. Jahrhundert ihre „Zusätze" (Tosaphot) an.
Am Rande und unter den Kolumnen befinden sich Anmerkungen, Verweise auf Parallelstellen in anderen Talmud-Traktaten und in der Bibel sowie neuzeitliche Kommentare.
Mischna-Zitate werden nach Kapiteln (römische Ziffer) und Paragraphen (arabische Zahl) geordnet. Aus der Gemara wird mit Angabe von Blatt (arabische Zahl) und Seite (a = Vorderseite, b = Rückseite) zitiert.

4. Die Synagoge

„Der Juden Schule", so nannte auch Luther nach mittelalterlichem jüdischen Brauch die Synagoge in seinen Schriften. Der gehässige Spruch des Volksmundes, „hier gehts ja zu wie in einer Judenschule", hat in dieser Bezeichnung seinen Ursprung, allerdings auch einen gewissen realen Hintergrund. So folgte die Gemeinde dem geistlichen Geschehen weitaus emotionaler und undisziplinierter, als es in den Kirchen, erst recht den protestantischen, üblich war. In Deutschland änderte sich das mit dem zunehmenden Einfluß des Reformjudentums zu Beginn des 19. Jahrhunderts. In diesem Zusammenhang hielten schließlich auch die Predigt und das Gebet in deutscher Sprache, eine der christlichen Geistlichkeit ähnelnde Tracht des Rabbiners und sogar die Orgel Einzug in die Synagoge. Obwohl selbst Päpste wie zum Beispiel Innozenz IV. im Jahre 1246 in einer Bulle die Unverletzlichkeit des jüdischen Kultus und seiner Einrichtungen garantierte und den Frevlern mit Exkommunikation drohte, bedingten sich Judenverfolgungen und Synagogenzerstörungen zu allen Zeiten. In Deutschland schließlich wurden die meisten jüdischen Gotteshäuser in der sogenannten Reichskristallnacht vom 9. zum 10. November 1938 geschändet oder niedergebrannt, insgesamt mehr als 400 im ganzen Land.

Der Begriff „Synagoge" entstammt dem Griechischen und bedeutet soviel wie „Versammlung". Es ist die direkte Übertragung des hebräischen Bet ha-Knesset – „Haus der Versammlung/der Zusammenkunft". Diese „Häuser" entstanden nach der Zerstörung des Ersten Tempels als Orte des jüdischen Gottesdienstes. Nach dem Babylonischen Exil (→ B/I.4.) wurde im Zuge der Reformen des Esra die Tora-Lesungen (Krijat ha-Tora) in die Synagoge eingeführt.

Traditionell finden jeweils morgens, nachmittags und abends Gottesdienste in der Synagoge statt. Dem religiösen Gesetz entsprechend, haben sich dazu wenigstens zehn religionsmündige Männer zusammenzufinden (Minjan = Zahl). Zu Zeiten des Ghettos rief ein Synagogendiener, der „Klopfer" (Mallamed), der von Haus zu Haus ging, die Gläubigen zum Gebet – Glocken kennt die Synagoge nicht. Der Ablauf des Gottesdienstes erfolgt gemäß dem Gebetbuch (Siddur), einer Sammlung von Tora-Abschnitten, Psalmen und Sprüchen. Beim Rezitieren daraus wechseln sich ein Vorbeter beziehungsweise Kantor (Chasan) und ein weiteres Gemeindemitglied ab. Da der jüdische Gottesdienst zu einem großen Teil aus Liturgie besteht, ist die Rolle des Chasan von größter Bedeutung. Er gilt als Schaliach Zibur („Gesandter der Gemeinde"), er wendet sich mit seiner Stimme im Namen der Gemeinde an den Allmächtigen.

Wichtigstes Gebet des täglichen Gottesdienstes ist neben dem Glaubensbekenntnis Sch'ma Jisroel (5. Mose 6, 4-9; 5. Mose 11, 13-21 und 4. Mose 15, 37-41) das Achtzehn-Bittgebet (Schemone Esre). Einige Passagen aus diesem Gebet finden sich in ähnlicher Weise im Vaterunser wieder: „Gelobt seiest du, Herr, unser Gott und Gott unserer Väter... Heilig bist du und furchtbar dein

Name, und es gibt keinen Gott außer dir. Vergib uns, unser Vater, denn wie haben gegen dich gefehlt...". Während des Gottesdienstes wird mehrfach Kaddisch gesagt.

Im Mittelpunkt der Sabbat-Gottesdienste steht die Lesung aus der Tora. Zu diesem Zweck wird die Tora-Rolle aus dem Tora-Schrein gehoben, durch die versammelte Gemeinde getragen und auf dem Lesepult abgelegt. Zur Lesung kann prinzipiell jedes Gemeindemitglied aufgerufen werden, für den Betreffenden ist dies eine besondere Ehre. Da die Lesung aber auch in einem bestimmten Tonfall zu erfolgen hat, also strengen Vorschriften genügen muß, übernimmt in der Regel ein Vorleser (Koreh) dieses Amt. Der jüdische Geistliche schließlich, der Rabbiner, ist zwar das geistliche Oberhaupt der Gemeinde, aber kein Verwalter von Sakramenten.

Das Stichwort:

Rabbiner

Mit der christlichen Geistlichkeit läßt sich das Amt des jüdischen Theologen nur bedingt vergleichen. Kraft seines Studiums der biblischen Schriften und des Talmud ist der Rabbiner (Rabbi, Rebbe, Reb; von aramäisch Raw, „Meister") zwar eine „erste Adresse" in religiösen Fragen, steht deshalb aber Gott nicht näher als andere Menschen. Als Sachwalter auch weltlicher jüdischer Interessen kam den Rabbinern besonders in der Diaspora große Bedeutung zu. Zahlreiche Legenden von „Wunderrabbis", besonders aus dem ostjüdischen Bereich, zeigen, wie groß der Respekt der Gläubigen vor diesen Autoritäten war.

Weit über das Judentum hinaus bekannt wurde zum Beispiel der Prager Rabbi Jehuda Löw ben Bezalel (1513-1609), ein Zeitgenosse Kaiser Rudolf II. und Freund seines Hofastronomen Tycho Brahe. Rabbi Löw wußte, so die Legende, vom „unaussprechlichen" Namen Gottes (Schem), mit dem sich tote Materie zum Leben erwecken läßt. Mit Hilfe dieses Wissens erschuf er sich einen künstlichen Menschen, den Golem. Und als der Rabbi bei einem Bittgang für die Juden Prags vom Mob gesteinigt werden sollte, verwandelten sich die Steine in Blumen.

Im Deutschen Reich war die Anstellung von Rabbinern teils Sache der Gemeinden (Preußen), teils, wie in Frankreich, staatlicherseits geregelt (Württemberg, Baden, Hessen). Bedeutende Rabbinerseminare bestanden seit 1854 in Breslau und seit 1873 in Berlin. Das seit 1877 in Budapest ansässige Seminar war zur Zeit des Kommunismus in Osteuropa die einzige Ausbildungsstätte für jüdische Geistliche hinter dem Eisernen Vorhang.

In orthodoxen Gemeinden, darauf sei unbedingt noch hingewiesen, sind die Kohanim, Nachkommen des Moses-Bruders Aaron aus dem Stamme Levi, für den Gottesdienst von Bedeutung. Der Kohen, soweit in der Gemeinde vertreten, ist privilegiert: als Abkömmling des Hohenpriester-Geschlechtes liest er als erster aus der Tora, und nur er darf der Gemeinde den sogenannten Priestersegen (4. Mose 6, 24-25) erteilen.

Hinsichtlich Liturgie und Ritus gab und gibt es regionale Unterschiede: Vorherrschend in Mitteleuropa sind der Westaschkenasische (etwa Benelux, Elsaß-Lothringen, Schweiz und westliches Deutschland) und der Ostaschkenasische (östliches Deutschland ab Elbe-Saale-Linie, Österreich, Ungarn, Kroatien, Polen, Litauen und Ukraine) Ritus.

Nur begrenzt ist der Spanische Ritus (westliche Niederlande, Hamburg) üblich. Seine Hauptverbreitungsgebiete sind Nordafrika, der Nahe Osten, der Balkan und Teile Italiens.

In Ghettos bildeten die Synagogen den Mittelpunkt des jüdischen Lebens. Baulich hoben sie sich ursprünglich nicht von ihrer nichtjüdischen Umgebung ab, im Gegenteil. Restriktive Beschränkungen – auch die erste Berliner Synagoge von 1712 war davon noch betroffen – verhinderten, daß ein jüdisches Gotteshaus umliegende „christliche" Gebäude überragte. Um dennoch ein gewisses Raumvolumen zu erreichen, mußte deshalb der Grundstein vieler Synagogen weit unter Straßenniveau gelegt werde. Erst im Zuge der Emanzipation (→ B/III.2.) entstanden in Deutschland auch monumentalere Synagogenbauten wie die zum Teil wieder aufgebaute Neue Synagoge in Berlin, in der 3.000 Gläubige Platz fanden.

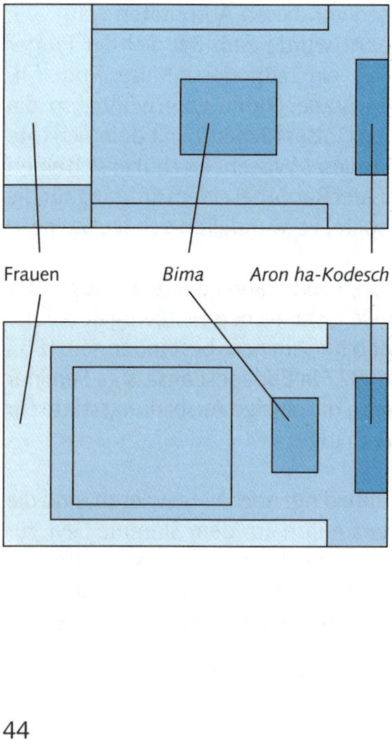

Die Synagogen sind immer in West-Ost-Richtung angelegt, an der nach Osten, nach Jerusalem gelegenen Wand (Misrach) befindet sich, meist von einem Vorhang (Parochet) verdeckt, der Tora-Schrein (Aron ha-Kodesch). Vor ihm brennt das Ewige Licht (Ner Tamid). In den Synagogen älterer Bauart befand sich das Lesepult (Bima oder Almemor = Plattform, sephardisch Teba = Kasten) in der Mitte des Raumes. Die Männer nahmen an den Seitenwänden Platz, für die Frauen gab es entweder einen separaten Raum im hinteren Teil der Synagoge oder, in späterer Zeit, eine Empore. In den Synagogen der Neuzeit steht die Bima direkt vor dem Tora-Schrein, wenn es überhaupt noch eine räumliche Trennung zwischen Männern und Frauen gibt, geschieht dies durch die Frauenempore.

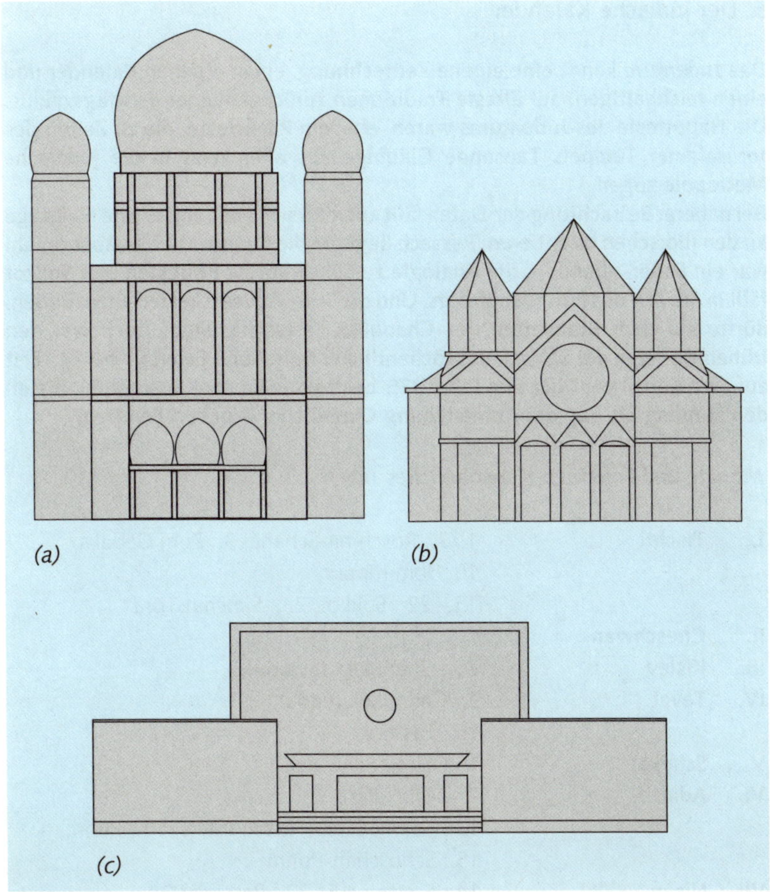

Hinsichtlich ihres Baustils orientierten sich die Synagogen stets an den Gegebenheiten des jeweiligen Kulturkreises und des „Zeitgeistes". Zu Beginn des 19. Jahrhunderts setzte sich nicht nur in Deutschland eine orientalisch anmutende Bauweise durch, wie sie auch bei der Berliner Neuen Synagoge aus dem Jahre 1866 zu finden ist (a).
Gegen Ende des Jahrhunderts näherten sich die Synagogen wieder stärker den oftmals neogotischen Kirchenbauten der Zeit an, ein Beispiel dafür ist die 1899 errichtete Synagoge von Chemnitz (b).
Im Bauhausstil errichtet wurde 1931 der Reformtempel in der Hamburger Oberstraße (c) Beide Gotteshäuser fielen wie die meisten deutschen Synagogen der „Reichskristallnacht" zum Opfer.

5. Der jüdische Kalender

Das Judentum kennt eine eigene Zeitrechnung, einen eigenen Kalender und einen reichhaltigen, auf älteste Traditionen zurückgehenden Festtagszyklus. Die Hauptfeste des Judentums waren ehedem Pilgerfeste, die zu Zeiten des Jerusalemer Tempels Tausende Gläubige aus aller Welt in die judäische Metropole zogen.
Bei näherer Betrachtung der Daten fällt auf, daß sich viele christliche Feiertage an den jüdischen orientieren: Pessach liegt um die Osterzeit – das Abendmahl war ein Seder-Abend –, die Analogie zu Schawuot ist Pfingsten und Sukkot fällt in die Zeit des Erntedankfestes. Und die Sitte, Adventskerzen anzuzünden, dürfte auf dem Brauchtum des Chanukka-Festes basieren. Auch war den frühen Christen der Sabbat als wöchentlicher Ruhe- und Feiertag heilig. Erst auf dem Konzil von Nicäa im Jahre 325 bestimmte Kaiser Konstantin offiziell den Sonntag als Tag der Auferstehung Christi zum Wochen-Feiertag.

Monate und Feiertage (Gewöhnliches Jahr)

I.	**Tischri**	1./2.: Rosch ha-Schana, 3.: Zom Gedalja, 10.: Jom Kippur, 15.- 22.: Sukkot, 23.: Simchat Tora*
II.	**Cheschwan**	
III.	**Kislev**	25.: Chanukka (Beginn),
IV.	**Tevet**	2.: Chanukka (Ende), 10.: Fasttag,
V.	**Schevat**	15.: Tu bi-Schwat,
VI.	**Adar**	7.: Sajin Adar 13.: Tannit Ester (Fasten Ester), 14.: Purim, 15.: Schuschan-Purim,
VII.	**Nisan**	14.: Fasttag, 15.-22.: Pessach**, 27.: Jom ha-Schoah we ha-Gewurah***
VIII.	**Ijar**	4.: Jom ha-Sikaron***, 18.: Lag ba-Omer, 5.: Jom ha-Azmaut***, 28.: Jom Jeruschalajim***,
IX.	**Siwan**	6./7.: Schawuot**,
X.	**Tammus**	17.: Fasttag,
XI.	**Aw**	9.: Tisch'ah be-Aw,
XII.	**Elul**	

* kein Feiertag in Israel und in reformierten Gemeinden – wird am Vortag gefeiert
** der jeweils letzte Tag ist kein Feiertag in Israel und in reformierten Gemeinden
***staatliche Feier- und Gedenktage in Israel

TISCHRI	CHESCHWAN	KISLEV	TEVET	SCHEVAT	ADAR	NISSAN	IJAR	SIWAN	TAMMUS	AW	ELUL
I	II	III	IV	V	VI	VII	VIII	IX	X	XI	XII
1	1	1	1	**1**	1	1	**1**	**1**	1	**1**	1
2	2	2	2	**2**	2	2	**2**	**2**	2	**2**	2
3	3	3	3	3	3	3	**3**	**3**	3	**3**	3
4	4	4	4	4	4	4	**4**	**4**	4	**4**	4
5	5	5	5	5	5	5	**5**	**5**	5	**5**	5
6	6	6	6	6	6	6	**6**	**6**	6	**6**	6
7	7	7	7	7	**7**	7	**7**	**7**	7	**7**	7
8	8	8	8	8	8	8	**8**	8	8	**8**	8
9	9	9	9	9	9	9	**9**	9	9	**9**	9
10	10	10	**10**	10	10	10	**10**	10	10	10	10
11	11	11	11	11	11	11	**11**	11	11	11	11
12	12	12	12	12	12	12	**12**	12	12	12	12
13	13	13	13	13	**13**	13	**13**	13	13	13	13
14	14	14	14	14	**14**	**14**	**14**	14	14	14	14
15	15	15	15	**15**	**15**	**15**	**15**	15	15	15	15
16	16	16	16	16	16	**16**	**16**	16	16	16	16
17	17	17	17	17	17	**17**	**17**	17	**17**	17	17
18	18	18	18	18	18	**18**	**18**	18	**18**	18	18
19	19	19	19	19	19	**19**	**19**	19	**19**	19	19
20	20	20	20	20	20	**20**	**20**	20	**20**	20	20
21	21	21	21	21	21	**21**	**21**	21	**21**	21	21
22	22	22	22	22	22	**22**	**22**	22	**22**	22	22
23	23	23	23	23	23	**23**	**23**	23	**23**	23	23
24	24	24	24	24	24	**24**	**24**	24	**24**	24	24
25	25	**25**	25	25	25	**25**	**25**	25	**25**	25	25
26	26	**26**	26	26	26	**26**	**26**	26	**26**	26	26
27	27	**27**	27	27	27	**27**	**27**	27	**27**	27	27
28	28	**28**	28	28	28	**28**	**28**	28	**28**	28	28
29	29	**29**	29	29	29	**29**	**29**	29	**29**	29	29
30		**30**		30		**30**		30		30	

Sept - Okt - Nov - Dez - Jan - Feb - März - Apr - Mai - Jun - Jul - Aug - Sept

Der jüdische Kalender ist, gemäß altorientalischer Tradition, ein lunisolarer Mondkalender. Auf seinen babylonischen Ursprung deuten die Monatsbezeichnungen hin: der hebräische Name Tischri zum Beispiel ist vom babylonischen Taschritu abgeleitet. Alle Monate folgen – ganz im Wortsinn – dem Mondzyklus: sie sind im Wechsel 29 und 30 Tage lang. Das jüdische Jahr zählt somit in der Regel nur 354 Tage. Um die Abweichung gegenüber dem „Sonnenjahr", welches 365,2422 Tage umfaßt, auszugleichen und ein „Wandern„ der Monate durch das Jahr wie beim islamischen Kalender zu vermeiden, wird regelmäßig ein Schaltmonat nach dem Adar (Adar Rischon) eingefügt (Adar Scheni).

Die Schaltung erfolgt im Zyklus von 3, 6, 8, 11, 14, 17 und 19 Jahren nach einem höchst komplizierten Muster: Aufgrund religiöser Vorschriften darf der Jahresanfang (1. Tischri) kein Sonntag, Mittwoch oder Freitag sein; das Pessach-Fest (15. Nisan) kann weder am Montag, noch am Mittwoch oder Freitag beginnen; der Versöhnungstag (10. Tischri) darf nicht am Freitag oder am Sonntag sein. Die Länge des jüdischen Jahres kann somit 353, 354, 355, 383, 384 und 385 Tage betragen, zumal auch dafür gesorgt werden muß, daß der erste Tag des Monats stets mit dem Neulicht zusammenfällt. Einen Einblick in die Problematik der Kalenderberechnung gibt unter anderem das Buch Henoch, 72-82.

Das Beginn der jüdischen Zeitrechnung liegt 3761 Jahre vor dem in den christlich geprägten Kulturen gültigen Jahr Null („Christi Geburt"). Rabbi Hillel II. – er gilt als „Vater" des jüdischen Kalenders – traf im 4. Jh. u. Z. diese Festlegung; gemäß der Tradition wurde in jenem Jahr die Welt erschaffen: am 1. Tischri, abends 11 Uhr, 11 Minuten und 20 Sekunden begann demnach der Schöpfungsakt. Durchgesetzt hat sich diese „Weltära" (Liwriat olam) allerdings erst um das Jahr 1000.

Die Unterteilung der Woche in sieben Tage ist ebenfalls auf babylonischen Einfluß zurückzuführen, auch war bereits den Mesopotamiern der letzte, siebte Wochentag – babylonisch „sibutu", hebräisch Schabbat – als Ruhetag besonders heilig.

Der jüdische Tag reicht im Gegensatz zum abendländischen Brauch von Sonnenuntergang bis Sonnenuntergang. Er beginnt, sobald die ersten drei Sterne sichtbar werden.

Die Ernsten Festtage

Rosch ha-Schana (Kopf des Jahres; Neujahr) erinnert an die Erschaffung der Welt durch Gott – Gott gedenkt aller seiner Geschöpfe, so heißt dieser Tag auch Jom ha-Sikaron (Tag des Gedenkens), dieser Tag gilt auch als Jom Hadin (Tag des Gerichts): der Mensch soll sein Tun überdenken, in sich gehen und Besserung geloben, da er nach seinem Tode sein Leben vor dem höchsten Richter zu verantworten hat.

In der Synagoge wird in dieser Zeit als Mahnruf das Schofar-Horn geblasen. Sein rauher Klang soll das Böse vertreiben. Nach zehn Tagen der Buße (Jamim Nora' im) folgt **Jom Kippur** (Versöhnungstag), der höchste jüdische Feiertag (10. Tischri).

Versöhnung heißt, daß Gott dem Reumütigen verzeiht. Jom Kippur ist ein strenger Fastentag. Der Vorabend wird Kol Nidre (Alle Gelübde; nach dem gleichnamigen Gebet) genannt, in welchem Gott um Verzeihung für nichteingehaltene Gelübde gebeten wird.

Im alten Israel wurde zu Jom Kippur der „Sündenbock" hinaus in die Wüste gejagt (3. Mose 16).

Eindrucksvoll beschrieben wurde die Dramatik des Jom-Kippur-Gottesdienstes von Bella Chagall:

„... Plötzlich geht ein Raunen durch die Synagoge. Sie füllt sich mit Männern... Die Männer drängen sich um den Vorbeter. Der schwere Thora-Vorhang wird zur Seite gezogen. Ruhe breitet sich aus, als stünde die Luft still. Man hört nur das Rauschen der Gebetsmäntel. Die Männer nähern sich dem Thora-Schrein. Wie aus dem Schlaf erweckte Prinzessinnen werden die Thora-Rollen aus der Lade gehoben. Auf ihren weißen und dunkelroten Samthüllen glänzen gleich Himmelsgestirnen die Davidsterne, in Gold und Silber gestickt. Die silbernen Griffe sind mit Perlmutter eingelegt, mit Kronen und kleinen Glöckchen verziert.

Glanz verbreitet sich um die Thora. Die Männer drängen zu ihr hin, umringen sie, begleiten sie, wollen ihres Anblicks teilhaftig werden, ... Und sie, die herrlichen Thora-Rollen, erheben sich hoch über allen Häuptern, über allen ausgestreckten Armen, und werden langsam durch die Synagoge getragen...

...schon wird die Thora in den Heiligen Schrein zurückgetragen. Zu beiden Seiten winken hoch oben die Flammen der Kerzen. Der Samtvorhang wird wieder zugezogen. Vor meinen Augen wird es dunkel. Die Männer beginnen mit lauter Stimme zu beten, als wollten sie die Traurigkeit bannen.

... In der Synagoge wird es dunkel, mir ist bang. Die Gebetsmäntel neigen, wiegen, recken sich nach allen Seiten. Sie seufzen, beten, schreien... Die Stimmen klingen, als kämen sie tief aus der Erde. Die Gebetsmäntel schwanken hin und her wie auf einem sinkenden Schiff inmitten hoher Wogen.

Ich höre den Vorbeter nicht mehr. Heisere Stimmen übertönen ihn, beten, schreien, die Kuppel möge sich öffnen. Arme strecken sich empor. Von dem

Geschrei erzittern die Lampen. Im nächsten Augenblick werden die Mauern einstürzen, und der Prophet Elia wird im Flug vorüberrauschen...

Männer weinen wie Kinder. Ich kann nicht mehr an mich halten, ich weine und schluchze immer lauter und komme erst wieder zu mir, als ich endlich unter einem zurückgeschlagenen Gebetsmantel ein lebendiges, tränennasses Gesicht erblicke und zitternde Stimmen einander zurufen höre: ‚Guten Feiertag, guten Feiertag!'" (5)

Die Freudigen Festtage

Pessach (Vermeidung; vgl. 2. Mose 12) war zu altisraelitischer Zeit das Fest der Getreideerstlingsernte im Frühjahr. Zu späterer Zeit wurde es dem Gedenken an die Befreiung aus der ägyptischen Knechtschaft gewidmet. Das Fest wird an acht Tagen gefeiert. Hauptfeiertage, an denen jegliche Werktagsarbeit vermieden wird, sind allerdings nur der erste und der letzte Pessach-Tag. Der Verzehr von Gesäuertem (Chomez) ist in diesem Zeitraum verboten, es wird ungesäuertes Brot (Mazza; vergleichbar mit Knäckebrot) gegessen.

Der Abend des ersten Pessach-Tages ist der Sederabend (Seder: religiöse Tischordnung). Acht Symbole kommen an diesem Abend zur Anwendung:

Drei durch Decken voneinander getrennte Mazzot, Moraur (Bitterkraut): Meerrettich-Stangen mit grünen Blättern, Charauses (Süßbrei): geriebene Äpfel, Nüsse, Mandeln, gemahlener Zimt und Süßwein, ein gebratenes Ei, Salzwasser, Petersilie, gebratenes Fleisch an einem Knochen und vier Becher Wein, jeweils zwei vor und zwei nach dem Essen.

Liturgisches Buch für die Abende ist die Haggada (Bericht, Erzählung), eine Vers-Sammlung aus Bibel, Midrasch und Talmud zur Befreiung der Israeliten aus der ägyptischen Gefangenschaft.

Schawuot (Wochenfest), ursprünglich die Feier des Getreideernte-Abschlusses, wird zur Erinnerung an die Offenbarung der 10 Gebote gefeiert. Während des Festes wird das Buch Rut gelesen. Die Bezeichnung Wochenfest leitet sich ab aus der Tatsache, daß zwischen dem 2. Pessach-Tag und dem Beginn von Schawuot genau sieben Wochen liegen. Die Zeit des Zählens dieser 49 Tage wird S' Firat ha-Omer genannt. In diesem Zeitraum fanden im Mittelalter die Übergriffe der Kreuzfahrer gegen die jüdischen Gemeinden in Frankreich und im Rheinland statt (→ B/II.2.). Außerdem fiel in der Zeit des Omer-Zählens die „Schule" des Rabbi Akiba einer „Seuche" zum Opfer (vgl. Jebamot 62b; → B/I.7.). Aus diesen Gründen sind Festlichkeiten, insbesondere Hochzeiten, in diesen Tagen zu vermeiden – mit Ausnahme des 33. Omer-Tages, Lag ba Omer, dem Tag, an welchem die „Seuche" endete.

Sukkot (Laubhüttenfest), vormals als Erntedankfest im Herbst nach der Trauben- und Olivenernte gefeiert, wird im Gedenken an die vierzigjährige Wüstenwanderung begangen. Das Fest dauert sieben oder acht Tage (15.-21./

22. Tischri), für diesen Zeitraum wird aus Pflanzen eine stilisierte „Laubhütte" errichtet, in welcher dann die Familie „wohnt". Der 6. Tag ist Hoschanna Rabba (Großes Hoschanna – „hilf doch"; davon ist das christliche Hosianna abgeleitet): An diesem Tage wird das zu Neujahr in das „Buch des Lebens" eingetragene Urteil, das am Versöhnungstag besiegelt wurde, rechtskräftig.

Als Symbol der Ernte und für die Feierlichkeiten in der Synagoge wird für Sukkot ein Feststrauß aus den Pflanzen Lulaw (Palmwedel), Hadassim (Myrthe) und Arawot (Bachweide) gefertigt, ergänzt um einen Etrog (Paradiesapfel).

Anschließend ist Simchat Tora, das Fest der Gesetztesfreude. Es wird mit einer fröhlichen Tora-Rollen-Prozession in der Synagoge begangen. An diesem Tag endet die jährliche Tora-Lesung, die des neuen liturgischen Jahres wird eröffnet.

Mann mit Etrog, Lulaw und Arawot; vgl. 3. Mose 23, 40 (nach einer Illumination im Machsor Lipsiae / Machsor Kirjat Sefer, Band II, um 1320 bis 1330)

Die Halbfeiertage

Mitteltage von Pessach und Sukkot und die Neumondstage

Die Freudigen Gedenktage

Chanukka (Einweihung; Tempelweihefest) erinnert an die Wiedereinweihung des Jerusalemer Tempels nach dem Sieg des Judas Makkabaios über die Seleukiden (164 v. d. Z.; → B/I.5.). Dieses Ereignis wurde acht Tage lang gefeiert (vgl. 2. Makkabäer 1, 18). Der Talmud berichtet von einem Wunder: Im Tempel fand sich noch ein Krug mit geweihtem Lampenöl. Dieses reichte eigentlich nur für einen Tag, brannte aber eben diese acht Tage lang (vgl. Schabbat 21 b). In

Erinnerung daran wird an den Chanukka-Tagen die achtarmige Menora (Chanukija) entzündet – von rechts nach links, stets beginnend mit dem neu hinzukommenden Licht.

Purim (Los; Losfest) geht auf eine Begebenheit zurück, welche sich in Persien zur Zeit Ahasveros' (Xerxes, dieser regierte 485 bis 465 v. d. Z.) ereignet haben soll. Dessen Minister Haman, so die Legende, plante die Vernichtung der persischen Juden. Der Jude Mordechaj aber und seine Nichte Ester deckten das Komplott auf. Haman und seine Anhänger wurden daraufhin auf Geheiß des Schahs hingerichtet. Zum Gedenken an diesen Sieg über einen Feind des Judentums ist Purim seit jeher ein Freundenfest, welches in Art des Karnevals mit Maskenumzügen gefeiert wird. Das liturgische Buch zu Purim ist die Ester Megilla oder Megillat Ester.

Weitere Freudige Gedenktage sind **Tu bi-Schwat** (Neujahr der Bäume) und **Lag ba Omer**.

Die Traurigen Gedenktage

Tisch'ah be-Aw (der 9. Aw) mahnt an Schreckenstage der jüdischen Geschichte: am 9. Aw gingen der Erste und der Zweite Tempel in Flammen auf, fiel Betar, mußten die Juden Spanien verlassen. Als Zeichen der Trauer werden in der Synagoge weder Tallit noch Tefillin angelegt, der Vorhang des Toraschreins ist abgehängt. Das liturgische Buch des Tages sind die Klagelieder. Auch ist es üblich, zu Tisch'ah be-Aw die Gräber der Verstorbenen aufzusuchen.

Die anderen Traurigen Gedenktage sind der **3. Tischri** (Fasten Gedalja, → B/I.3.), der **10. Tevet** (Beginn der Belagerung Jerusalems durch Nebukadnezar, (→ B/I.3.), der **17. Tammus** (Einbruch der Römer in Jerusalem 70 v. d. Z., (→ B/I.7.) und der 13. Adar (Fasten Ester).

Im weitesten Sinne gehört auch der **7. Adar**, in der Tradition der Geburts- und Sterbetag Moses, dazu.

Staatliche Feier- und Gedenktage in Israel sind **Jom ha-Schoah we ha-Gewurah** (Holocaust- und Märtyrer-Gedenktag), **Jom ha-Sikaron** (Gefallenengedenktag), **Jom ha-Azmaut** (Unabhängigkeitstag) und **Jom Jeruschalajim** (Befreiungs- und Vereinigungstag von Jerusalem).

6. Schabbat

Eine Grundfeste jüdischen Glaubens ist der Schabbat, welcher im Rhythmus von sieben Tagen begangen wird. Dieser Ruhetag gilt als ein Geschenk Gottes an die Menschen und wird als solcher begangen. Im alten Israel war es, ganz im Sinne des Schabbat, üblich, dem Feld nach sechs Jahren Säens und Erntens, ein Schabbatjahr (Sch'mitta) der Ruhe zu gönnen, in welchem es sich regenerieren konnte.
Nach sieben mal sieben Jahren schließlich war ein Jubeljahr (von Jobel, Horn oder Posaune; vgl. 3. Mose 25, 8 ff): Schulden wurden ausgesetzt, jüdische Sklaven freigelassen.

Der Schabbat (Sabbat) wird als wöchentlicher Gedenktag zur Erinnerung an die Vollendung der Schöpfung (vgl. 2. Mose 31, 13) und den Auszug aus Ägypten begangen. Im jüdischen Leben nimmt der Schabbat einen ganz besonderen Stellenwert ein: er ist heiliger Ruhe- und Feiertag, ganz geweiht der Andacht und dem Gottesdienst. Jegliche Arbeit ist an diesem Tage untersagt, er ist Ruhe-Tag im Sinne des Wortes. So darf zum Beispiel außerhalb der Stadt- oder Ortsgrenze nur eine Wegstrecke von 2.000 Ellen zurückgelegt werden (T'chum Schabbat).

Der Feiertag beginnt am Freitagabend. Die Frau des Hauses entzündet und segnet die beiden Schabbat-Kerzen:

„... Langsam, dreimal hintereinander, schließen sich ihre Hände zum Kreis um jede Flamme, als umschlinge sie ihr eigenes Herz. Mit den Kerzen schmelzen die Sorgen der Woche dahin..." (6).

Der Tisch ist gedeckt mit einer ersten Mahlzeit, unter anderem bestehend aus Wein, zwei Broten (Challot oder Barches) und Salz. In der Synagoge wird die „Königin Schabbat" mit dem Lied Lecha dodi („Komm, mein Freund, der Braut entgegen, den Sabbat laßt uns empfangen..") willkommen geheißen. Zurück aus dem Gotteshaus, segnet der Hausherr den Tag mit dem Lob der tapferen Frau (Sprüche 31, 10-31) und den Segenssprüchen über den Wein (Kiddusch) und das Brot.

Der festliche Ausklang des Tages, die Hawdala (Trennung – zwischen Feier- und anbrechendem Alltag), findet am Samstagabend statt. Zur Zeremonie gehören wiederum Wein, eine Kerze und duftende Kräuter oder Gewürze.

Schabbat-Tage von besonderer Bedeutung sind:
Schabbat ha-Gadol (der große Sabbat), letzter vor Pessach
Schabbat Schuwa, zwischen Rosch ha-Schana und Jom Kippur
Schabbat Nachum, folgt auf Tisch'ah be-Aw
Schabbat Rosch Chodesch, wenn der Sabbat auf einen Neumondstag fällt
Schabbat Chanukka, wenn er in die Chanukka-Zeit fällt
Schabbat Chol ha-Moéd, wenn er in die Zeit der Halbfeiertage fällt

B Jüdische Geschichte

I. Altisraelitische und frühjüdische Geschichte

1. Die Frühgeschichte Alt-Israels

Der Ursprung der israelitisch-jüdischen Geschichte liegt tief im Dunkel der Zeit verborgen und läßt sich kaum datieren: Die biblische Tradition sieht den Aramäer Abraham aus Ur in Mesopotamien als Stammvater des Volkes. Abraham verließ vor möglicherweise 4000 Jahren das Zweistromland, weil ihm sein Gott neues Land weit im Westen verhieß. In jenem Lande Kanaan, zwischen Jordan und Mittelmeer, ließ er sich mit seiner Sippe nieder. Die Nachkommen des Abraham-Enkels Jakob, dessen Ehrenname „Israel" (Jisroel, etwa „Gott kämpft") lautete, wanderten einer Hungersnot wegen nach Ägypten aus. Als sich dort unter Pharao Ramses II. ihre Lebensumstände dramatisch verschlechterten, zogen diese israelitischen Stämme, an der Spitze ihr charismatischer Führer Moses, zurück nach Kanaan. Die Tradition spricht von einer vierzigjährigen Wanderung durch die Wüste Sinai. Wahrscheinlich aber zogen nicht alle Stämme gleichzeitig nach Kanaan, sondern sickerten allmählich in das inzwischen von anderen Völkern bewohnte Land ein.

Die Landnahme der israelitischen Stämme in Kanaan ging nicht ohne Blutvergießen vor sich (vgl. Josua 11), war aber eine typische Erscheinung jener Epoche: Nomadenstämme wie die Israeliten drangen aus der Wüste kommend in das Kulturland vor. Sie siedelten sich zunächst auf den unwirtlichen „Höhen", später in den fruchtbaren Niederungen an und bemächtigten sich zuletzt der Ortschaften. Die inzwischen im Lande ansässige Bevölkerung setzte sich zwar zur Wehr, und befestigte Städte wie Jerusalem blieben noch lange in der Hand kanaanitischer Völker. Dennoch, bereits unter der Herrschaft des Pharao Merneptah (1224-1214 v. d. Z.) wurde im Zusammenhang mit einem ägyptischen Kriegszug nach Südsyrien der Name Israel erwähnt. Auf einer Siegesstele heißt es unter anderem: „Israel liegt brach und ist ohne Frucht".

Das Stichwort:
Kanaan

Unter Kanaan ist der Landstrich an der östlichen Mittelmeerküste zu verstehen. Der Begriff ist vermutlich auf das akkadische „Kinahhu" (= Purpur) zurückzuführen und bedeutet vielleicht soviel wie „Land der Roten". Auch die Phönizier haben sich noch zu griechischer Zeit als Kanaanäer bezeichnet.

Beherrscht wurde Kanaan von lokalen Fürsten mit zumeist recht kleinen Hoheitsgebieten. Als oberste Herren über das gesamte Territorium verstanden sich allerdings die Ägypter, die unter Ramses II. in der Schlacht von Kadesch 1299 v. d. Z. ihre Ansprüche erfolgreich gegen die Hethiter durchsetzen konnten.

In antiker Zeit „flossen" in Kanaan – sinnbildlich – „Milch und Honig" (2. Mose 3, 8): Flora und Fauna waren wesentlich üppiger als heute, ausgedehnte Wälder

„Fruchtbarer Halbmond" (lat.: fertile crescent) wird dieser Bogen Kulturlandschaft genannt, welcher sich von Elam im Osten über Assyrien im Norden bis nach Ägypten im Westen spannt. Um dieses fruchtbare Gebiet wurde Jahrtausende lang gestritten und gekämpft. Ansässige Völker hatten sich mit vordringenden Nomaden auseinanderzusetzen, an Nil, Euphrat und Tigris wuchsen immer wieder Großreiche empor, die alle versuchten, dieses Gebiet unter ihre Kontrolle zu bekommen. Alle kleineren Völker, die in jenem Spannungsfeld lebten, hatten unter diesem Kommen und Gehen der Großmächte zu leiden. Die dramatischsten Ereignisse spielten sich dabei im südlichen Syrien, in der Heimat der Israeliten ab. Unmittelbar am Schnittpunkt der Kontinente Asien und Afrika gelegen und durchzogen von wichtigen Handelsstraßen, war dieser Landstrich von größtem wirtschaftlichen und strategischen Wert.

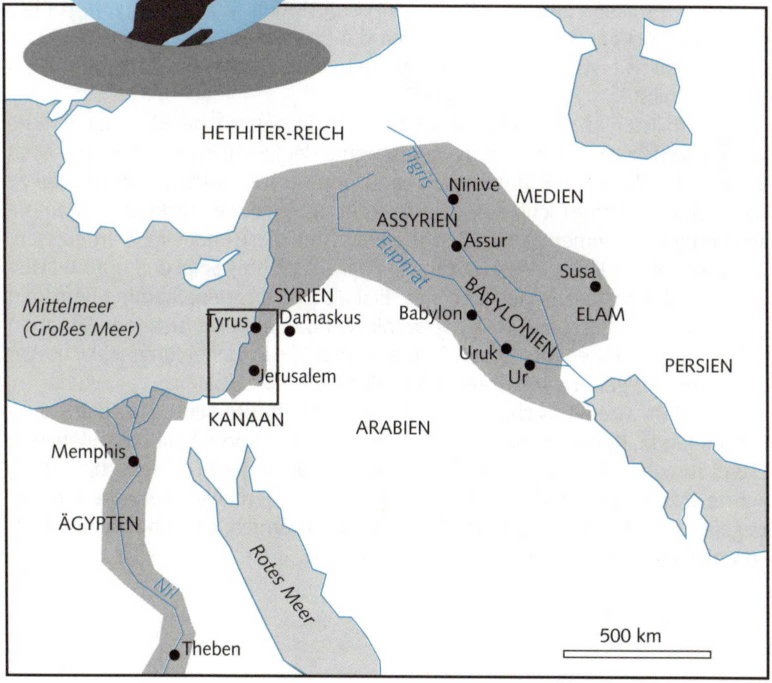

Die Stämme Israels teilten das von ihnen eingenommene Land in unterschiedlich große Interessensphären auf. Dabei kam es nicht nur mit den kanaanitischen Völkern zu blutigen Auseinandersetzungen, sondern auch untereinander (vgl. Richter 12, 20 und 35). Ohne Land blieb der dem Priestertum geweihte Stamm Levi.

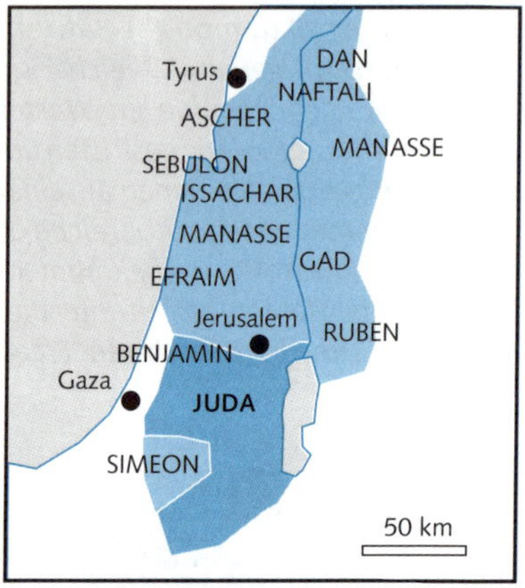

bedeckten das Land und am Jordan gab es sogar Flußpferde (→ B/IV.2.) – für Nomaden wie die Israeliten waren dies wahrhaft paradiesische Verhältnisse!

Zur Zeit der israelitischen Rückwanderung siedelte sich ein weiteres Volk in Kanaan an: die Philister. Diese waren im Verband der sogenannten Seevölker aus dem westlichen Balkan bis an den Nil vorgestoßen. Von den Ägyptern 1175 v. d. Z. zurückgeschlagen, setzten sich die Philister im Bereich des heutigen Gaza-Streifens fest. Nach den Philistern benannten später die Römer das Land Israels „Philistäa", Palästina (→ B/I.7.).

Die Philister, die im Gegensatz zu ihren Nachbarn bereits über eiserne Waffen verfügten, wurden zum Hauptgegner der Israeliten. Diese waren noch immer ein relativ loser Stammesverband ohne feste Führung. An der Spitze standen sogenannte Richter, und bei Bedrohung von außen rückten die Stämme auch enger zusammen. Ansonsten aber vertraten diese eher eigene Interessen.

Unter diesen Umständen hatten die Philister leichtes Spiel und unterwarfen weite Teile des israelitischen Gebietes. Erst als Saul aus dem Stamme Benjamin zum ersten König über Israel gewählt wurde, änderte sich die Situation kurzzeitig. Als dieser aber im Jahre 1000 v. d. Z. die Entscheidungsschlacht von Gilboa verlor, geriet ganz Israel unter Philisterherrschaft.

Das Blatt wendete sich, als der ehemalige Vertraute Sauls, David aus dem Stamme Juda, König der israelitischen Stämme wurde. Von Saul verstoßen, war David zeitweilig Vasall der Philister geworden. Nach dem Tod Sauls bei Gilboa kehrte er zurück und nahm den Kampf mit seinen ehemaligen Lehnsherren auf. Es gelang ihm tatsächlich, die Philister zurückzudrängen. Mehr noch, innerhalb von wenigen Jahren errichtete er ein Großreich.

2. Das Reich des Königs David

König Davids Reich war ein Geschenk seiner Zeit. Die Staaten an Euphrat und Tigris waren noch zu sehr mit sich selbst beschäftigt, um an Expansion zu denken und auch Ägypten hatte innenpolitische Probleme. So konnte David sein Reich auf einen Umfang ausdehnen, der von keinem israelitischen Staat der folgenden Jahrhunderte jemals wieder erreicht wurde. Nominell erstreckte sich der Einfluß des David-Reichs bis an die Ufer des Euphrat, ohne daß diese Gebiete allerdings unter direkter Verwaltung der Jerusalemer Zentrale standen.

Die Amtszeit König Davids war von ständigen Auseinandersetzungen mit äußeren, aber auch inneren Feinden geprägt. So konnte er einen Aufstand seines Sohnes Absalom nur mit Glück und Mühe niederschlagen. Auch sein relativ großer Staat war ein sehr heterogenes Gebilde. Zwischen den einzelnen Stämmen Israels herrschte nach wie vor Mißtrauen, vor allem die Hegemonie Judas wurde nur widerwillig ertragen. König David verstarb um das Jahr 965 v. d. Z., die Nachfolge auf dem Thron trat sein Sohn Salomo an.

War das Leben und die Regentschaft Davids ein einziger Kampf um die Erringung und Sicherung der Unabhängigkeit der israelitischen Stämme, so ist Salomo als Friedenskönig in die Geschichte eingegangen. Mit der Konsequenz allerdings, daß viele Gebiete, die sein Vater noch beherrschte, dem Reich für immer verlorengingen. Dennoch hatte König Salomo auch außenpolitischen Erfolg. Zugute kam ihm dabei die geographische Lage seines Staates, kreuzten sich doch hier die wichtigsten Handelsrouten zwischen Ägypten und Mesopotamien sowie zwischen Syrien und Südarabien. Besonders enge kulturelle und ökonomische Verbindungen bestanden zu den benachbarten Phöniziern. Von diesen bezogen die Israeliten unter anderem Zedernholz für die ehrgeizigen Bauvorhaben ihres Herrschers. Gute Beziehungen hatte Salomo auch mit den Ägyptern – eine seiner Frauen war eine Tochter des amtierenden Pharaos – und mit dem sagenumwobenen südarabischen Reich von Saba.

Um die Errichtung des sogenannten Ersten Tempels ranken sich zahlreiche Legenden. So soll der König mit Hilfe von Magie das Baugeschehen beeinflußt haben. Auch in der islamischen Tradition gilt Salomo deshalb bis in die Gegenwart als „Herr der Geister" und als Herrscher von geradezu sprichwörtlicher Weisheit (vgl. 21. Sure 81, 34. 11 f, und 38. 35-40).

Das Stichwort

Der Erste Tempel

Als Nomadenvolk verfügten die Israeliten zunächst über kein festes Heiligtum – bei längeren Aufenthalten errichteten sie die sogenannte Stiftshütte. Den Mittelpunkt dieses Kultplatzes bildete die Bundeslade mit den Gesetzestafeln. Nach der Landnahme in Kanaan entstand bei Schilo ein improvisierter Tempel, der allerdings von den Philistern zerstört wurde (vgl. 1. Samuel, 4).

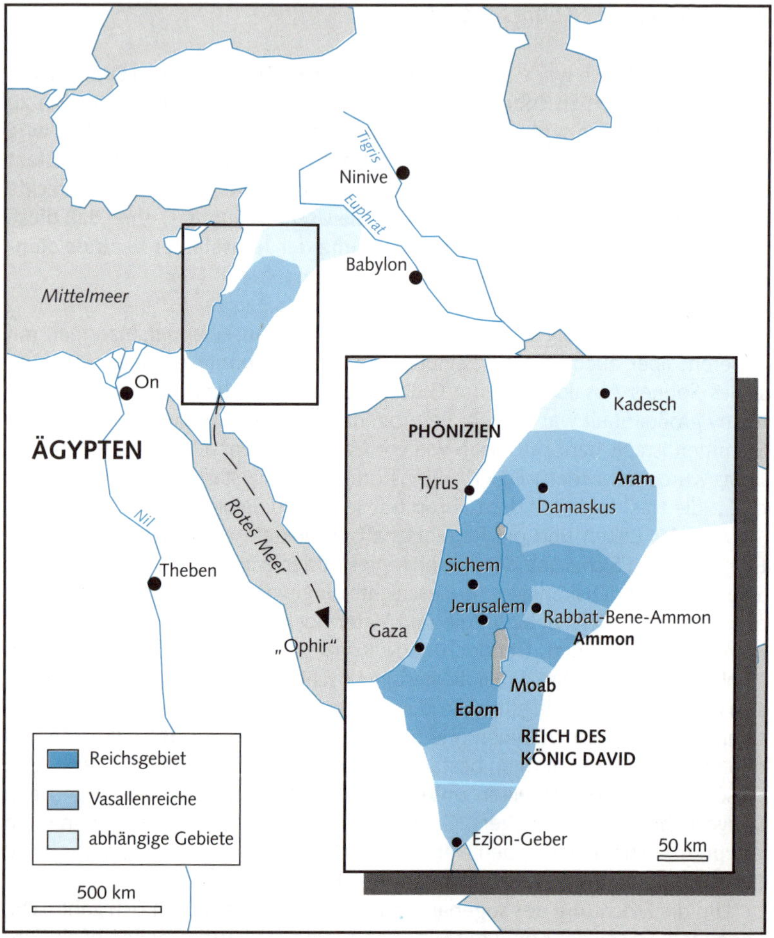

Von großer wirtschaftlicher Bedeutung waren die südlichen Landesteile. Hier befand sich neben ausgedehnten Eisen- und Kupfererzlagerstätten der Hafen von Ezjon-Geber. Diesen nutzen unter der Regentschaft von König Salomo die verbündeten Phönizier, um das legendäre Gold- und Gewürzland „Ophir" – vielleicht in Indien oder in Ost- beziehungsweise Südafrika gelegen – zu erreichen.

Der Erste Jerusalemer Tempel entstand zwischen 962 und 955 v. d. Z. an einer Stelle, die bereits König David als Opferplatz gewählt haben soll, zunächst als eine Art „Palastkapelle". Den biblischen Beschreibungen nach (vgl. unter anderem 1. Kön. 6; 7, 13-51 und 2. Chr. 3-4) handelte es sich dabei um einen schlichten, in phönizischem Stil ausgeführten rechteckigen Saalbau. Als Bauma-

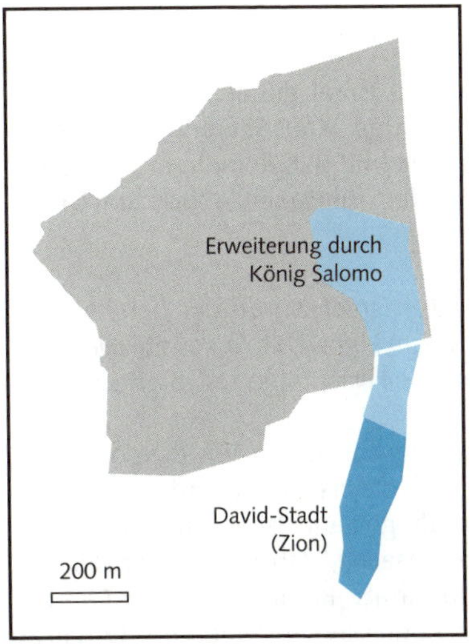

Unter Salomos Herrschaft wurde die Hauptstadt des Reiches, Jerusalem, erheblich erweitert. Im Norden der alten Jebusitersiedlung, auf dem Berg Moria, entstand eine ausgedehnte Residenz und der Tempelkomplex (grau: Altstadt seit osmanischer Zeit).

terial dienten Kalkstein und Zedernholz aus dem Libanon-Gebirge. Der Tempel war in drei Bereiche unterteilt: der Vorhalle (Ulam), dem Heiligen (Hechal) und dem Allerheiligsten (Dewir). In letzterem stand die Bundeslade, bewacht von zwei vergoldeten Cherubim. Den Israeliten war der Tempel ein Mysterium, seine Entstehung geheimnisumwittert. Nach einer kabbalistischen Legende sollen sich die Steine des Bauwerkes freiwillig aus dem Steinbruch gelöst und auf dem Tempelberg bauplangemäß übereinander gelegt haben (Sohar I, 74a). Laut Talmud allerdings zwang König Salomo den Dämonenkönig Asmodai, ihm selbst zur Bearbeitung der harten Bausteine den Wurm Schamir zur Verfügung zu stellen (Gittin 68a-b). Im Tempel fand lediglich Opfergottesdienst statt, ausgeführt von den Priestern (Kohanim), Angehörige des Stammes Levi. Nur dem Hohenpriester war es gestattet, einmal im Jahr, am Versöhnungstag, das Allerheiligste zu betreten.

Allerdings vermochte es auch Salomo nicht, die israelitischen Stämme zusammenzuschmieden. Im Gegenteil, die Fronarbeit, welche für die vielen Bauvorhaben des Königs geleistet werden mußte, verstärkte den Unmut unter den Volksgruppen seines Reiches weiter. Wieder kam es zu einem allerdings vergeblichen Aufstand gegen die königliche Zentralgewalt, diesmal angeführt von einem Adligen namens Jerobeam. König Salomo starb um das Jahr 926 v. d. Z., sein Sohn Rehabeam übernahm daraufhin die Herrschaft. Der neue König verschärfte gegen die ausdrücklichen Empfehlungen seiner klügeren Ratgeber unnötigerweise den Druck auf seine Untertanen weiter; in der Konsequenz sagten sich die zehn nördlichen Stämme vom geeinten Königreich los und gründeten ihren eigenen Staat, das Königreich Israel. Rehabeam blieben nur „sein" Stamm Juda, die Leviten und Teile des Stammes Benjamin treu, vereinigt unter dem Namen Königreich Juda. Die Folgen der Zersplitterung sollten sich schon bald als verheerend erweisen. Die amerikanische Historikerin Barbara Tuchman urteilt über die Reichsteilung: „Daß Rehabeam den Rat, den ihm die Ältesten gaben, so leichtfertig ausschlug, hat sich schwer gerächt und das Schicksal der Juden bis auf den heutigen Tag geprägt" (7).

3. Die Königreiche Juda und Israel

Die neuentstandenen Kleinstaaten Juda und Israel gerieten schon bald in wildes politisches Fahrwasser. Trotz kurzzeitiger Konsolidierung hatten sie den neuen Großmächten in Nahost, Assyrien und Babylonien, nichts entgegenzusetzen. Die Zerschlagung beider „Reiche" führte schließlich zum Untergang Alt-Israels.

Zum ersten Herrscher des Separatstaates **Israel** wurde der bereits unter König Salomo als Rebell aufgetretene Jerobeam I. gewählt. Er konnte allerdings keine Dynastie gründen, und im Kampf um seine Nachfolge zerfleischte sich der israelitische Militäradel.

Erst unter König Omri (ab 876 v. d. Z.) konsolidierten sich die politischen Verhältnisse. Omri gründete mit Samaria auch die erste dauerhafte Hauptstadt des Nordreiches. Unter seiner Regentschaft gewann Israel an Profil in der Region, ein Ausdruck dafür ist auch die Tatsache, daß in den Annalen des orientalischen Großreiches Assyrien Israel fortan als „Bit Humri" („Haus Omris") geführt wurde. König Omri gelang es, das Königsamt an seinen Sohn Ahab zu vererben. Ahab von Israel hatte sich als erster Herrscher des Staates mit der neuen Regionalmacht Assyrien auseinanderzusetzen.

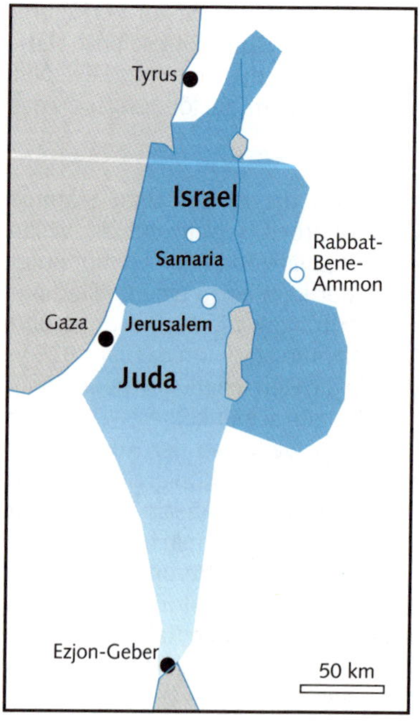

Wie zwei feindliche Brüder standen sich Juda und Israel in den ersten und auch letzten Jahrzehnten ihrer Existenz gegenüber. Hinsichtlich seiner geographischen Ausdehnung war der Nordstaat Israel seinem südlichen Nachbarn überlegen, zumal Juda 852 v. d. Z. auch noch den wirtschaftlich bedeutenden südlichen Teil des Reichs (in der nebenstehenden Karte aufgerastert) an die Edomiter verlor.

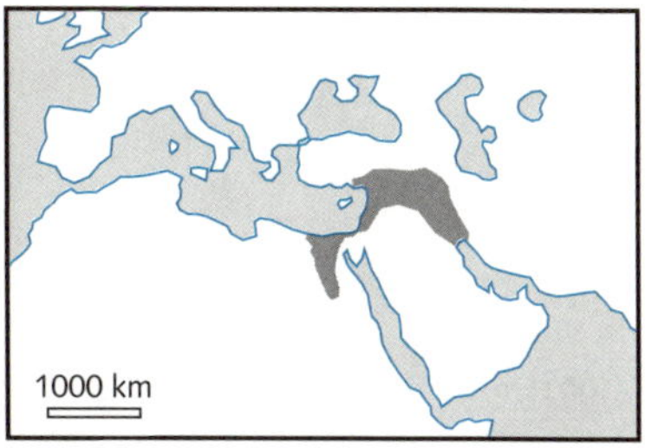

Das (Neu-)Assyrische Reich (um 663 v. d. Z.)

Er stellte einer Verteidigungskoalition syrischer Staaten ein Heer von 10.000 Kriegern und 2.000 Streitwagen zur Verfügung. Im Jahre 853 v. d. Z. gelang es diesem Staatenbund, einen ersten Vorstoß der Assyrer zurückzuschlagen. Auch drei weitere Versuche des Aggressors konnten gestoppt werden. Dann aber zerfiel die erfolgreiche Koalition, ihre Teilnehmer wurden nach und nach Opfer Assyriens. Mit Joram endete 845 die Omridendynastie auf blutige Weise: Der König fiel während eines Feldzuges gegen Damaskus einem Mordanschlag seines Streitwagenführers Jehu zum Opfer. Jehu usurpierte den Thron, war allerdings ein schwacher Herrscher – er unterwarf sich Assyrien. Auch die alte Feindschaft mit Juda lebte wieder auf.

In einer kurzen Schwächeperiode des Oberherrn aus dem Osten stabilisierten sich unter Jerobeam II. um 787 nochmals die Verhältnisse im Staat. Der gewaltsame Tod des Herrschers nach einer ungewöhnlich langen Amtsperiode im Jahre 738 ließ das Reich im Chaos versinken. Als Tiglath-Pilesar III. von Assyrien zwischen 734 und 732 Damaskus und die Philistergebiete überrannte, verlor auch Israel große Teile seines Territoriums. Als König Hosea von Israel 727 die Tributzahlungen an Ninive einstellte und versuchte, ein Bündnis mit den Ägyptern einzugehen, eroberte Salmanasser V. von Assyrien Rest-Israel im Jahre 722. Ein letzter Aufstand der Besiegten 720 scheiterte.

Nahezu die gesamte Bevölkerung Israels wurde nach Osten deportiert, andere Völkerschaften angesiedelt. Die jüdische Tradition spricht in diesem Zusammenhang von den „Zehn Verlorenen Stämmen".

Das Südreich **Juda** – hier blieb die Dynastie Davids an der Macht – war bereits in den ersten Jahren seines Bestehens äußeren Bedrohungen ausgesetzt: Im Jahre 922 überfiel Pharao Schoschenk I. das Land, nur der plötzliche Tod des Herrschers bewahrte Juda vor einer dauerhaften Okkupation.

Das anfangs gespannte Verhältnis zum Reich Israel verbesserte sich während der Regentschaft des dritten judäischen Königs, Josaphat. Dessen Sohn Joram ehelichte 867 eine Tochter des Omriden Ahab. Allerdings endete das gute Verhältnis abrupt, als dem Militärputsch des Jehu 845 auch der gerade in Israel weilende König Ahasja von Juda zum Opfer fiel. In Juda usurpierte daraufhin die Königsmutter Atalja den Thron, erst fünf Jahre später bestieg mit Joas wieder ein Sproß der David-Dynastie den Thron.

Gegen 788 brachen die Israeliten ins Reich ein, schlugen die Judäer bei Bet-Schemesch und plünderten Jerusalem. Als 734 die Israeliten und Aramäer aus

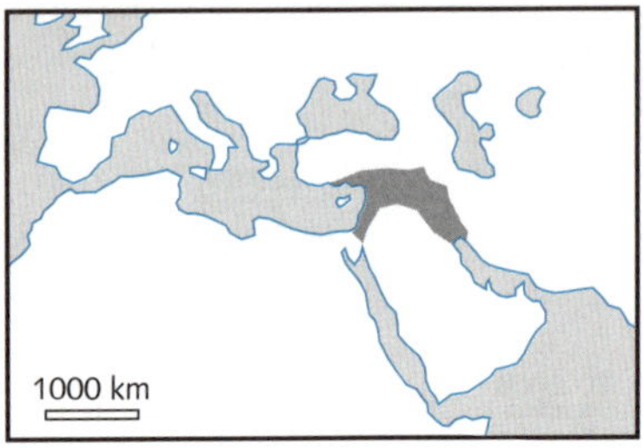

Das (Neu-)Babylonische Reich (um 600 v. d. Z.)

Damaskus erneut Juda bedrohten, wandte sich König Asarja mit der Bitte um Schutz und dem Preis der Unterwerfung an die Assyrer. Diese zerschlugen daraufhin Damaskus und dezimierten die Israeliten empfindlich.

Ägypten, das mit großer Sorge den Aufstieg Assyriens verfolgte, versuchte, die südsyrischen Kleinstaaten zum Widerstand gegen den östlichen Feind zu bewegen. Neben Hosea von Israel ging auch Hiskia von Juda auf diese Forderung ein. Mit dem Ergebnis, daß Israel unterging und Juda die Reste seiner Unabhängigkeit mit hohem Tribut erkaufen mußte. Als die Assyrer zwischen 671 und 663 auch Ägypten eroberten, waren an diesen Feldzügen wahrscheinlich auch Truppen Judas beteiligt.

Inzwischen aber wurde Assyrien seinerseits von einem übermächtigen Feind bedroht. Im Verband mit den Medern gingen die Babylonier gegen das Reich vor, und 612 eroberten sie die Metropole Ninive. Juda profitierte von dieser Entwicklung. König Josia, seit 639 an der Herrschaft, sagte sich von Assur los und holte sich aus dessen Konkursmasse sogar große Teile des ehemaligen David-Reiches zurück. Als sich allerdings auch die Ägypter unter Pharao Necho in die mesopotamischen Händel einmischten und mit einem Expeditionsheer durch Juda ziehen wollte, stellte sich ihm König Josia in den Weg. Bei Meggido unterlagen die Judäer im ungleichen Kampf, Josia fiel und seines Reiches bemächtigten sich die Ägypter. Bald darauf allerdings mußten sie es an die Babylonier abtreten.

Judas König Jojachin, ein Bruder Josias, probte 601 den Abfall vom neuen Oberherren. Daraufhin zog Babyloniens Kronprinz Nebukadnezar vor die Tore Jerusalems. 597 nahm er die Stadt ein, der König und viele Einwohner der Hauptstadt wurden in die Verbannung verschleppt (I. Exil). Der als neuer Herrscher eingesetzte letzte König Judas, Zedekia, enttäuschte seinen Oberherren ebenfalls. Von den Ägyptern ermutigt, wandten sich die Judäer gegen die Babylonier. Wiederum unterlagen sie gegen Nebukadnezar: 588 eroberte dieser Jerusalem erneut. Diesmal ließ er die Stadt brandschatzen, auch der Tempel ging dabei in Flammen auf. König Zedekia wurde auf der Flucht ergriffen, geblendet und mit Zehntausenden Judäern in das II. Babylonische Exil verschleppt. So endete auch der zweite israelitische Teilstaat auf blutige Weise. Gewalttätiger Epilog: Den von Babylon als Statthalter eingesetzten Judäer Gedalja ermordeten seine eigenen Landsleute – Rebellen, die sich nach Ammon geflüchtet hatten.

4. Unter Persern und Griechen

Bereits ein halbes Jahrhundert nach dem Fall Jerusalems wurden seine Bezwinger selbst Opfer fremder Eroberer: die Perser übernahmen 539 Babylonien, 525 Ägypten und 513 Teile Nordgriechenlands. Unter persischer Herrschaft durften die Judäer wieder einen Teil ihres ehemaligen Reiches in relativer Autonomie verwalten und reorganisieren.

Gegenüber den von ihnen unterworfenen Völkern zeigten sich die Perser sehr tolerant. Den verbannten Judäern gestattete bereits Schah Kyros, der Sieger über Babylon, die Rückkehr in ihre alte Heimat. Allerdings machte nur ein Teil der nach Mesopotamien verbrachten Judäer von ihrem Rückkehrrecht Gebrauch. Zwischen Euphrat und Tigris blieb eine bedeutende Gemeinde zurück, die in den folgenden Jahrhunderten eine großen Einfluß auf die Entwicklung des Judentums nahm.

Die Rückkehrer bauten ab 538 Jerusalem und, zunächst eher als Provisorium, auch den Tempel wieder auf. Zu den religiösen und politischen Reformen, die in jener Zeit durchgesetzt wurden, gehörte auch die Einführung des Hohenpriesteramtes – ein Versuch, das weggefallene Königsamt durch eine höhere geistliche Autorität zu kompensieren. An eine Restauration des alten Staates Juda war allerdings noch nicht zu denken, zumal in Judäa und Israel neue Völkerschaften siedelten, die sich teilweise mit im Lande zurückgebliebenen judäischen Bevölkerungsteilen vermischt hatten. Ein Teil von ihnen, die sogenannten Samaritaner, hatte auf dem Berg Garizim bei Samaria ein Heiligtum und praktizierte dort seine eigene, aus dem altisraelitischen Glauben hervorgegangene Religion. Konflikte mit den „richtigen" Judäern, die darin Ketzerei sahen, blieben nicht aus. Noch heute leben in der Gegend von Nablus im Westjordanland etwa 500 Samaritaner.

Juda wurde ab 444 v. d. Z. offiziell als persische Provinz verwaltet und gehörte zur Satrapie 'Abar Nahara (V). Als Statthalter setzten die Perser den Judäer Nehemia ein.
Die nebenstehende Karte zeigt die geringe Dimension der Provinz. Immerhin aber bedeutete die Perserzeit Friedenszeit.

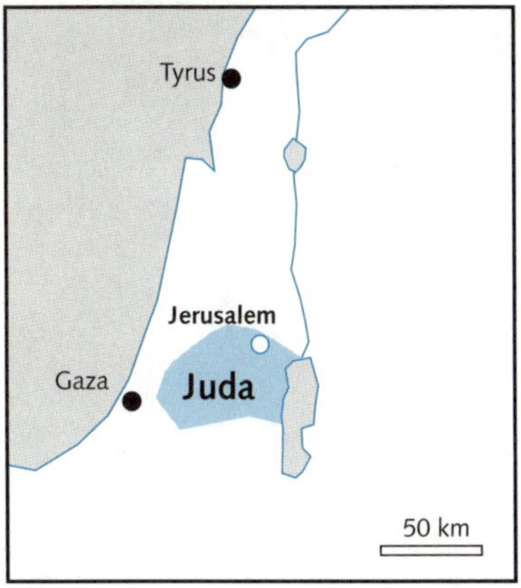

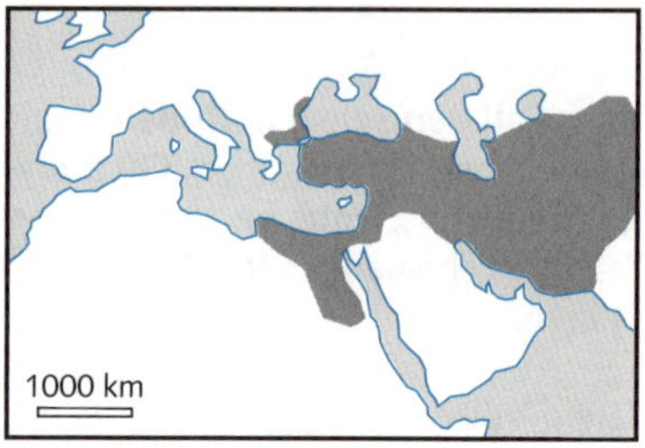

Das Persische Reich (um 513 v. d. Z.)

Die Zeit relativen Friedens im nahen Osten währte 200 lange Jahre. Sie endete im 3. Jahrhundert v. d. Z. Erstmals in der Geschichte griff der Okzident nach dem Orient: Alexander der Große schlug den persischen Erzfeind in mehreren Schlachten und besiegte ihn schließlich 330 bei Gaugamela endgültig. In den darauffolgenden Jahren dehnte der jugendliche Eroberer die Ostgrenze seines Reiches bis nach Indien aus. Für die Judäer war der Herrschaftswechsel zunächst nicht von Bedeutung. Das änderte sich schlagartig, als Alexander im Jahre 323 plötzlich verstarb. Die Feldherren des Griechenheeres, Erben der Macht, gerieten über die Aufteilung des Alexanderreiches in Streit – und wieder wurde Judäa zum Zankapfel.

Das Reich Alexanders des Großen (323 v. d. Z.)

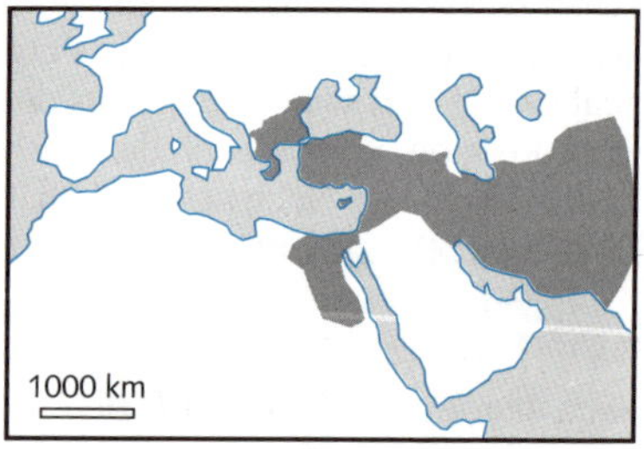

5. Die Herrschaft der Makkabäer

Aus den sogenannten Diadochenkriegen der griechischen Heerführer gingen im wesentlichen zwei Sieger hervor: Ptolemäus I. Soter wurde Herr über Ägypten und die angrenzenden Ländereien, auch Judäa geriet zeitweilig unter seine Herrschaft – zunächst noch ohne größere Konsequenzen für die Bevölkerung. Den größten Teil aus dem alten Alexanderreich aber riß Seleukos I. Nikator an sich. Und als Judäa im Jahre 200 ebenfalls den Seleukiden zufiel und hellenisiert werden sollte, überschlugen sich die Ereignisse: aus einer kleinen Schar bewaffneter Widerständler ging schließlich eine neue judäische Herrscherdynastie hervor, die Makkabäaer. Eine Dynastie, die letztlich aber, von der Macht korrumpiert, an sich selbst zerbrach.

Alexander der Große hatte einen Traum: die Verschmelzung des westlichen mit dem östlichen Geist. In Gestalt des Hellenismus wurde dieser Traum teilweise Wirklichkeit.

Der Hellenismus sollte zum Zeitgeist einer ganzen Epoche werden. Er verschmolz griechische, syrische, ägyptische und persische Kulturelemente zu einem neuen Lebensgefühl, das den traditionellen orientalischen Weltanschauungen so ganz und gar nicht entsprach. Er brachte auch das Judentum – nachdem die Judäer nur noch alleinige Träger des israelitischen Glaubens waren, ist dieser Begriff nun angemessen – in Bedrängnis. Denn auch in Judäa fand der Hellenismus begeisterte Anhänge, besonders in der Oberschicht und sogar unter dem höheren Klerus.

Die Seleukiden beförderten diese Tendenz und versuchten massiv, das Judentum zu verdrängen. Antiochos IV. Epiphanes richtete 167 im Jerusalemer Tempel ein Zeus-Heiligtum ein. Der jüdische Tempeldienst wurde verboten, der Brauch der Beschneidung ebenfalls. Für fromme Judäar war damit das Maß voll. Sie organisierten den bewaffneten Widerstand.

An der Spitze einer zunächst noch kleinen Gruppe Aufständischer stand der Priester Mattathias aus Modeïn. Nach dessen Tod übernahm Judas, einer seiner fünf Söhne, die Führung. Ihm gelang im Jahre 164 v .d. Z. sogar die Einnahme von Jerusalem. Die seleukidische Garnison aber konnte weiterhin die Stadtfestung Akra halten. Doch Judas, auch Makkabi genannt* , bekam unerwartet Unterstützung.

An ihren Ostgrenzen hatte sich das Seleukidenreich mit einem neuen Gegner auseinanderzusetzen. Der Stamm der Parther, ursprünglich am Südufer des Kaspisees ansässig, drang nach Süden vor. Um den judäischen Unruheherd zu befrieden, zeigten sich die Seleukiden kompromißbereit. Die Judäer erhielten

*griech.: Makkabaios, abgeleitet von Makkaba, „Der Hammer" – dieser Ehrenname wurde später zum Begriff für eine ganze Dynastie, für die allerdings auch die Bezeichnung Hasmonäer – nach Chasmon, einem Ahnen des Mattathias – , üblich ist.

Das Makkabäerreich war zu einem großen Teil von Nichtjuden bewohnt. Im Norden siedelten die Samaritaner, im Süden die Idumäer. Das Ostjordanland, namentlich die Dekapolis (griechisch: „Zehnstädte") hatte eine nahezu geschlossen griechische Bevölkerung.
Die Makkabäer setzten teilweise gewaltsam durch, daß diese „Heiden" sich dem jüdischen Kultus unterwarfen.

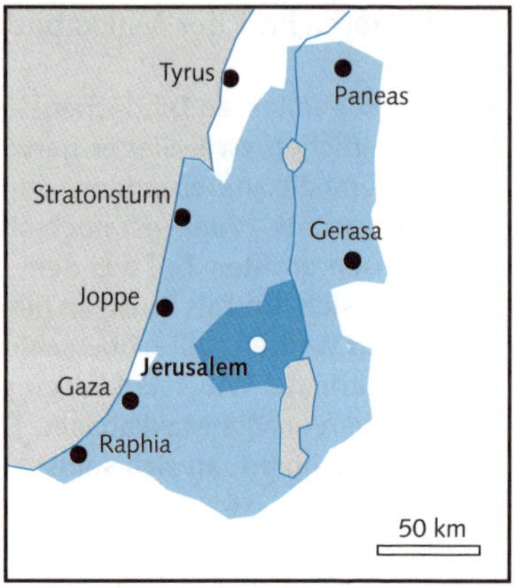

ihre Glaubensfreiheit zurück, das provokative Zeus-Heiligtum wurde abgebaut. Judas erkannte aber die neue Schwäche des Gegners und wollte mehr – die völlige Autonomie Judäas. Hellenistisch eingestellten Landsleuten wiederum war das zuviel. Vom griechenfreundlichen Hohenpriester Alkimos verraten, fiel Judas 160 v. d. Z. in einer Schlacht gegen den Feldherrn Balchides.

Judas' Bruder Jonathan setzte den Kampf fort. Durch geschicktes Taktieren errang er die Hohenpriesterwürde und bekam von den Seleukiden den Titel eines Teilherrschers zuerkannt. Wie übrigens bereits sein Bruder versuchte auch er, Unterstützung durch die in den Punischen Kriegen (264-146 v. d. Z.) erfolgreichen Römer zu erlangen. Die Seleukiden ließen ihn wegen dieser Kontaktaufnahme als Hochverräter 143 v. d. Z. hinrichten.

Der dritte Makkabäer, Simon, profitierte von einer Großoffensive der Parther. Diese nahmen 141 v. d. Z. Mesopotamien ein, das Stammland der Seleukiden. Den Griechen blieb in der Folge nur noch die Herrschaft über Syrien und Teile Kleinasiens. Simon seinerseits verstärkte den Druck, mit dem Erfolg, daß die Garnison der Akra kapitulierte und der Einflußbereich der Makkabäer zunahm. Allerdings fiel Simon 135/134 v. d. Z. einem Mordanschlag zum Opfer.

Johannes Hyrkan I., Simons Sohn und Nachfolger im Hohenpriesteramt, mußte dem Seleukiden Antiochos VII. Sidetes im Kampf gegen die Parther Heerfolge leisten. Nach dem dieser aber gefallen war, hatte Johannes freie Hand. Er unterwarf an der Spitze eines Söldnerheeres die Samaritaner und die Idumäer (Edomiter). Nach seinem Tod im Jahre 104 v. d. Z. errichtete sein Sohn Aristobul I. eine allerdings nur einjährige Gewaltherrschaft.

Sein Bruder Alexander Jannäus („Jannai") übernahm anschließend die Macht und ließ sich als erster Makkabäer zum König ernennen. Er erweiterte das Reich erheblich und regierte es mit harter Hand. Von seinen Untertanen gehaßt und gefürchtet, starb Jannäus 78 v. d. Z. in einem der zahllosen Kleinkriege, welche er während seiner Regentschaft führte.

Salome Alexandra, seine Witwe, stand jetzt an der Spitze des Reiches. Da ihr als Frau das Hohenpriesteramt verwehrt war, setzte sie dafür ihren Sohn Hyrkan II. ein. Den drohenden Einmarsch der Armenier, die unter Tigranes I. auch Syrien eroberten, konnte Salome nur durch umfangreiche Tributzahlungen abwenden. Während ihrer Herrschaft ermöglichte sie es den Pharisäern, in der Gerusia, einer Vertretung geistlicher und weltlicher Würdenträger, Fuß zu fassen.

Das Stichwort

Pharisäer, Sadduzäer und Essener

Die Pharisäer (von parusch = abgesondert vom Unreinen) waren die populärsten Vertreter der Volksfrömmigkeit. Sie standen in der positiven Tradition der Makkabäer, waren aber nicht an einem jüdischen Staat , sondern an der Reinhaltung des Glaubens interessiert. Unter ihrem geistigen Einfluß entwickelte sich die Lehre von der Auferstehung der Toten zum ewigen Leben im Paradies als Belohnung für die guten Taten im Diesseits. Auch war ihre Bindung an den Tempelkultus nicht so stark und einseitig wie bei den Sadduzäern. Die Pharisäer übernahmen eine Vielzahl priesterlicher Reinheitsgebote und betrieben begrenzt jüdische Missionierung.

Gegenpol zu den Pharisäern waren die Sadduzäer (benannt nach dem Hohenpriestergeschlecht Zadok aus der Epoche Davids und Salomos), eine von der Oberschicht der Judäer dominierte Glaubensfraktion. Sie stellten das konservative Element des antiken Judentums dar: ausschließliche Orientierung auf den Buchstaben der Tora und auf den Tempel, Ablehnung der Vorstellung von der Auferstehung der Toten.

Radikale religiöse Minderheiten waren die Gruppen der Essener (von aramäisch esa = Rat) und – zu römischen Zeiten – die Zeloten (→ B/I.7.). Die Essener stellten eine Gruppe aus der Priesterschaft dar, die sich in klosterähnliche Gemeinschaften zurückzog und als geistig-religiöse Elite verstand. Ihre Glaubensvorstellungen waren stark von iranischem Denken – Widerstreit der „Macht des Lichts" mit der „Macht der Finsternis" – beeinflußt. Als Zentrum der Essener galt Qumran am Toten Meer.

Nach Salomes Tod im Jahre 67 v. d. Z. übernahm Hyrkan II. auch die weltliche Macht. Diese aber machte ihm sein Bruder Aristobul II. streitig. In den Bruderstreit griffen schließlich die Römer ein. Seit dem Jahr 88 v. d. Z. in Kleinasien präsent, waren sie kontinuierlich nach Osten vorgedrungen, hatten im Jahre 64 v. d. Z. die Reste des Seleukidenreiches eliminiert und standen ein Jahr später in Judäa. Unter ihrem Feldherren Pompejus ergriffen sie Partei für Hyrkan II. Aristobul II. trat als Gefangener den Weg nach Rom an, wo er im Jahre 49 v. d. Z. hingerichtet wurde.

Pompejus begründete die römische Hegemonie über Judäa. Das Verhältnis der Juden zu den neuen Machthabern aber war von Anfang an gestört, da der Feldherr und spätere Triumvir bei der Besetzung Jerusalems in frevelhafter Weise das Allerheiligste des Tempels betreten hatte.

6. Die Herodier

Den größten Profit aus dem ruhmlosen Ende des Makkabäerstaates zog der Kanzler von Hyrkan II., ein Idumäer namens Antipater. Er arrangierte sich mit den Römern und wurde im Jahre 47 v. d. Z. von Julius Cäsar als Prokurator über Judäa eingesetzt. Allerdings fiel Antipater, wegen seiner „heidnischen" Herkunft und proömischen Haltung verhaßt, 43 v. d. Z. einem Mordanschlag zum Opfer. Vorher allerdings war es ihm gelungen, seinen beiden Söhnen einflußreiche Positionen zu verschaffen – Phasael wurde Gouverneur Jerusalems, Herodes Statthalter über die Nordprovinz Galiläa. Dank seinem sicheren politischen Instinkt übernahm Herodes schließlich als römischer Vasallenkönig die Herrschaft über das Land der Juden.

Als im Jahre 40 v. d. Z. die Parther zeitweilig Judäa okkupierten, kam Phasael um. Herodes gelang die Flucht nach Rom, wo er das Vertrauen des M. Antonius, Triumvir und Herrscher des Ostens, erlangte. Mit dessen militärischer Unterstützung kehrte Herodes 37 v. d. Z. nach Judäa zurück. Mit allen Rechten eines Königs (rex socius) ausgestattet, beherrschte er nun das Land.

Als sein Gönner M. Antonius im III. Römischen Bürgerkrieg unterlag, gelang es dem diplomatisch geschickt agierenden Herodes, auch die Gunst des siegreichen Octavianus zu erlangen. Dieser, unter dem Namen Augustus erster römischer Kaiser, erweiterte sogar die Befugnisse von Herodes.

Herodes, nicht zu Unrecht auch „der Große" genannt, war eine äußerst zwiespältige Persönlichkeit. Als überzeugter Hellenist überzog er Judäa mit prachtvollen Bauwerken, zu Ehren des Augustus gründete er sogar eine neue Stadt, Cäsarea. Die Krönung seiner Bautätigkeit war die völlige Neugestaltung des Tempels.

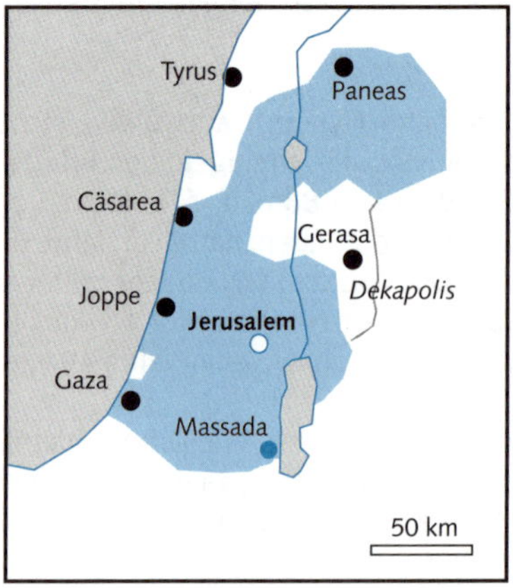

Das Reich des Herodes unterschied sich hinsichtlich seiner Ausdehnung nur wenig vom Makkabäer-Reich: im Nordosten konnten einige Gebiete hinzugewonnen werden, im Raum der Dekapolis allerdings gingen Territorien verloren.

Das Stichwort

Der Zweite Tempel

Der eigentliche Zweite Tempel wurde von den Rückkehrern aus dem Babylonischen Exil gebaut. Herodes ließ das recht bescheidene Bauwerk abtragen und einen völlig neuen Tempel errichten. Die Bauarbeiten begannen im

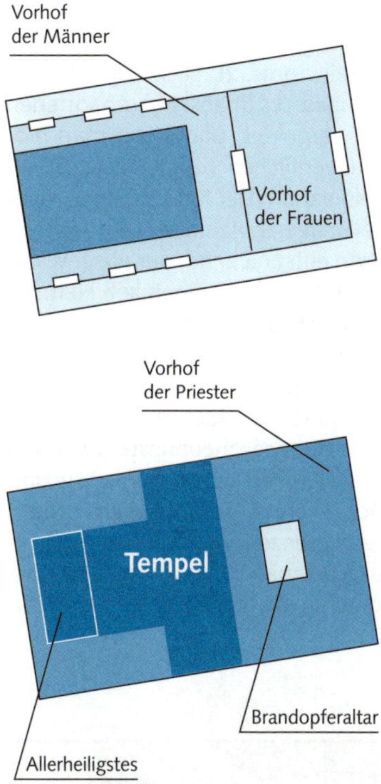

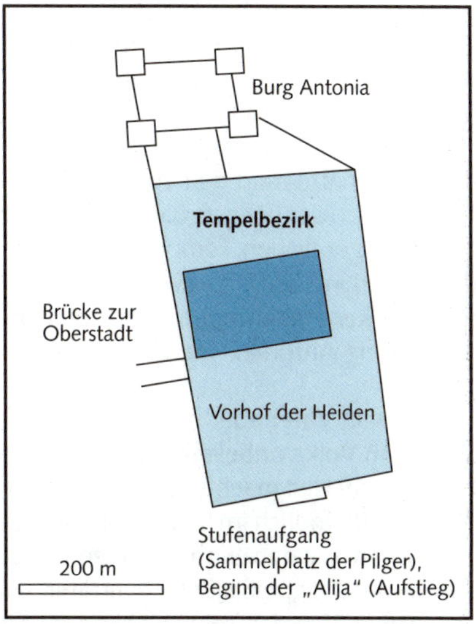

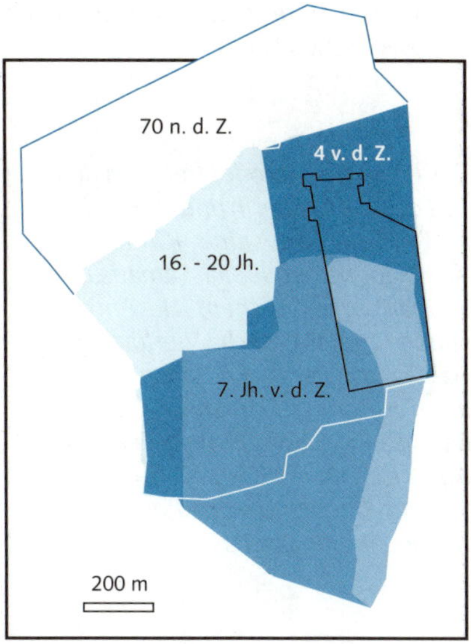

Grundriß des Zweiten Tempels/ Jerusalem zur Zeit Herodes' des Großen (→ B/I.2.)

Jahre 19 v. d. Z. und wurden erst kurz vor dem I. Jüdischen Krieg abgeschlossen. Damit keine „unreinen" Hände das Heiligtum entweihten, mußten zunächst 1000 Priester als Bauleute ausgebildet werden. Für das neue monumentale Bauwerk wurde das Areal des Tempelbezirks gewaltig erweitert, ein Plateau von 144 000 Quadratmetern entstand. Den Tempel selbst beschreibt der jüdisch-römische Historiker Flavius Josephus wie folgt: „Die Front des Gebäudes war gleich hoch und breit, nämlich 100 Ellen, Das Hintergebäude aber um 40 Ellen schmäler, da der Vorderbau rechts und links flügelförmig 20 Ellen weit über dasselbe hinausragte. Das Vordere Tor des Heiligtums, 70 Ellen hoch und 20 breit, hatte keine Türen; denn es sollte ein Sinnbild des unabsehbaren, offenen Himmels sein. Seine Vorderseite war überall vergoldet, und wenn man hindurchsah, hatte man den vollen Anblick des eigentlichen Tempelhauses, welches zugleich das höchste Bauwerk des Tempels war..." (Der Jüdische Krieg V, 5).

Den eigentlichen Tempel umgab eine gewaltige Säulenhalle, das Betreten der einzelnen Höfe war, der jüdischen Tradition entsprechend, nur ausgewählten Bevölkerungsgruppen gestattet. Nördlich des neuen Tempels ließ Herodes die Festung Antonia, einen ebenfalls imposanten Bau, errichten.

Wie sein Vater aber blieb Herodes, der zwangsjudaisierte Fremde aus dem Süden, im Volke unbeliebt. Seine Antwort war Härte, die auch vor der eigenen Familie nicht Halt machte. So „verunglückte" der junge Hohenpriester Jonathan Aristobul III. tödlich im Bade. Der seinerzeit von den Parthern verschleppte und inzwischen aus dem unfreiwilligen Exil zurückgekehrte greise Hyrkan II. starb auf Herodes' Geheiß als Hochverräter. Und von grenzenloser Eifersucht getrieben, ließ er 29 v.d.Z. seine Lieblingsfrau, die Makkabäerin Mariamme, hinrichten. Ihr Tod reute Herodes später sehr und brachte ihn schließlich an den Rand des psychischen Ruins.

Das Reich des Herodes fiel nach dem Tod des Herrschers in unterschiedlich große Teile an seine Kinder: H. Archelaus bekam Judäa, Samaria und Idumäa zugesprochen, H. Antipas wurde Tetrarch (griech.: Vierfürst) von Galiläa und Peräa; Philippus bekam die Territorien Gaulanitis (Golan), Batanäa, Trachonitis und Teile der Auranitis als Tetrarch unterstellt; Salome blieben die Städten Asdod, Jamnia und Phasaelis.

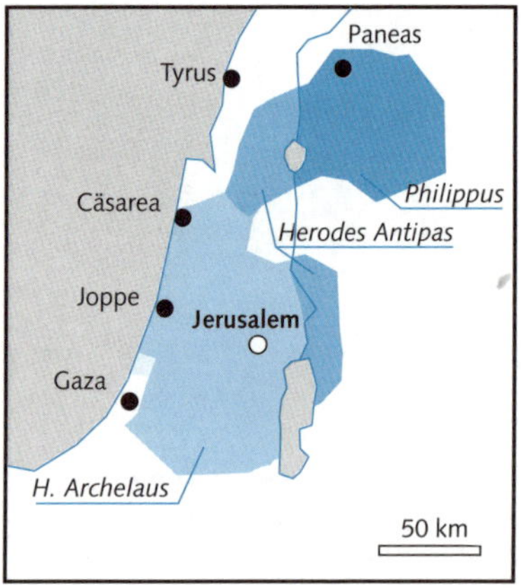

Die dunklen Seiten der Persönlichkeit Herodes' des Großen sind bereits von der frühen Geschichtsschreibung einseitig herausgestellt worden. Greuelpropaganda ist zum Beispiel der „Bethleheminische Kindermord" (vgl. Matthäus 2, 1ff). Nicht vergessen werden sollte aber, daß er dem Land noch eine Zeitlang relative Autonomie bewahrte und sehr viel für die Verbesserung der Lebensqualität in Judäa tat.

Herodes der Große starb im Jahre 4 v. d. Z.: „Er war ein Mann von einer gegen alle gleich großen Grausamkeit, der im Zorn kein Maß kannte, sich über alles Recht hinwegsetzte, dabei aber ein Glück erfuhr wie kein anderer." (Die Jüdischen Altertümer XVII, 8), so Flavius Josephus.

Da sich Herodes' Söhne H. Archelaos und H. Antipas gleichzeitig um seine Nachfolge bewarben, teilte Kaiser Augustus das Reich auf.

Das Kernland Judäa und Samaria sowie Idumäa erhielt H. Archelaos als Ethnarch (griech.: „Volksherrscher") zugesprochen. Unter seiner Regierung brachen schwere Unruhen aus, die der Legat von Syrien, P. Quintillius Varus niederzwang. Jener Varus unterlag im Jahre 9 n. d. Z. den Germanen im Teutoburger Wald. Da sich sein Volk über ihn beschwerte, wurde H. Archelaus nach nur zwei Jahren Regentschaft amtsenthoben und nach Gallien verbannt. Sein „Reich" unterstellten die Römer als Provincia Iudaea einem Prokurator. Erster Amtsinhaber war P. Sulpicius Quirinius, den Lesern der Luther-Bibel als Cyrenius ein Begriff. Zur Zeit des dritten Prokurators Pontius Pilatus (26-36 n.d.Z.) erfolgte mutmaßlich die Hinrichtung des Jesus von Nazaret.

Die Archelaus-Geschwister H. Antipas, Philippus und Salome hatten sich mit den übrigen Landesteilen zu begnügen. Bis zum Jahre 34 n. d. Z. fielen allerdings auch ihre Territorien an das Römische Reich.

Zu einer kurzzeitigen Renaissance des Herodes-Reichs kam es 41 n. d. Z., als ein Nachkomme des Dynastie-Begründers, H. Agrippa I. von Kaiser Caligula nahezu alle Gebiete unterstellt bekam. Der frühe Tod des recht beliebten Herrschers nach dreijähriger Regierungszeit setzte dem Aufblühen des Staates ein jähes Ende.

Der letzte bedeutende Herodier, M. Julius Herodes Agrippa II., regierte ab 53 n. d. Z. die nördlichen Gebiete des ehemaligen Herodes-Reichs. Seine Versuche, die sich in Judäa zuspitzende Lage zu entschärfen, scheiterten.

7. Die Jüdischen Kriege

Von Anfang an ertrugen die Judäer die römische Herrschaft nur unwillig. Die Prokuratoren des Imperiums, zumeist auf den eigenen Vorteil bedachte Tyrannen, förderten durch ihr Verhalten die latent vorhandene Unruhe unter den Judäern. Diese erhoben sich schließlich in zwei vergeblichen Aufständen gegen die Römer. Ergebnis war die völlige Zerschlagung des jüdischen Gemeinwesens und massenweise Deportation der Bevölkerung.

Den Anlaß für den I. Jüdischen Krieg gab die Vorgehensweise des Prokurators Gessius Florus. Als dieser Teile des Tempelschatzes forderte, brach unter zelotischer Führung der Aufstand los. Die Besatzung der Jerusalemer Stadtfestung Antonia mußte sich ergeben und wurde, allen Zusicherungen eines freien Geleits zum Trotz, beim Abzug niedergemacht. Eine aus Syrien herbeieilende Legion konnte ebenfalls geschlagen werden.

Das Stichwort

Die Zeloten

Als radikalste jüdische Gruppierung stellten sich die Zeloten (von griech.: zelotes = Eiferer) dar: gnadenlos gingen sie, wo immer sich Gelegenheit bot, gegen die römischen Besatzer und jüdischen Kollaborateure vor. Ihr Ziel war die Befreiung Judäas von jeglicher weltlicher Herrschaft, eine Art religiöser Anarchismus. Getragen wurde die Bewegung sowohl von Priestern als auch von verarmten Bauern.

Kaiser Nero, den Ernst der Lage erkennend, schickte nun den erfahrenen Feldherren T. Flavius Vespasianus mit drei Legionen – etwa 18.000 Soldaten – und 50.000 Mann Hilfstruppen nach Judäa. Das gewaltige Kontingent walzte allmählich von Norden her den judäischen Widerstand nieder, bis es schließlich vor der Hauptstadt Jerusalem stand.

Nicht alle Juden billigten den Krieg gegen die Römer, und mancher sah das drohende Unheil voraus. Zu ihnen gehörte der Pharisäer Jochanan Ben Sakkai. Ihm gelang die Flucht in Vespanianus' Lager. Vom Feldherren erbat er sich die Erlaubnis, in Jamnia (Jawne) ein Lehrhaus gründen zu dürfen. Vespasianus

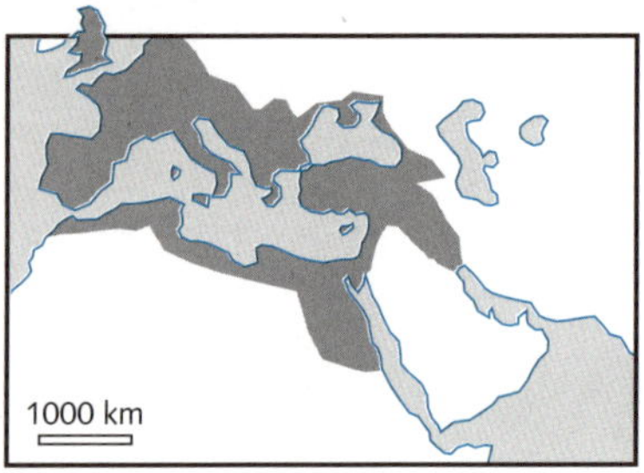

Das Römische Reich (115 n. d. Z.)

willigte ein. Eine scheinbar nebensächliche Episode, deren Bedeutung erst später klar wurde (→ B/I.8.). Der Sturz Neros im Jahre 69 n. d. Z. verzögerte den Fortgang des Krieges. Als nach drei Interimskaisern der Feldherr Vespasianus selbst zum Cäsar ernannt wurde, setzte sein Sohn Titus die Expedition fort.

Im Jahre 70 n.d.Z. begann er mit der Belagerung Jerusalems. Die Stadt umschnürte nun ein über acht Kilometer langer Wall, bestückt mit 13 Kastellen. Es war um die Pessach-Zeit, Tausende Pilger hielten sich in der Stadt auf. Der Hunger wütete, aber auch vor der Stadt wartete der sichere Tod – jeden Flüchtling und jeden Gefangenen kreuzigten die Römer auf ihren Befestigungsanlagen.

Zwischen den Zeloten, die die Verteidigung leiteten, kam es zu Streitereien und Fraktionsbildungen. Im Sommer gelang es den Römern nach hartnäckigen Kämpfen, von Norden her in Jerusalem einzudringen. Als letzte Bastion fiel der Tempelbezirk in römische Hände. Das Heiligtum wurde geplündert und völlig niedergebrannt. Der letzte Funke jüdischen Widerstands erlosch um das Jahr 73/74 n.d.Z. mit dem Fall der Festung Masada am Toten Meer. Unter dem Kommando des Zeloten Eleasar hatten hier fast 1.000 Juden drei Jahre der römischen Belagerung standgehalten. Ohne Aussicht auf Rettung oder Flucht verübten 960 Verteidiger schließlich den Freitod, um nicht in Gefangenschaft zu geraten. Im Triumph kehrte Titus nach Rom zurück. Einen der gefangenen Zelotenführer, Simon bar Giora, ließ er hinrichten, der andere, Johannes von Gischala, wurde begnadigt. Nach dem Tod seines Vaters 79 n. d. Z. bestieg Titus den Kaiserthron. Er regierte allerdings nur zwei Jahre. Sein plötzlicher Tod galt den Juden als Strafe Gottes.

Trotz – oder erst recht wegen – des gescheiterten Aufstandes blieb die antirömische Stimmung der Juden erhalten. So erhoben sich im Jahre 115 n. d. Z. die Gemeinden in der Cyrenaika, in Ägypten, auf Zypern und auch in Mesopotamien, als dieses von Kaiser Trajan erobert wurde (113-117 n. d. Z.).

Zu einem neuen Konflikt in Judäa kam es 132 n.d.Z., als Kaiser Hadrian ein Beschneidungsverbot verfügte und den Bau eines Jupiter-Heiligtums auf dem Tempelberg ankündigte. Unter Führung des vom populären Rabbi Akiba als Messias anerkannten Simon bar Kochba (= Sternensohn, vgl. Numeri 24,17) begann der II. Jüdische Krieg, der allerdings bereits nach zwei Jahren mit der Niederlage der Juden in der Schlacht bei Bethar endete. Simon fiel im Kampf, Rabbi Akiba geriet in Gefangenschaft und erlitt das Martyrium. Das enttäuschte Volk titulierte den Pseudo-Messias nun als bar Kosiba – Sohn der Lüge.

Die Rache der Sieger war furchtbar: Nach entsetzlichen Massakern gingen fast alle Überlebenden den Weg in die Sklaverei – hatte nach dem I. Jüdischen Krieg die Aushebung des Tempelschatzes zu einem Verfall der Edelmetallpreise geführt, so kam es jetzt zu einer Inflation auf dem Sklavenmarkt... Den Begriff Judäa tilgten die Römer, die Provinz hieß fortan Syria Palaestina. Auch Jerusalem verlor seinen Namen und erhielt als Aelia Capitolina den Status einer Militärkolonie. Den Juden war ab sofort der Zutritt zur Stadt untersagt. Das war für nahezu 2000 Jahre das Ende der jüdischen Nation auf eigenem Boden.

8. Die Frühzeit des Exils in Vorderasien

Das Ende des jüdischen Gemeinwesens bedeutete nicht das Ende der jüdischen Gemeinschaft in Judäa. Und die Verschleppung und Zerstreuung Tausender Judäer über das ganze römische Reich war nicht der Anfang der Diaspora. Längst lebten außerhalb Judäas mehr Juden als in der Heimat selbst. Und auch wenn sich dort die Verhältnisse allmählich besserten, verlagerten sich die Schwerpunkte der jüdischen Geschichte immer weiter weg von ihrem Ursprungsgebiet.

Nach dem Tode Kaiser Hadrians im Jahre 138 entspannte sich die Lage für die in Judäa verbliebenen Juden erheblich. Die Römer hoben die Verbote von Beschneidung, Sabbat und Rabbinerordination wieder auf, das legale religiöse Leben erwachte von neuem. Unter einem von der römischen Besatzungsmacht anerkannten Patriarchen (Nasi) durften sich kleine Gemeinden konstituieren. Nach dem Verlust von Jerusalem und dem Tempel wurde das von Jochanan gegründete Lehrhaus in Jamnia zum geistlichen und geistigen Zentrum Judäas. Hier fand auch der Sanhedrin seinen Sitz.

Das Stichwort:
Sanhedrin
Der Hohe Rat (griech. Synhedrion) war ein aus der Gerusia der makkabäischen Zeit hervorgegangenes Gremium, das aus 70 (71) Mitgliedern bestand. Unter Leitung des Hohenpriesters amtierten in der römischen Epoche im Synhedrion die oberste Priesterschaft, die Ältesten des Volkes – Laienadel, Großgrundbesitzer – und Vertreter der Schriftgelehrten, meist der Pharisäerschaft zugehörig. Politisch verhielt sich der Hohe Rat eher prorömisch, in religiöser Hinsicht dominierten dank priesterlicher Observanz sadduzäisch-konservative Auffassungen. Das Synhedrion von Jamnia hingegen war ausschließlich pharisäisch-rabbinisch bestimmt.

Trotz aller Bemühungen blieb das jüdische Leben Judäas hinter der Entwicklung in Teilen der Diaspora zurück. Zum unbestrittenen Mittelpunkt des spätantiken Judentums entwickelte sich das benachbarte Mesopotamien. Unter parthischer Herrschaft – die Juden waren am Königshof durch einen mit weitreichenden Vollmachten ausgestatteten Exilarchen (Resch Galuta) vertreten – gediehen bedeutende Lehrhäuser. Hier ist auch die eigentliche Geburtsstätte des Talmud zu suchen. Die babylonische Ausgabe hat viermal mehr Gemara als die in Judäa entstandene! Nach dem Sturz der Parther-Herrschaft durch die persischen Sassaniden im frühen 3. Jahrhundert verschlechterten sich die Lebensumstände der mesopotamischen Juden zeitweilig, blieben aber dennoch erträglich. Auch unterstützten die in Vorderasien und Ägypten lebenden Juden einen sassanidischen Vorstoß in diese oströmisch-byzantinischen Gebiete in den Jahren 602 bis 622. Der 623 erfolgreich zurückschlagende Kaiser

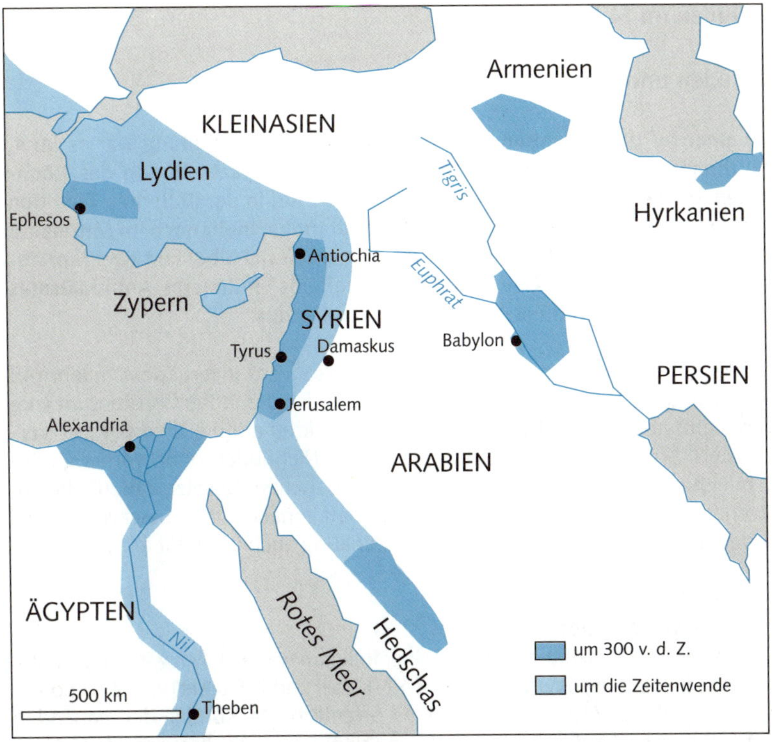

Um die Zeitenwende gab es mutmaßlich acht Millionen Juden auf der Welt: etwa zwei Millionen lebten in Judäa, jeweils eine Million in Babylonien, Ägypten, Syrien und Kleinasien. Bedeutende jüdische Gemeinschaften bildeten sich schon vor den Jüdischen Kriegen in Mittel- und Süditalien und in europäischen Garnisonsstädten wie Corduba (Cordoba), Massilia (Marseille), Londinium (London), Augusta Treverorum (Trier) oder Colonia Agrippina (Köln).

Herakleios rächte sich dafür mit furchtbaren Pogromen. Großer Gewinner dieser endlosen Kriege zwischen Persern und Byzantinern wurden schließlich die von Süden her vorstoßenden Araber. Von ihrem Propheten Mohammed unter der Fahne des Islam geeint, zerschlugen sie das Sassanidenreich und entrissen den Byzantinern weite Teile ihres asiatischen Besitzes und ganz Nordafrika.

Der Vorstoß der Araber führte zu einer Polarisierung in der damals bekannten Welt: auf der einen Seite stand das inzwischen christianisierte Abendland mit den Fragmenten des ehemaligen Römischen Reiches und seinen germanischen Nachfolgestaaten, auf der anderen der fast vollständig islamisierte Vordere Orient einschließlich der Gebiete nördlich der Sahara. Und dazwischen standen – die Juden.

II. Juden im Mittelalter

1. Juden und Christen

Zu einer für das Judentum verhängnisvollen Weichenstellung war es im 4. Jahrhundert gekommen: das Christentum wurde Staatsreligion des Römischen Reiches. Obwohl der christliche Glaube tief in der jüdischen Tradition verwurzelt ist, entwickelte er sich in der Spätantike, mehr noch im Mittelalter zum unversöhnlichen Gegner des Judentums. Der sich über fast zwei Jahrtausende oft in blutiger Gewalt äußernde religiös motivierte Antijudaismus mündete im 19. Jahrhundert in den Antisemitismus.

Bereits früh, auf dem sogenannten Apostelkonvent in Jerusalem im Jahre 48 (vgl. Galater 2; Apostelgeschichte 15) begann sich das junge Christentum vom Judentum abzusetzen. Die Teilnehmer schwenkten auf die Linie des „Völkerapostels" Paulus ein, indem sie beschlossen, Nichtjuden ohne vorherige Beschneidung und Verpflichtung auf die mosaischen Gesetze aufzunehmen. Vorher bestand die urchristliche Gemeinschaft zunächst fast ausschließlich aus Juden, nun war die Religion ohne Einschränkung auch offen für alle „Heiden".

Das Stichwort:
Jesus von Nazaret
An der Authentizität des Stifters einer Religion wider Willen wird heute nicht mehr gezweifelt. Jesus wurde zwischen 7 (Knoll) und 2 (Flusser) v. d. Z. geboren. Um das Jahr 28/29 n. d. Z. trat er öffentlich als Künder der nahenden Gottesherrschaft auf, möglicherweise mit dem Anspruch, der verheißene Messias zu sein.

Weil er messianische Erwartungen schürte und massiv die Institution des Tempels kritisierte, geriet er in Konflikt mit dem sadduzäisch ausgerichteten Sanhedrin. Dieser überantwortete ihn der römischen Besatzungsmacht, die im Jahre 30 seine Hinrichtung am Kreuz veranlaßte. Von diesem Ereignis berichtet auch der Talmud (Sanhedrin 43 a).

Trotz mancher früheren Jesus-Polemik nimmt das moderne Judentum zu einem nennenswerten Teil eine eher positive Haltung gegenüber dem Nazarener ein. So wird er im liberalen Judentum als „Bruder Jesus" (Ben-Chorin) anerkannt, dessen gesetzestreuer, jüdischer Lebenswandel schließlich auch von den Evangelisten überliefert worden ist.

Und manche Zitate lassen den Schluß zu, daß Jesus keinesfalls das mosaische Gesetz abschaffen wollte (vgl. Matthäus 5, 17-18) und er sich primär als Erneuerer des jüdischen Glaubens verstand, der die Heiden mied (vgl. Matthäus 10, 5-6 und 15, 21-28).

Ob Jesus tatsächlich eine neue Religion gründen wollte, darf deshalb bezweifelt werden. Und ganz gewiß war die Judenfeindlichkeit seiner Nachfolger nicht im Sinne des Mannes aus Nazaret.

Das antike Judentum sah in der christlichen Religion, sofern sie von Angehörigen des jüdischen Volkes vertreten wurde, bald eine Form von Ketzertum, das es zu bekämpfen galt. Besonders in Syrien und Kleinasien, wo jüdische und frühchristliche Gemeinden in enger Nachbarschaft lebten, kam es auch zu tätlichen Auseinandersetzungen zwischen beiden Religionen. Die römische Obrigkeit, der die gleichmacherische neue Religion suspekt erschien, verfolgte anfangs die Christen. Dennoch breitete sich der christliche Glaube lawinenartig im gesamten Reich aus. Bereits Kaiser Konstantin tolerierte die Christen und ihren missionarischen Eifer. Einen kurzzeitigen Rückschlag brachte die Regentschaft von Julian („Apostata", 361-363). Dieser stellte den Juden demonstrativ die Wiedererrichtung des Tempels in Aussicht. Aber schon Theodosius I. übernahm Ende des 4. Jahrhunderts das Christentum als Staatsreligion.

Bereits zu seiner Regentschaft häuften sich religiös motivierte Übergriffe auf jüdische Gemeinden. Aus diesem Grunde sah sich der Kaiser genötigt, 393 die Synagogen unter staatlichen Schutz zu stellen. Theodosius II. allerdings verbot 438 den Bau jüdischer Gotteshäuser ganz. Die antijüdische christliche Agitation begann zu greifen. So erließ zum Beispiel Kaiser Honorius 418 ein Gesetz, das die Beschäftigung von Juden in öffentlichen Ämtern verbot.

Der christliche Druck auf die Juden setzte sich in den germanischen Nachfolgestaaten des ehemaligen Weströmischen Reiches fort. So schrieb Agobard, seit 814 Bischof von Lyon, „Über den jüdischen Aberglauben": „Weil sie Gegner der Wahrheit sind, so müssen die Juden mehr als alle (anderen) Ungläubigen verachtet werden." Solche Polemik mehrte sich und verfehlte ihre Wirkung nicht.

Trotzdem setzten rohe Gewalt gegen die Juden und ihre gesellschaftliche Isolation erst im Hochmittelalter ein. Der religiöse Taumel, in den die Kreuzzugsbewegung des 11. Jahrhunderts ganz West- und Mitteleuropa versetzte, verschlechterte die Situation der dort lebenden Juden drastisch. In der gesellschaftlichen Hierarchie rutschten sie endgültig auf die unterste Stufe ab. Landbesitz blieb ihnen fortan verwehrt, die Zünfte schlossen sie aus, Möglichkeiten, Handel zu treiben, wurden eingeschränkt. Lediglich zweifelhafte Gewerbe wie der Geldverleih gegen Zins, den Christen auf Beschluß des 4. Laterankonzils von 1215 verwehrt, blieben den Juden vorbehalten.

Mittelalter und Renaissancezeit waren für die Juden der meisten europäischen Länder ein Schrecken ohne Ende. Die Übergriffe rissen nicht ab, immer mehr Gebiete blieben ihnen verschlossen. Geistliche und weltliche Obrigkeit steuerte den Antijudaismus und benutzte ihn als Ventil; den unteren Ständen war eine Möglichkeit gegeben, soziale Enttäuschungen auszuleben. Der Jude als Sündenbock – Vorwände, mit Gewalt gegen ihn vorzugehen, boten sich reichlich:

- **Die Juden als „Gottesmörder".** Schließlich hatten sie angeblich den Tod von Jesus Christus zu verantworten und sich, nach Matthäus 27, 25, deshalb selbst verflucht.
- **Die Juden als „Teufelssöhne".** Auf der Grundlage des Neuen Testaments

(Johannes 8, 37-47) erklärte unter anderem auch Kirchenvater Johannes Chrysostomos (4. Jahrhundert) das teuflische Wesen der Juden und ihre Seelen und Synagogen zu Heimstätten des Bösen.

Kein Wunder also, daß der durch und durch abergläubische Mensch des Mittelalters diesen Dämonen in Menschengestalt alles nur denkbar Böse zutraute. So absurd die Beschuldigungen gegen die Juden heute klingen mögen, den Christen jener Zeit erschienen sie einleuchtend:

1. Der Hostienfrevel Unterstellt wurde, daß sich Juden Hostien – den „Leib Christi" – beschafften, um diese zu durchstechen oder auch für die Herstellung von Mazze zu verwenden. Die Zerstörung der Hostie erschien gleichsam als eine nochmalige Ermordung Christi durch die Juden. Nach dem 4. Laterankonzil, auf dem die Transsubstantiationslehre* dogmatisiert wurde, mehrten sich „Fälle" von Hostienfrevel – erstmals 1290 in Paris, später in Deutschland. Die Massaker 1298 in ganz Franken gingen auf Hostienfrevel-Beschuldigungen zurück. Auch die sogenannte Armleder-Bewegung, die von 1336 bis 1338 unter den Juden in ganz Süd- und Südwestdeutschland wütete, hatte den gleichen Auslöser. Der letzte große Prozeß zu einem Hostienfrevel fand in Deutschland 1510 in Knoblauch bei Brandenburg statt. In der Konsequenz starben 38 der Beschuldigten in Berlin den Flammentod. Aus der Welt war diese Art der Anschuldigung aber noch lange nicht. So wurde 1761 in Nancy ein Jude als vermeintlicher Hostienfrevler hingerichtet.

2. Die Ritualmord-Legende Sie besagte, daß Juden um die Osterzeit Christenknaben entführen und kreuzigen beziehungsweise schlachten, um deren Blut zu trinken. Erstes namentlich bekanntes „Opfer" im Abendland war 1144 William aus Norwich. Zahlreiche weitere Kinder folgten: 1168 in Gloucester, 1171 in Blois, 1182 in Saragossa. Für Deutschland lassen sich ebenfalls zahlreiche „Fälle" auflisten. Einer der spektakulärsten war der des Werner aus Oberwesel (1287). Noch Ende des 15. Jahrhunderts führte die Ritualmord-Beschuldigung in Norditalien und in Tirol zu massiven Judenpogromen. Selbst im 19. und frühen 20. Jahrhundert gehörten Ritualmord-Vorwürfe, oft auch in Verbindung mit angeblichem Hostienfrevel, zum Repertoire der Judenfeinde.

3. Die Brunnenvergiftung Zwischen 1347 und 1353 wütete in ganz Europa die Pest. Schätzungsweise 25 Millionen Menschen, etwa jeder vierte Europäer, fielen dieser Seuche zum Opfer. Schon 1321 war in Frankreich die völlig aus der Luft gegriffene Anschuldigung erhoben worden, daß Juden, um die Christen des Landes zu vernichten, die Brunnen verseucht hätten. Zwei Jahre später hatten aus diesem Grunde alle Juden das Land zu verlassen. Zur Zeit der Pest schließlich tauchte der Verdacht der Brunnenvergiftung erneut auf. Sämtliche jüdischen Gemeinden hatten deshalb unter Drangsalierungen, Mord und Vertreibung zu leiden. Um 1348/49 erreichte die Welle der Gewalt ihren Höhepunkt.

* Lehre von der realen Verwandlung von Brot und Wein in der Eucharistie (Abendmahl) in Leib und Blut Christi.

Um die gesellschaftliche Außenseiterrolle der Juden für alle Welt sichtbar zu machen, verfügte das wiederholt genannte 4. Laterankonzil in Artikel 68 eine Abzeichenpflicht. Ähnlich anderen verachteten Personen – Huren und Scharfrichter – hatten sich die Juden einer bestimmten Kleiderordnung zu unterwerfen. Im Hochmittelalter dominierte der sogenannte Judenhut, eine meist spitz nach oben zulaufende, auffällige Kopfbedeckung (→ A/II.2., Abbildung). Üblich waren auch, regional verschieden, Abzeichen wie das Pentagramm, stilisierte Gesetzestafeln und, in Deutschland ab dem 15. Jahrhundert, der Gelbe Fleck. Diese Farbe hatte in Mitteleuropa seit jeher Signalcharakter: gelb markierte Häuser warnten vor darin grassierenden ansteckenden Krankheiten, gelbe Kreise an der Kleidung warnten fortan – vor den Juden.

Zur Ausgrenzungspolitik gehörte auch das Ghetto (nach Geto Nuovo, einem Stadtteil von Venedig, in dem angeblich erstmals Juden zwangsangesiedelt wurden). Zwar lebten die Juden in den europäischen Städten seit jeher in eigenen Wohngebieten – mitunter waren dies, wie in Köln oder Prag, kleine Städte in der Stadt – , vom Mittelalter an wurden die Ansiedlungen aber abgeriegelt, von den übrigen Vierteln isoliert. Entsprechende Beschlüsse hatte bereits das 3. Laterankonzil 1179 gefaßt, aber erst nach dem Konzil von Basel 1434 setzte sich die „Ghettoisierungs" -Politik durch. Für die Betroffenen hatte

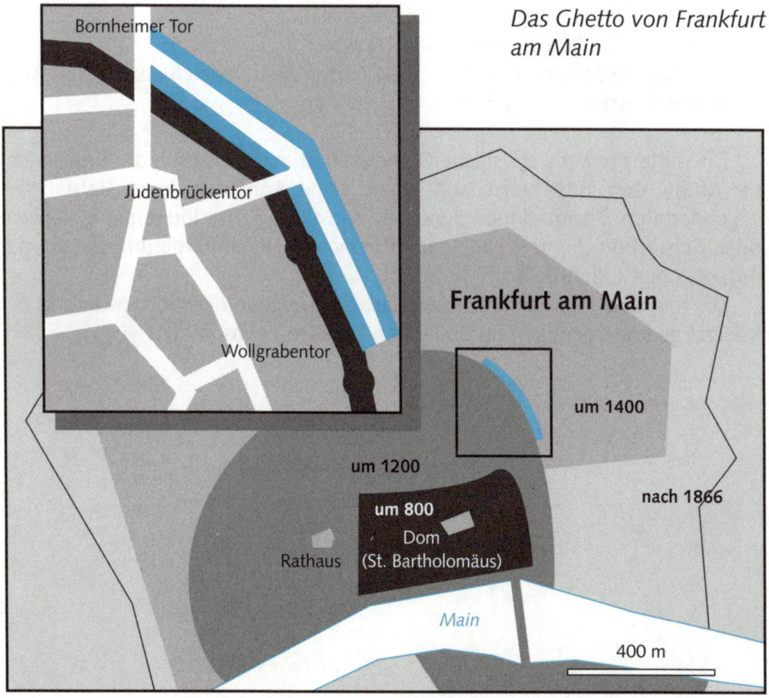

Das Ghetto von Frankfurt am Main

das Ghetto einerseits einen gewissen Schutzeffekt, auch vor der Assimilation. Bei Pogromen aber saß stets die gesamte Gemeinde unentrinnbar in einer meist tödlichen Falle.

Das Stichwort:

Ghetto von Frankfurt am Main

Die Frankfurter Juden hatten 1460 in eine Judengasse am Nordostrand der alten Stadtmauer umzusiedeln (s. Grafik Seite 81). Das Ghetto bestand aus einer einzigen Straße. Eine Häuserzeile klebte an der ehemaligen mittelalterlichen Befestigungsanlage, die gegenüberliegende Häuserfront bildete die Begrenzung zur locker besiedelten Vorstadt. Zugang zum Ghetto boten nur drei Tore, von denen eines in die Stadt führte.

Folgendermaßen wuchs die Judengasse in den fast vier Jahrhunderten ihres Bestehens:

1462	11 Familien	3 Häuser
1520	250 Familien	28 Häuser
1556	550 Familien	60 Häuser
1580	1.200 Familien	120 Häuser
1610	2.700 Familien	195 Häuser
1709	3.019 Familien	409 Häuser
1800	3.000 Familien	485 Häuser

1811 wurde das Ghetto aufgehoben. Fortan durften sich Juden überall in der Stadt niederlassen.

Die mittelalterliche christliche Gemeinschaft machte sich in der Regel nicht die Mühe, den jüdischen Glauben und seine Anhänger zu verstehen. Die sogenannten Disputationen zwischen christlichen und jüdischen Gelehrten oder Geistlichen dienten eher der öffentlichen Herabwürdigung des immer unterlegenen Judentums.

Die folgenden Abschnitte beleuchten die Situation der Juden während der Kreuzzüge und in einigen europäischen Ländern etwas näher.

2. Die Kreuzzüge

An einem Novembertag des Jahres 1095 rief Papst Urban II. auf dem Konzil von Clermont zur Befreiung des Heiligen Grabes auf. Den Kreuzfahrern winkten nicht nur Abenteuer im fernen Orient und irdischer Reichtum, sondern auch Sündenablaß für gottgefälligen Heidenmord. Und diesen verübten die Streiter auf gar nicht ritterliche Weise zuerst an den Ungläubigen in den eigenen Ländern, den Juden.

Der I. Kreuzzug begann 1096 mit Judenpogromen in Ostfrankreich und im Rheinland. Besonders furchtbar gewütet hatte dabei die fanatisierte Meute in Mainz. Der jüdische Chronist Ephrem ben Jakob berichtete von 1.000 Ermordeten. Für viele hochverschuldete Adlige bot sich bei den Massakern wohl auch die Gelegenheit, es den verhaßten jüdischen Geldverleihern „zurückzuzahlen".

Aber nicht nur die mitteleuropäischen Juden hatten zu leiden. Als die ersten Kreuzfahrer am 13. Juli 1099 nach einmonatiger Belagerung Jerusalem stürmten, richteten sie unter den muslimischen und jüdischen Bewohnern ein entsetzliches Blutbad an.

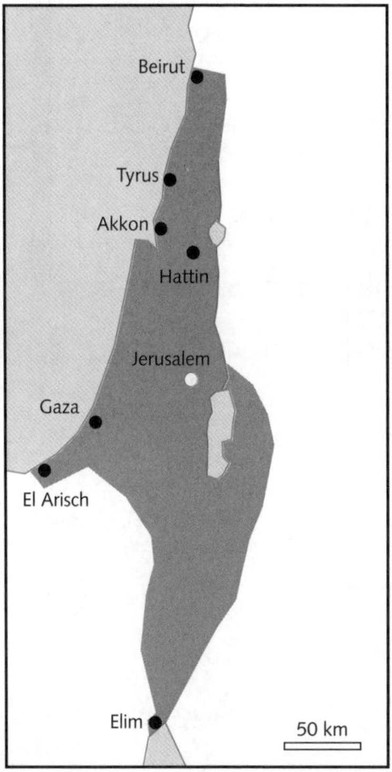

1099 gründeten die Kreuzfahrer das Königreich Jerusalem. In seiner maximalen Ausdehnung konnte es sich nur bis 1187 halten. Nach dem Vertrag von Jaffa 1229 umfaßte es nur noch die Küstenregionen und bestand bei seinem Ende im Jahre 1291 lediglich aus der Stadt Akko. Der letzte christliche Stützpunkt im Orient fiel 1303 den ägyptischen Mamelukken in die Hände. Diese traten die Vorherrschaft über Palästina 1517 an die Osmanen ab.

Zeitgenössische Päpste allerdings bezogen oft ausdrücklich Stellung gegen die antijüdischen Exzesse. So rief Papst Calixtus II. in seiner Bulle „Sicus judeis" zur Mäßigung auf, und Innozenz III. fügte eine Präambel hinzu, welche ausdrücklich den Schutz der Juden, ihres Kultus und ihrer Friedhöfe anmahnte. Dennoch kam es auch während des II. Kreuzzuges (1146-1148) regional zu Judenverfolgungen.

Im hochmittelalterlichen Europa lebten Juden vornehmlich auf der Iberischen Halbinsel, in der Provence, Burgund, dem Loire-Tal, am Niederrhein, in Süditalien und dem Byzantinischen Reich. Unter den Verfolgungen durch die Teilnehmer am I. Kreuzzug hatten vor allem die vormals blühenden Gemeinden im Rhein-Main-Gebiet zu leiden.

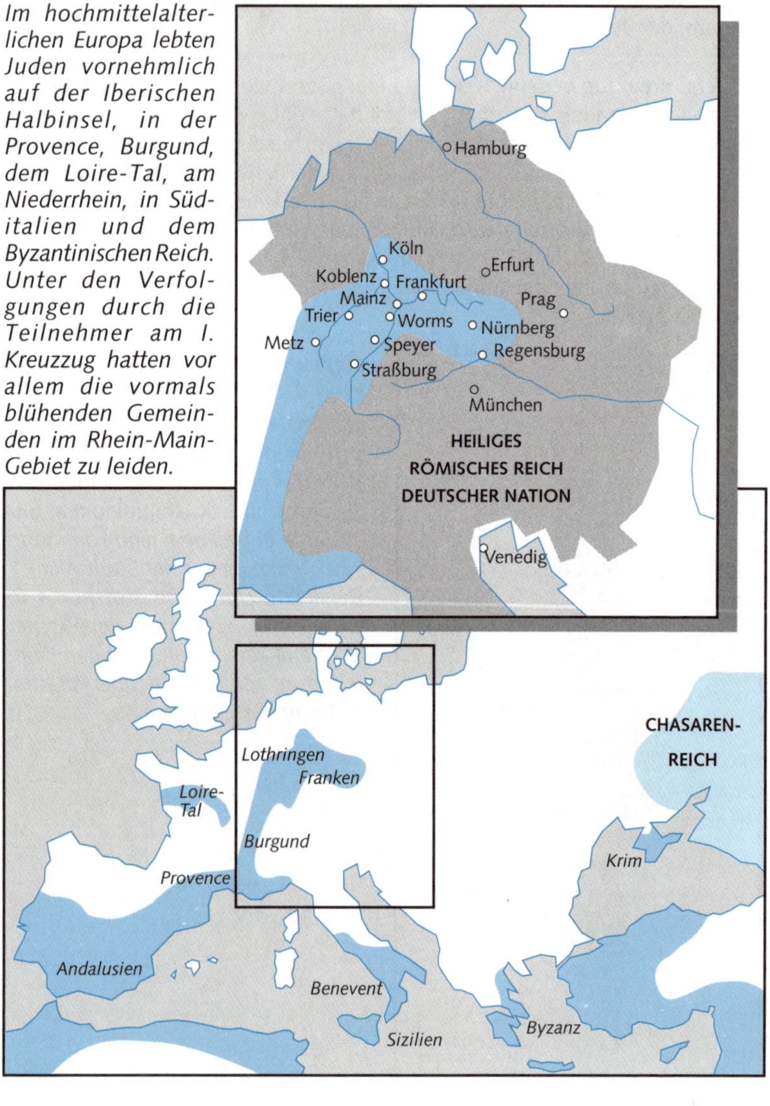

3. Auf der Iberischen Halbinsel

Noch unter römischer Herrschaft entstanden im heutigen Spanien und Portugal jüdische Gemeinden. Mit dem sich auch in Südwesteuropa etablierenden Christentum kam es im 3. Jahrhundert zu ersten Diskriminierungen. Unter arabischer Oberhoheit blühte das spanische Judentum kurz auf, die sich anschließend etablierenden christlichen Reiche aber zerschlugen die Gemeinden in Südwesteuropa und bereiten der jüdisch-iberischen Kultur ein jähes Ende.

Im Verlauf der Völkerwanderung eroberten im frühen 5. Jahrhundert die Westgoten Iberien. Sie waren Anhänger des auf den Konzilen von Nicäa (325) und Konstantinopel (381) als häretisch verdammten Arianismus, einer toleranteren christlichen Strömung, welche die Trinitätslehre in Frage stellte. Erst als König Reccared 586 zum Katholizismus übertrat, verschärfte sich die Lage der Juden zusehends. König Sisebut ordnete 613 Zwangstaufen an, im Jahre 693 schließlich kam es unter Egica zu brutalen Übergriffen auf die verbliebenen Gemeinden.

Die Situation verbesserte sich, als zwischen 711 und 713 die Araber die Herrschaft der Westgoten beendeten. Zwar hatten die Juden wie alle Nichtmuslime fortan die Kopfsteuer zu entrichten, dafür wurde ihnen aber Religionsfreiheit und eigene Gerichtsbarkeit gewährt.

Zu einer kurzen Blütezeit des iberischen Judentums kam es in der Epoche des Emirats von Cordoba, das von Abd er-Rahman, dem letzten Omajjaden, im Jahre 755 gegründet wurde. Zahlreiche Juden waren im höheren Staatsdienst angestellt, wurden als Minister, Ärzte, Gelehrte oder Militärs geschätzt und geehrt.

An der Wende zum 1. Jahrtausend zeichnete sich der Niedergang der islamischen Macht ab. Von Norden her drangen die christlichen Rückeroberer Iberiens, die Reconquistadores, unaufhaltsam vor. Unter diesem Druck zerbrach das einheitliche Gemeinwesen, regionale Herrscher, später radikale nordafrikanische Muslime – zunächst die Almoraviden, später die Almohaden – übernahmen die Macht, und die meisten Juden flohen in den christlichen Einflußbereich.

Auch der größte Sohn des iberischen Judentums, Moses ben Maimun (Maimonides), flüchtete sich vor den marokkanischen Glaubensfanatikern ins Ausland.

Das Stichwort

Maimonides

Rabbi Moses ben Maimun (latinisiert: Maimonides; in hebräischer Kurzform Rambam genannt) wurde 1135 in Cordoba geboren. Er genoß in seiner Jugend eine Ausbildung als Mediziner und Philosoph. Seine Familie setzte sich 1159 aus Andalusien nach Marokko ab. Dort nahm Maimonides zum Schein den Islam an.

1165 ging er nach Akko und folgte 1171 einer Berufung Sultan Saladins als

Die Iberische Halbinsel zur Zeit der Reconquista. Bis Mitte des 13. Jahrhunderts hatten die christlichen Herrscher den muslimischen Einflußbereich auf den Bereich des Emirats Granada zurückgedrängt.

Leibarzt an den ägyptischen Hof. Die ägyptischen Juden wählten ihn 1187 zum Nagid (Oberhaupt). Maimonides starb 1204 in Fustat.

Rabbi Moses ben Maimun gilt als bedeutendster Religionsphilosoph des mittelalterlichen Sepharad. Sein umfangreiches publizistisches Schaffen umfaßt Kommentare zur Mischna, die Mischne Tora (Wiederholung der Tora – eine aus 14 Bücher bestehende Ordnung der mosaischen Ge- und Verbote) und das religionsphilosophische Werk More Newuchim (Führer der Verirrten – ein Versuch, das jüdische Gesetzeswerk mit weltlich-philosophischem Denken zu verknüpfen). Außerdem gilt Maimonides als profundester Vermittler zwischen jüdischer, arabischer und altgriechischer Philosophie.

Erst 1964 setzte die Stadt Cordoba ihrem großen Sohn ein würdiges Denkmal.

In den christlichen Königreichen fanden die Juden zunächst noch erträgliche Lebensbedingungen vor. König Alfons VI. von Kastilien stellte Juden als Diplomaten an, hatte eine jüdischen Leibarzt und gewährte der Gemeinschaft gesetzlich abgesicherte Privilegien – auch gegen den Einspruch von Papst Gregor VII.

Bis zum Jahre 1262 hatte die Reconquista trotz mancher Rückschläge fast ganz Iberien zurückgewonnen. Nur das kleine Emirat von Granada verblieb noch in maurischem Besitz.

Je stärker die christliche Macht wurde, desto mehr gerieten die jüdischen Gemeinden unter Druck. 1391 kam es in den meisten „befreiten" iberischen Städten zu antijüdischen Ausschreitungen, viele der Überlebenden retteten sich in den zusammengeschmolzenen islamischen Einflußbereich. Juden, die blieben, hatten sich ab 1412 der Abzeichenpflicht zu unterwerfen und in Ghettos anzusiedeln. Ab 1481 führte Kastilien und 1487 Aragonien die Heilige Inquisition ein, ein Instrument der Kirche zum Kampf gegen die Ketzerei. Fortan standen die Juden unter schärfster Observanz dieser Institution.

Die Katastrophe brach 1492 herein, einem entscheidenden Jahr für das seit 1479 geeinte Königreich Spanien: Christoph Kolumbus entdeckte für die Katholischen Könige Amerika, und die letzte maurische Bastion, Granada, fiel in christliche Hand. Umgehend hatten alle Mauren Spanien zu verlassen. Am 31. März wurden auch die Juden des Landes verwiesen. Eine große Zahl von ihnen nahm den christlichen Glauben an, um bleiben zu dürfen. Aber etwa 300.000 bis 800.000 Juden mußten emigrieren, auch der spanische Finanzminister Don Isak Abrabanel. Zuflucht, allerdings nur bis 1498, bot zunächst Portugal. Eine neue Heimat für viele Vertriebene wurden schließlich Marokko, die norditalienischen Handelsrepubliken und das Osmanische Reich.

Kritisch blieb die Lage der ehemaligen Juden, die, zum Christentum übergetreten, weiter in Spanien lebten. Viele dieser „Conversos" (unter anderem auch Marranos, Schweine, oder Tornadizo, Wendehals, genannt) blieben heimlich weiter dem mosaischen Gesetz treu, deshalb hatte die gesamte Gemeinschaft unter dem Mißtrauen der „richtigen" christlichen Spanier zu leiden. Zumal sich in Spanien ein geradezu pathologischer Wahn Bahn brach: Die Lehre von der Reinheit des Blutes (limpieza de sangre). Nichts war schlimmer, als maurisches, „schwarzes" oder gar jüdisches „Blut" in den Adern zu haben. Und für die Betroffenen schließlich entschied, ob getauft oder nicht, der Nachweis solchen Blutes über sozialen Auf- oder Abstieg. Für Karrieren im Staatsdienst, beim Militär oder Klerus war „limpieza de sangre" bis in die Neuzeit hinein obligatorisch.

4. England und Frankreich

Der Grundstein für die jüdischen Gemeinden im heutigen Großbritannien und in Frankreich wurde ebenfalls in römischer Zeit gelegt. Auch in diesen Ländern bedeutete die Erstarkung des Christentums verstärkten Druck und letztlich Gewalt und Vertreibung. Allerdings gestatteten beide Länder früher als Spanien und Portugal die Wiederansiedlung von Juden.

In Gallien gab es Juden seit der Zeit Cäsars. Die Franken gewährten ihnen zunächst weitgehende Rechte, die Karl der Große im 8. Jahrhundert erweiterte. Nach seinem Tode kam es allerdings wiederholt zu Übergriffen, so zum Beispiel auf die Gemeinde von Lyon in den Jahren 831 und 846.

Wie im benachbarten Deutschland führte der I. Kreuzzug 1095 zu blutigen Ausschreitungen; besonders betroffen waren die Juden in Ostfrankreich. Unter Ludwig VI. und Ludwig VII. ließen die Verfolgungen nach, um während der Regentschaft von Philipp II. August erneut aufzuflammen. Bereits 1171 setzte die Verbrennung von 30 Juden in Blois ein grausiges Fanal. 1181 verfügte die Stadt Paris die Vertreibung aller jüdischen Einwohner; andere Regionen schlossen sich 1191 an. Unter restriktiven Bedingungen gestatte König Philipp II. August wenig später die Rückkehr. Philipp IV. (der Schöne) wiederum beschloß 1306 die Ausweisung aller etwa 100.000 Juden aus Frankreich, Ludwig X. holte

Frankreich und England im Mittelalter.

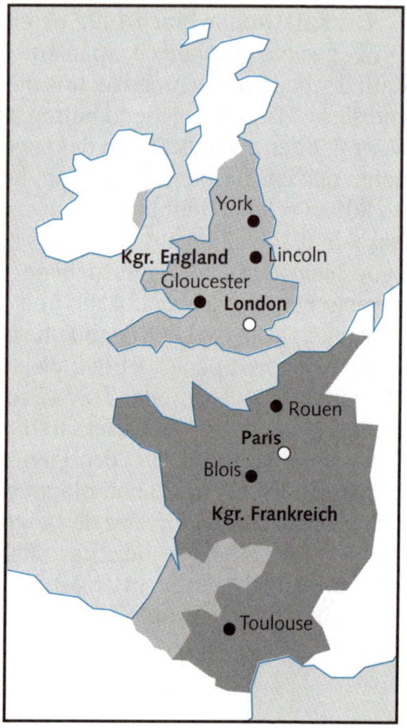

sie 1315 zurück. Nachdem es 1320/21 und 1349 erneut zu landesweiten Pogromen gekommen war, verjagte Karl VI. die französischen Juden im Jahre 1394 endgültig.

Erst im 16. Jahrhundert nahm Frankreich wieder Juden auf, vornehmlich aus Spanien kommende „Scheinchristen". Die bürgerliche Revolution von 1791 verschaffte ihnen schließlich volle Bürgerrechte. Vorurteile aber blieben, wie der Fall Dreyfus Ende des 19. Jahrhunderts zeigte (→ B/II.3.).

In England deklarierte Eduard der Bekenner 1041 die Juden und ihr Vermögen als Krongut. Wilhelm der Eroberer, der 1066 in Britannien die Herrschaft übernahm, zwang zum Christentum übergetretene Juden zur Rückkehr in ihre alte Religion – er wollte auf diese Weise die Einnahmen aus der Kopfsteuer erhöhen.

Bei der Krönung von Richard Löwenherz 1189 fiel auf Betreiben des Erzbischofs von Canterbury der Mob von London plündernd über eine jüdische Gesandtschaft her. Richards Teilnahme am III. Kreuzzug im gleichen Jahr führte zu Übergriffen auf die Gemeinden in Norwich, York und in anderen Städten.

Zu antijüdischen Exzessen kam es 1264 in London. Johann ohne Land erließ diskriminierende Maßnahmen, die Heinrich III., ansonsten eher ein labiler Monarch, weiter verschärfte. König Eduard I. schließlich wies die Juden 1290 „für immer" von der Britischen Insel.

Nach fast 500 Jahren, während der Regierungszeit Oliver Cromwells, hielt jüdisches Leben erneut Einzug in England. Aus Holland und Deutschland stammende Sephardim und Aschkenasim erhielten 1656 die Erlaubnis, sich zum Gottesdienst zu versammeln.

5. Juden in Deutschland

Bereits zwischen den beiden Jüdischen Kriegen soll es Juden auf später deutschem Boden gegeben haben. Die erste Gemeinde wurde im Jahre 321 urkundlich erwähnt, in Köln – 34 Jahre vor Bekanntwerden einer christlichen Gemeinschaft in der Stadt. Wie in den anderen bereits erwähnten Teilen Europas war das Zusammenleben von Juden und Christen lange Zeit relativ harmonisch. Ein jähe Wende brachte, wie auch in Frankreich und England, der I. Kreuzzug. In den folgenden Jahrhunderten waren Drangsal, Vertreibung und Mord an der Tagesordnung.

Wie normal das Leben der Juden in den deutschen Städten zunächst war, läßt sich aus der Tatsache ableiten, daß die jüdische Gemeinschaft meist in unmittelbarer Nähe des Stadtzentrums siedelte. Als Beispiele hierfür seien Köln, Frankfurt/Main und Nürnberg genannt.

Im Rhein-Main-Gebiet entwickelten sich bedeutsame Stätten abendländischer jüdischer Gelehrsamkeit. Das Lehrhaus von Mainz war Wirkungsstätte des 960 in der Stadt geborenen Rabbi Gerschom ben Juda. An der Lehrstätte in Worms studierte in der Mitte des 11. Jahrhunderts der aus der Champagne stammende Rabbi Schlomo ben Isaak (Raschi).

Das Stichwort

Rabbi Schlomo ben Isaak

Der 1040 in Troyes geborene Gelehrte war auch Schüler am Lehrhaus in Mainz. Als 25jähriger ging er zurück in seine Heimatstadt und bekleidete dort das Rabbiner-Amt.

Raschi erlangte in der Judenheit unsterblichen Ruhm durch seine schlüssigen Talmud-Kommentare und Erläuterungen zu großen Teilen der Bibel und des Midrasch.

Schlomo ben Isaak verstarb 1105 in seiner französischen Geburtsstadt.

Das eher friedliche Miteinander von Christen und Juden hatte ein plötzliches, blutiges Ende, als im Umfeld des I. Kreuzzuges 1096 der aufgehetzte Pöbel über die Gemeinden von Köln, Worms, Speyer, Neuß, Xanten, Trier, Metz, Verdun, Regensburg und Prag herfiel und Blutbäder anrichtete.

Nicht zuletzt unter dem Eindruck dieser furchtbaren Ereignisse nahm Heinrich IV. die Juden im Landfrieden von 1104 in Schutz, während des II. Kreuzzuges erneuerte Konrad III. dieses Privileg.

Wie schon am Beispiel Englands kurz erwähnt, entwickelte sich auch im Deutschen Reich aus diesem Rechtsverhältnis die sogenannte Kammerknechtschaft der Juden. Für hohe Abgaben an die Krone „genossen" die servi camerae (lat.: Kammerknechte) zumindest formal den Schutz von Leib und Gut durch den König. Kaiser Friedrich I. Barbarossa schließlich führte 1155 die Krönungssteuer ein. Fortan mußte der Schutz durch die Majestäten bei jeder

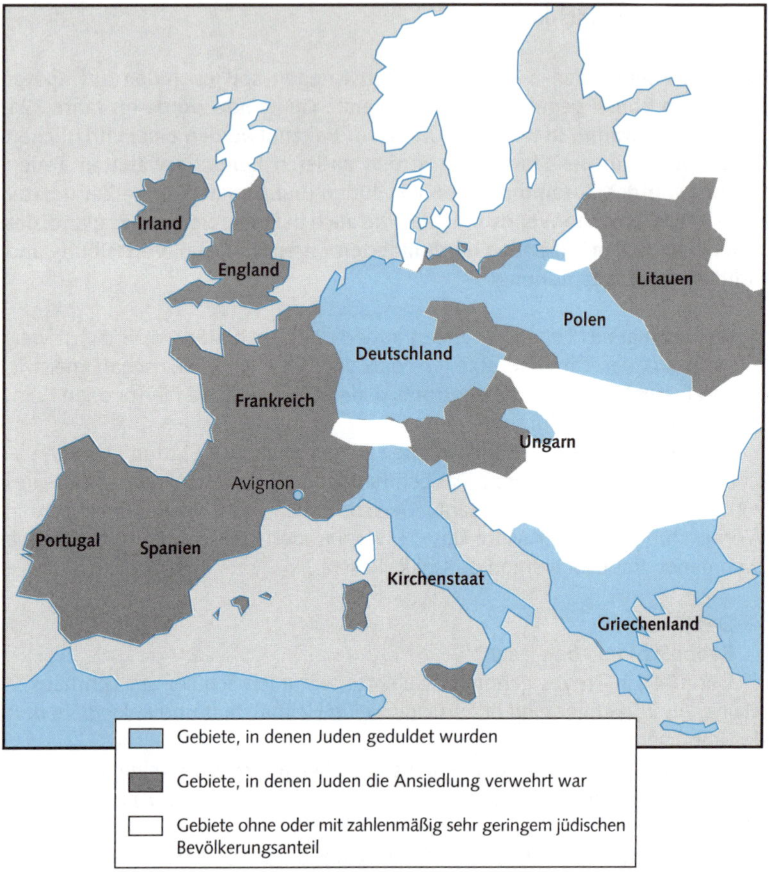

Um 1500 hatte sich der Schwerpunkt jüdischen Lebens in Europa nach Osten verlagert. In weiten Teilen des Kontinents herrschte striktes Ansiedlungsverbot, Ausnahmen bildeten – zumindest teilweise – das Deutsche Reich, vor allem aber Polen und Italien.

Krönung neu erkauft werden. Dieses Recht, „Juden zu halten", konnte der Kaiser auch auf weltliche oder geistliche Fürsten des Reiches übertragen. Für die Betroffenen selbst schwand die sich daraus ergebende Sicherheit mit dem Niedergang der Zentralgewalt in Deutschland dahin.

Im 13. Jahrhundert setzte eine neue Welle von Judenpogromen ein. Der Vorwurf des rituellen Christenmordes brachte den Gemeinden in Erfurt (1221), Fulda (1235) und München (1285) Tod und Verderben. Zwischen 1283 und 1288 hatten die Juden des Rheinlandes unter Übergriffen zu leiden. Und wegen Hostienschändung gingen aufgebrachte „Christenmenschen" 1298 bis 1303 in Franken, Bayern und Württemberg gegen ihre jüdischen Nachbarn vor. Fast 150 Gemeinden sollen dabei ausgerottet worden sein.

1336 kam es zu Übergriffen in Schwaben, Böhmen und wiederum in Franken, die sich in ganz Süddeutschland auf dem Höhepunkt der Pest 1348/49 wiederholten.

Die Schreckensbilanz läßt sich schier endlos fortsetzen: 1336 bis 1338 tobten die Armleder-Massaker zwischen Hessen und dem Bodensee, 1384/85 traf es unter anderem die Gemeinden in Schwaben, 1418 in Trier, 1420 in Mainz, 1420/21 in Österreich. Es folgten 1435 Heilbronn, Zürich und Speyer, 1426 Köln, 1439 Augsburg, 1450 ganz Bayern, 1452 - 55 Schlesien, 1492 Mecklenburg, 1493 Magdeburg, 1499 Nürnberg und Ulm...

Vertreibungen folgten auf Neuansiedlungen und umgekehrt, das grausame Spiel wiederholte sich in stetem Wechsel bis über die Schwelle zur Neuzeit: 1510 fanden Judenverbrennungen in Berlin statt, 1551 Vertreibungen aus Bayern, ab 1555 aus der Pfalz, 1573 aus der Mark und 1671 aus Österreich.

Zu den schrecklichsten Pogromen des 13. und 14. Jahrhunderts in Deutschland führten die sogenannte Rindfleisch-Bewegung (von Nürnberg ausgehend; 1298-1303) und die Armleder-Bewegung (von Mainz ausgehend; 1336-38). Die nebenstehende Karte zeigt die Ausbreitungsrichtungen der judenfeindlichen Aktionen.

6. In der Welt des Islam

Die Lage der Juden im Herrschaftsbereich des Islam unterschied sich ganz wesentlich von der Situation der Glaubensbrüder in der christlich dominierten Diaspora. Mußten sich die Juden des Orients und Nordafrikas auch Zwängen unterwerfen, so blieb massive Gewalt die Ausnahme. Und wenn restriktive Maßnahmen von muslimischer Seite ergriffen wurden, so hatten auch andere religiöse Minderheiten wie die Christen darunter zu leiden.

Bereits der Begründer des Islam, Mohammed, setzte sich mit Juden und Christen gleichermaßen auseinander. Immerhin erkannte er, der sich als letzter Prophet in einer Traditionslinie mit Moses und Jesus sah, die Vertreter beider Religionen als Völker des Buches – der Bibel – an. Auch wenn ihn die Ablehnung, auf die sein prophetischer Anspruch bei beiden Religionen stieß, schmerzte, so rang sich Mohammed zu einer pluralistischen Haltung gegenüber Juden und Christen durch (vgl. 2. Sure, 257). Seine Nachfolger, die Kalifen, teilten im wesentlichen diesen Standpunkt.

Das Stichwort:
Mohammed
Mutmaßlich 569 n. d. Z. wurde Mohammed in Nordostarabien geboren.

Als Karawanenführer im Dienste seiner späteren Frau, einer Kaufmannswitwe, lernte er weite Teile des Vorderen Orients und die dort vorherrschenden Religionen kennen. Aus Juden- und Christentum sowie altarabischen Überlieferungen entwickelte er eine Religion, den Islam (Hingebung in den Willen Gottes). Zahlreiche Bestimmungen des Judentums, so die Beschneidung und einige Speisegesetze, übernahm der Islam. Mohammed selbst initiierte die Aufzeichnung des heiligen Buches der Muslime, des Korans (Lesung). Im Koran finden sich zahllose Parallelen zum Alten und Neuen Testament und zu rabbinischen Schriften. Um 600 trat Mohammed in seiner Heimatstadt als Verkünder des neuen Glaubens auf, mußte aber 622 nach Medina fliehen. Nach der Auseinandersetzung mit arabischen Juden, die ihn nicht als Propheten akzeptierten, verlegte er 624 die Gebetsrichtung von Jerusalem nach Mekka. Noch zu Lebzeiten einte Mohammed große Teile Arabiens durch das Band des

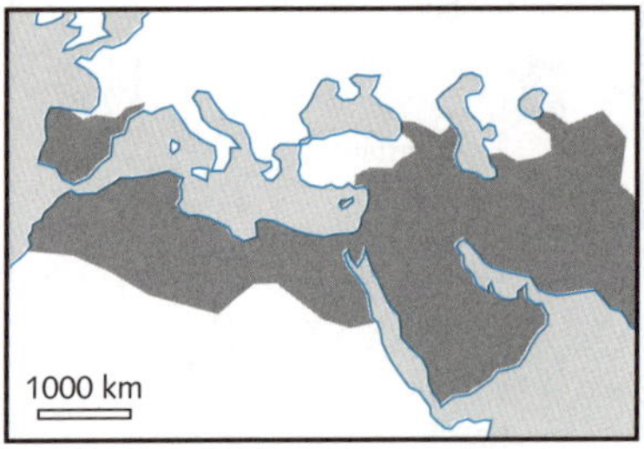

Das Kalifat von Bagdad (um 713)

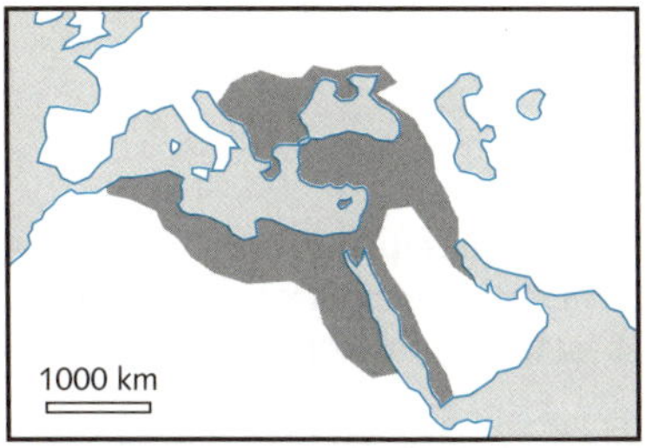

Das Osmanische Reich im 16./17. Jahrhundert

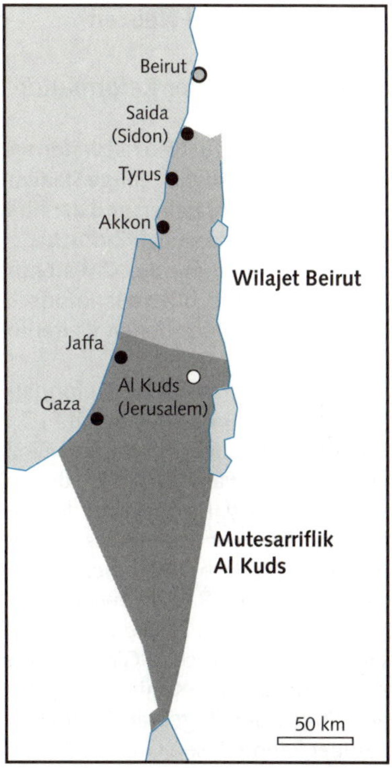

Im Jahre 1517 brachten die Osmanen auch Palästina unter ihre Kontrolle. Während ihrer Herrschaft blieb es – abgesehen von der Invasion Napoleons 1799 – friedlich im Land. Zahlreiche Juden wanderten im Laufe der Jahrhunderte ein, ihr geistiges Zentrum wurde Safed in Galiläa.

Islams. Um 632 starb Mohammed. Im folgenden Jahrhundert eroberten die Araber ein Weltreich, das auf seinem Höhepunkt vom Indus bis zu den Pyrenäen reichte.

In der mittelalterlichen islamischen Gesellschaft waren Nichtmuslime „Schutzbefohlene" (dimmis). Diese hatten sich ihre relative religiöse Autonomie mit einer Kopfsteuer zu erkaufen.

Wenn auch manche Parallelen zu abendländischer Judenfeindschaft erkennbar sind, regional – konkret in Marokko und Persien – , gab es Ghettos, zeitweilig traten Kleiderordnungen in Kraft – , organisierte und anhaltende blutige Verfolgungen gab es in islamischen Ländern nicht. Örtlich flammte religiöser Fanatismus auf und riß Gemeinden in den Abgrund, zum Beispiel 1066 in Granada. Aber während die almohadischen Herrscher in Marokko das Christentum völlig auslöschten, blieben die Juden, wenn auch bedrängt, geduldet.

Zu den Staaten, die vielen jüdischen Flüchtlingen aus Spanien und Portugal Ende des 15. Jahrhunderts Zuflucht bot, gehörte das Osmanische Reich. Hier gelangten Juden sogar in höhere Staatsämter.

III. Judentum und Neuzeit

1. Das Zeitalter der Reformation

An der Schwelle zur Neuzeit waren weite Teile Europas für die Juden verschlossene Gebiete. Lediglich einige Staaten des immer mehr zersplitternden Deutschland sowie Polen, Italien und der türkisch besetzte Südostosten des Kontinent bot den Verfolgten noch Zuflucht.
Obwohl die Stellung des Christentums durch Renaissance und Reformation erschüttert wurde, blieb der notorische Judenhaß des Mittelalters erhalten und brachte für die Betroffenen weiterhin schreckliches Leid.

Dabei ließ gerade die Reformation die Juden hoffen. Formulierte doch Martin Luther in seiner Schrift „Daß Jesus sei ein geborener Jude" 1523 Erstaunliches: „Sie (die Päpste, Bischöfe usw., d. A.) haben mit den Juden gehandelt, als wären es Hunde und nicht Menschen... Darum wäre meine Bitte und mein Rat, daß man säuberlich mit ihnen umginge. Will man ihnen helfen, so muß man nicht des Papstes, sondern christlicher Liebe Gesetz an ihnen üben und sie freundlich annehmen, mit lassen erwerben und arbeiten, damit sie Gelegenheit und Raum gewinnen, bei uns und um uns zu sein".

Luthers Ziel war es, die von der „alten" Kirche bislang so Geschundenen für seinen protestantischen Glauben zu gewinnen. Ein Massenübertritt der Juden zur evangelischen Konfession hätte dieser jungen Kirche zweifellos einen gewaltigen Bonus gebracht. Aber die Konvertiten blieben aus, Luthers Zorn darüber kannte keine Grenzen.

In seinem Pamphlet „Von den Juden und ihren Lügen", erschienen 1543, machte er seiner Enttäuschung Luft und schlug in die Kerbe des altbekannten Antijudaismus: „Was wollen wir Christen nun tun mit diesem verworfenen, verdammten volk der Juden?"

Er empfahl, „Erstlich, daß man ihre Synagoga oder Schule mit Feuer anstecke... Zum andern, daß man auch ihre Häuser desgleichen zerbreche und zerstöre. Denn sie treiben eben dasselbige drinnen, was sie in ihren Schulen treiben,... Zum dritten, daß man ihnen nehme alle ihre Betbüchlein und Talmudisten, darin solche Abgötterei, Lügen, Fluch und Lästerung gelehret wird. Zum vierten, daß man ihren Rabbinen bei Leib und Leben verbiete, hinfort zu lehren...".

Das vernichtende Fazit des Reformators: „... ein Christ (hat) nächst dem Teufel, keinen giftigeren, bittereren Feind..., als einen Juden,...".

Auch in der neuen Zeit wirkte das Mittelalter nach. Die Juden der Stadt Frankfurt am Main bekamen dies Anfang des 17. Jahrhunderts mit aller Brutalität zu spüren. 1612 hatte ein gewisser Vincenz Fettmilch, Lebküchler von Beruf, de facto die Herrschaft in der Stadt übernommen. Eine populistische, gegen die Macht der Patrizier gerichtete Stimmungsmache hatte den Vertreter der Zünfte an die Spitze einer pseudorevolutionären Bewegung gebracht. Zu Leidtragenden dieser Kampagne wurden auch die Juden der Stadt. Eine aufgeputschte Menge überfiel im August 1614 das Ghetto. Nach heftiger Gegenwehr hatten die völlig ausgeplünderten Überlebenden Frankfurt zu verlassen. Noch zwei Jahre währte die Herrschaft Fettmilchs. Als der „neue Haman" schließlich entmachtet war und als Verbrecher gevierteilt wurde, ließ Kaiser Matthias die vertriebenen Juden zurückkehren.

Viele Juden West- und Mitteleuropas setzten sich wegen der anhaltenden Feindseligkeiten in den Osten des Kontinents ab. Gute Lebensbedingungen fanden sie in Polen vor. Im 16. und 17. Jahrhundert konnte sich hier sogar eine starke jüdische Selbstverwaltung, die Vierländersynode (Groß- und Kleinpolen, Podolien und Wolhynien) etablieren. Dem kurzen Aufblühen jüdischer Kultur folgte ein jäher Absturz. Der Hetman der saporogischen Kosaken, Bogdan Chmelnicki, erhob sich 1648 gegen seinen Lehnsherrn, den polnischen König. Von der Ukraine aus durchzogen seine Horden ganz Polen-Litauen. Dem Wüten sollen 100.000 Juden zum Opfer gefallen sein, 1.800 Synagogen gingen in Flammen auf. An den Pogromen gegen die angeblich von der Krone protegierten Juden beteiligte sich auch die Bevölkerung massiv. 1654 unterstellte Chmelnicki die Ukraine dem Zarenreich. Die Russen setzten dem „Befreier", der eigentlich ein Verräter und Massenmörder war, in Kiew 1883 ein imposantes Denkmal.

Die Greuel in Polen stürzten das osteuropäische Judentum in eine tiefe Krise. In dieser Situation fanden Irrlehren wie die des Pseudomessias Sabbatai Zwi großen Anklang.

Polen-Litauen und das Chmelnitzki-Massaker

Das Stichwort:

Sabbatai Zwi

Der angebliche Messias wurde 1626 in Smyrna (Izmir) geboren. 1648 trat er, vom „Propheten" Nathan von Gaza gefördert, als Gesandter Gottes auf. Zwi zog 1666 durch Ägypten und den Nahen Osten und forderte von den Juden, sie mögen das Heilige Land befreien. Die beunruhigte türkische Regierung setzte ihn daraufhin in Istanbul fest. Dort trat er zum Entsetzen seiner Anhänger zum Islam über, nahm den Namen Mehemed Effendi an und erhielt den Titel eines Kapidschi Baschi (Kammerherrn). Nach einem „Rückfall" in seine jüdische Vergangenheit aber verbannten ihn die Türken nach Dulcigno in Albanien, wo er 1676 starb.

Trotz der Kosakenmassaker blieb Osteuropa bis in das 19. Jahrhundert hinein jüdisches Hauptsiedlungsgebiet.

Spätestens mit den Ereignissen in Frankfurt und Polen-Litauen endete die vornehmlich religiös motivierte europäische Judenfeindlichkeit. Eine bereits vorher latent vorhandene Komponente trat an die Stelle des christlich-abergläubischen Hasses: der Sozialneid auf die vermeintlich reichen, von Kaisern, Königen und Fürsten bevorzugten (!) Parasiten in den Ghettos.

Tatsächlich gab es in den Judengassen Geld. Denn ihre Bewohner waren bei Strafe ihres Untergangs gezwungen, Geld zu „machen". Um fast jeden Preis: Geld bedeutete Leben, nur mit viel Geld konnte das Privileg erkauft werden, an diesem armseligen Ort wohnen zu dürfen - ohne Geld kein Bleiberecht, ohne Bleiberecht unstete Wanderung bis zum physischen Ende. Wenngleich die enorme Solidarität unter der jüdischen Gemeinschaft diese letzte Konsequenz meistens ausschloß.

Andererseits gelang es seit dem Mittelalter auch in Europa Juden, an Königs- und Fürstenhöfen einflußreiche Stellungen zu bekleiden. Für die Betreffenden war dies allerdings mit großen Gefahren verbunden, blieben sie doch weiterhin Parias. Im Volk waren diese „Hofjuden" und Hoffaktoren doppelt verhaßt, und nach dem Ableben ihres jeweiligen Dienstherren hatten sie unter Umständen für deren Politik zu büßen. So wurde in Brandenburg Lippold, der Münzmeister des 1571 hochverschuldet verstorbenen Kurfürsten Joachim II. Hektor, sofort interniert und zwei Jahre später gevierteilt.

Bekannter als das Schicksal Lippolds ist der Fall Oppenheimer.

Das Stichwort:

Josef Süß Oppenheimer („Jud Süß")

Oppenheimer wurde 1692 in Heidelberg geboren. Er hatte sich bereits am kurpfälzischen Hof von Hessen-Darmstadt einen Namen als Finanzgenie gemacht, als er durch Isaak Landauer, Bankier des württembergischen Herzogs, 1732 dem Generalgouverneur von Serbien und späteren württembergischen Landesherrn, Prinz Karl Alexander, empfohlen wurde. Ähnlich wie Lippold mußte auch Oppenheimer, der Geldeintreiber des ruinös wirtschaftenden

Herzogs, nach dem Tode des Oberherrn 1737 für dessen Politik büßen. 1738 wurde Josef Süß Oppenheimer in Stuttgart gehenkt.

Sein Schicksal erfuhr durch Hauff und Feuchtwanger recht gegensätzliche literarische Bearbeitung. Berüchtigt ist die Verfilmung des Stoffes durch Veit Harlan („Jud Süß", 1940): ganz im Sinne der Nazis wurde die durchaus widersprüchliche Persönlichkeit Oppenheimers als die des „jüdischen Blutsaugers" dargestellt.

2. Aufklärung und Emanzipation

Nur sehr zögerlich und von Rückschlägen begleitet, vollzog sich schließlich im 17. und 18. Jahrhundert ein allmählicher Prozeß der Toleranz und Aufklärung. Er brachte auch den Juden in den deutschen Ländern elementare Rechte, die allerdings immer wieder eingeschränkt wurden. Dennoch wich die Bedrükkung der vergangenen Jahrhunderte, und allmählich konnten die Juden wieder Anteil nehmen an der Kultur ihrer Umwelt.

In lange Zeit verschlossene Gebiete kehrte jüdisches Leben zurück. So, wie sich ihnen bereits England und Frankreich geöffnet hatten, durften sich Juden beispielsweise in der Mark niederlassen. Hier gewährte 1671 Friedrich Wilhelm 50 aus Wien ausgewiesenen (wohlhabenden!) Juden per Edikt ein zunächst befristetes Bleiberecht. Es ist kein Philosemitismus in diesem Beschluß zu sehen, sondern Pragmatismus: schließlich bot der Große Kurfürst 1685 auch den Hugenotten eine neue Heimat. Beide Bevölkerungsgruppen hatte dafür ihren Beitrag zur ökonomischen Entwicklung des Landes zu leisten.

An Dynamik gewann der Prozeß der gesellschaftlichen Integration der Juden aber erst 100 Jahre später.

Brandenburg-Preußen blieb in Deutschland Vorreiter in Sachen Gleichstellung seiner Bürger, denn „der preußische Staat des 18. Jahrhunderts war konfessionell gleichgültig, national gleichgültig und sozial gleichgültig. Seine Untertanen durften katholisch oder protestantisch, lutherisch oder kalvinistisch, mosaisch oder, wenn sie wollten, auch mohammedanisch sein, das war ihm alles gleich recht, wenn sie nur ihre Staatspflichten pünktlich erfüllten." (8)

Es ist deshalb kein Zufall, daß in Berlin einer der bedeutendsten Kämpfer für die jüdische Emanzipation und Aufklärung (Haskala) wirkte, Moses Mendelssohn.

Das Stichwort:

Moses Mendelssohn

Der 1729 in Dessau als Sohn des Toraschreibers Mendel Heymann geborene Philosoph und Publizist kam 1743 in die preußische Metropole. Er arbeitete zunächst als Hauslehrer, später als Prokurist bei einem Seidenhändler. Parallel dazu verfaßte er Schriften, in denen er sich für die Belange seiner Glaubensgenossen einsetzte. Zudem übersetze er die Tora und andere Bücher der Bibel in

Napoleonisch-französischer Einflußbereich (um 1812)

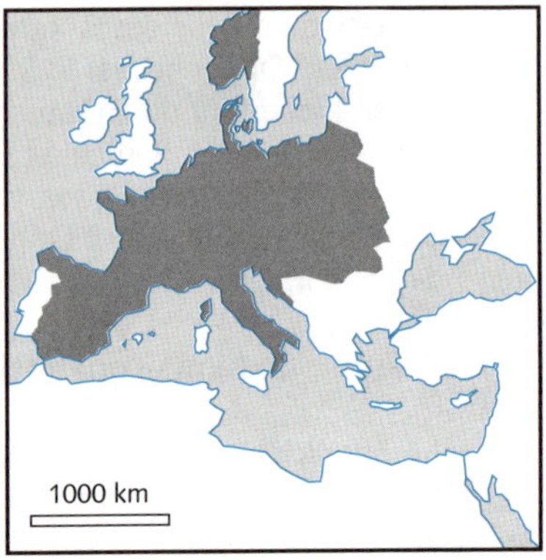

die deutsche Sprache, die Niederschrift erfolgte in hebräischer Schrift. Von orthodoxen Kreisen wurde Mendelssohn deshalb vehement attackiert, einige Rabbiner belegten ihn mit dem Bann. Für die meisten deutschen Juden aber waren diese Übertragungen der erste Kontakt mit der deutschen Sprachkultur überhaupt. 1786 starb Mendelssohn in Berlin.

Wie relativ die Freiheiten im preußischen Staat noch waren, zeigen zwei Fakten: Am 17. April 1750 schränkte das „Revidierte Generalprivilegium" die Rechte der Juden Berlins ein. Nur 203 von ihnen blieben als „ordentliche Schutzjuden" aufenthaltsberechtigt, 500 ärmere Gemeindemitglieder hatten die Stadt umgehend zu verlassen. Und 1768 ließ Friedrich II. den jährlichen Schutzgeldsatz von 15.000 auf 25.000 Taler erhöhen.

Die entscheidende Wende zum Besseren brachte erst die Französische Revolution. Der Bürgerrechtserlaß der Nationalversammlung des Landes vom 27.(28.) September 1791 sicherte den französischen Juden die Gleichberechtigung zu. Auch die Anfang des 19. Jahrhunderts unter Napoleonische Herrschaft geratenen Staaten hatten auf Druck des Eroberers ähnliche Gesetze zu erlassen – dieses geschah 1808 in Hessen und Baden, 1812 in Preußen und 1813 in Mecklenburg. Sofort aber rief diese Gleichstellung Kritiker auf den Plan, so unter anderem die 1811 in Berlin gegründete christlich-deutsche Tischgesellschaft.

Die Niederlage Napoleons und die anschließende Restaurationspolitik nach dem Wiener Kongreß führten schließlich zu einer Beschränkung – in Hessen, Preußen und Mecklenburg – oder gar Rücknahme – Hannover, Frankfurt und Hamburg – der kurz zuvor erlassenen jüdischen Bürgerrechte.

Dennoch, die Mauern der Ghettos waren gefallen. Nach fast einem Jahrtausend ständiger Demütigungen und Verfolgungen gelang es den west- und mitteleuropäischen Juden, an den nationalen Kulturen des Kontinents zu partizipieren. Dieser radikale Wandel der äußeren Verhältnisse erschütterte auch die inneren Strukturen der jüdischen Gemeinschaft. Radikale Reformer des Glaubens traten auf den Plan, die Orthodoxie hielt dagegen: in Deutschland begründete Israel Jacobson 1810 in Seesen den ersten reformierten Tempel; der Berliner Tempel mußte auf Druck der „Rechtgläubigen" 1823 regierungsamtlich geschlossen werden.

Als Reaktion auf die Radikal-Reformer entstand Mitte des 19. Jahrhunderts in Deutschland die Neo-Orthodoxie. Ihr hervorragendster Vertreter war Samson Raphael Hirsch. Die neo-orthodoxe Position vermittelte zwischen den Extremen: gegenüber den Reformgläubigen sollten die Traditionen bewahrt werden, ohne aber, wie die Ultra-Orthodoxen, zwingende Neuerungen und Aufklärung rundweg abzulehnen. Auf Initiative Hirschs trat 1876 das sogenannte Austrittsgesetz in Kraft. Es ermöglichte Juden, die Gemeinde zu verlassen, ohne ihr Judentum aufzugeben. In der Folge entstanden Austrittsgemeinden wie Adass Jeschurun (Frankfurt/Main) und Adass Jisroel (Berlin).

3. Im Spannungsfeld des Antisemitismus

Ihrem zögerlich im Entstehen begriffenen deutschen Vaterland gegenüber waren die „befreiten" Juden sehr aufgeschlossen. Die christlich-deutsche Gesellschaft allerdings ging auf dieses schon stark von Assimilation bestimmte Werben nicht ein. Im Gegenteil, im Laufe des 19. Jahrhunderts verstärkte sich eine neue Tendenz der Judenfeindlichkeit auch in Deutschland, der Antisemitismus.

Gabriel Rießer, der erste deutsche Jude, der 1860 von der Hansestadt Hamburg in das Richteramt eingesetzt wurde, schrieb 1831 in seiner Publikation „Börne und die Juden" leidenschaftlich:

„Wer mir den Anspruch auf mein deutsches Vaterland bestreitet, der bestreitet mir das Recht auf meine Gedanken, meine Gefühle, die Sprache, die ich rede, auf die Luft, die ich atme: darum muß ich mich gegen ihn wehren wie gegen einen Mörder".

Tatsächlich war der Kampf mit der endgültigen rechtlichen Gleichstellung 1863 noch nicht beendet, im Gegenteil: an die Stelle des auf religiöser Abgrenzung und abergläubischen Gerüchten beruhenden Antijudaismus war der Antisemitismus getreten.

„Juden, wie du weißt, gibt es überall, und sie sind überall Juden: pfiffig, mit Falkenaugen für den kleinsten Vorteil begabt, verschlagen, desto verschlagener, je mehr sie mißhandelt werden, ihrer Verschlagenheit sich bewußt und sich etwas darauf einbildend." Dieses Zerrbild findet sich am Anfang von Wilhelm Hauffs „Abner, der Jude, der nichts gesehen hat". Es war kein Zufall, daß gerade die Romantiker und allgemein als progressiv geltende Vorkämpfer der deutschen Einheit judenfeindliche Positionen einnahmen. In ihrem Weltbild stellten die Juden einen Störfaktor bei der Herausbildung der homogenen deutschen Gesellschaft nach christlich-abendländischen Idealen dar. So wetterte Ernst Moritz Arndt 1848 in seinen „Reden und Glossen": „Juden und Judengenossen, getaufte und ungetaufte, arbeiten unermüdlich und auf allen äußersten radikalen Linken mitsitzend, an der Zersetzung und Auflösung dessen, worin uns Deutschen bisher unser menschliches und heiliges eingefaßt schien, an der Auflösung jeder Vaterlandsliebe und Gottesfurcht... Horcht und schaut, wohin diese giftige Judenhumanität mit uns fahren würde, wenn wir nichts eigentümliches, deutsches dagegenzusetzen hätten...". In die gleiche Kerbe hieben Persönlichkeiten wie „Turnvater" Jahn und Richard Wagner.

Parallel dazu entstanden pseudowissenschaftliche rassistische Theorien von der angeblich „rassischen" Minderwertigkeit der Juden gegenüber den „Ariern". Es war ein französischer Diplomat und Publizist, Arthur Graf Gobineau, der diese Gedanken in seinem vierbändigen Werk „Versuch über die Ungleichheit der Menschenrassen" (1853 bis 1855) äußerte. Sein Landsmann Georges Vacher de Lapouge brachte Ähnliches in seinem Buch „Der Arier und seine Bedeutung für die Gemeinschaft" (1899) zu Papier. Der Autor schlug unter anderem vor, zur „rassischen Verbesserung" der Menschheit „minderwertiges" Leben auszumerzen.

In Frankreich schließlich spielte sich Ende des 19. Jahrhunderts *das* antisemitische Drama Westeuropas ab, die Affäre Dreyfus.

Das Stichwort:
Alfred Dreyfus
Der jüdisch-französische Artilleriehauptmann wurde 1859 in Mühlhausen/Elsaß geboren. Das oberste Kriegsgericht Frankreichs verurteilte ihn 1894 wegen angeblicher Spionage für eine fremde Macht zu lebenslänglicher Haft in Cayenne. Klerikale und ultranationale Kreise benutzten die Affäre Dreyfus zu judenfeindlichen Haßtiraden. Im Gegenzug gründeten die Republikaner die Liga für Menschenrechte. 1898 veröffentlichte Emile Zola seinen berühmten Artikel „J'accuse" („Ich klage an"), in dem er sich vehement für Dreyfus einsetzte. Pogromartige Unruhen erschütterten daraufhin die 3. Republik. Im gleichen Jahr wurde das Urteil zwar kassiert, nach einem weiteren Verfahren 1899 aber erneut bestätigt. Schließlich begnadigte der Präsident der Republik den erwiesenermaßen zu Unrecht Beschuldigten. Die volle Rehabilitation aber erfolgte erst 1906. Dreyfus starb 1935 in Paris.

In Deutschland organisierten sich die Antisemiten in zahlreichen Parteien. So gründete der evangelische Berliner Hofprediger Adolf Stoecker 1878 die Christlich-Soziale Partei mit eindeutig antijüdischen Zielen. 1880 folgte eine Antisemitenliga und der Deutsche Volksverein sowie ein Jahr später der Deutsche Reichsverein. Auf ihrem Kongreß in Dresden 1881 verabschiedete eine Deutsche Reformpartei ein Papier, in dem es unter anderem hieß: „ Nur christlich-deutsche Männer sollen in die Gesetzgebenden Körperschaften berufen werden. Ferner werden gefordert: verschiedene Änderungen im Steuerwesen, Errichtung einer wirklich nationalen Reichsbank, Herstellung eines deutschen Staatsbürgerrechts, Rechtspflege nach germanisch-christlichen Grundsätzen u. a., wodurch die Überwucherung des jüdischen Elements über das

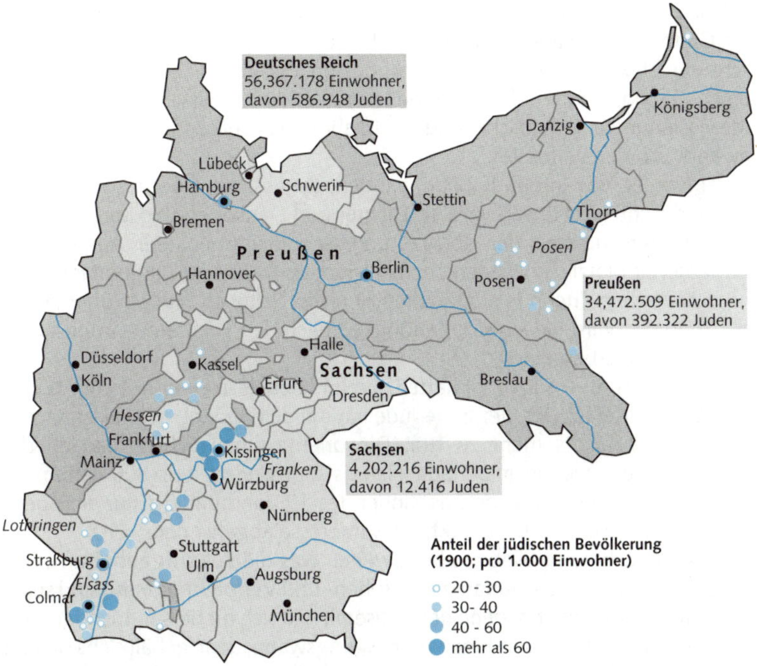

Den größten Anteil an jüdischer Bevölkerung Deutschlands hatte um 1900 Preußen. In Sachsen hingegen lebten 1871 nur 3.300 Juden – erst unter August II. durften sich Juden in diesem Land, verbunden allerdings mit erheblichen Beschränkungen, niederlassen.

deutsch-christliche beseitigt und das praktische Christentum zur Geltung gebracht werden soll."

1889 forderte die Deutschsozialistische antisemitische Partei die Revision des Gleichstellungsgesetzes und das Verbot der Einwanderung fremder Juden: „Als Ziel in der Judenfrage faßt die Deutsch-sozialistische Partei die Aufhebung der Gleichberechtigung und die Stellung der Juden unter Fremdenrecht in Deutschland ins Auge."

Die verzweifelt um Integration bemühten deutschen Juden versuchten nach Kräften, der unheilvollen Entwicklung Einhalt zu gebieten. 1893 konstituierte sich der Centralverein deutscher Staatsbürger jüdischen Glaubens (CV). Nach eigener Aussage handelte es sich dabei um einen „Kreis von Männern", die „gleich entflammt... von Liebe zum deutschen Vaterland, wie von Begeisterung für den sittlichen Wert des Judentums" waren.

Emil Lehmann, Jurist und sächsischer Landtagsabgeordneter, erklärte vor dem Gremium unter anderem: „Für das Deutschtum gibt es keine Ahnenprobe. Nicht der ist vorzugsweise Deutscher, dessen Vorfahren an den Kreuzzügen teilgenommen, sondern der..., der deutsches Wissen, deutsche Bildung, deutsche Gesinnung und deutsche Vaterlandsliebe in sich aufgenommen, durch sich bewährt, um sich verbreitet...

deutsch ist, wer in den Bahnen wandelt, die Lessing, Goethe, Schiller, die Kant und Fichte, die unsere großen Dichter und Denker erschlossen...

die Verschiedenheit der Körper- und Gesichtsformen, der Augen- und Haarfarbe, die plötzliche Wiederkehr rein orientalischer Züge in altgermanischen, und urdeutschen Zügen in altjüdischen ist nichts Seltenes. Nur ein oberflächlicher Beurteiler wird die Volkszugehörigkeit nach den veralteten Grundsätzen der Ahnenprobe bemessen." (9)

Dem Zionismus (→ B/III.4.) hatte Lehmann bereits in einer früheren Schrift eine Absage erteilt: „Der deutsche Jude hat mit dem Orient, mit Palästina, mit Jerusalem gar nichts mehr zu tun. Die orientalischen Schwärmereien der Jerusalempilger, wie sie in Jehuda Halevis Zionsliedern vor 800 Jahren so herrliche Blüten trieben, kann uns Kinder des 19. Jahrhunderts nur ein poetisches, geschichtliches – kein praktisches Interesse abgewinnen." (10)

Auch bei Lehmann blieben aber Zweifel, was die Zukunft anbetraf: „Der Antisemitismus ist eine Zeitkrankheit: Höhen- und Verfolgungswahn sind seine Symptome – Höhenwahn, denn der Antisemit hält sich für besser, tüchtiger, für etwas ganz anderes, als den Juden; Verfolgungswahn, denn er hält sich von ihm bedroht und gefährdet, während er umgedreht ihn angreift. Wird dieser Wahn die deutsche Volksseele kürzere oder längere Zeit umnachten?...

Wie werden die Juden eintreten in das nächste Jahrhundert? Diese Frage drängt sich jedem Vater und jeder Mutter jüdischen Glaubens auf, die mit leuchtendem und besorgtem Blick in das zarte Antlitz ihres Kindes schauen. Wirst auch Du leiden wie ich? Wird auch Dich der ewige Jude: Spott, Hohn und Zurücksetzung, durchs Leben geleiten?" (11)

Antisemitismus gab es übrigens auch im Mutterland der Demokratie, wenngleich er dort subtilerer Art war. So legte das britische Oberhaus 1847 sein Veto ein, als Baron Lionel de Rothschild als erster Jude seinen Sitz im Unterhaus einnehmen wollte – erst nach elf Anläufen, im Jahre 1858, gelang dies dem immer wieder neu gewählten Kandidaten.

4. Von Osteuropa nach Übersee

Anders als ihre Glaubensgenossen im Westeuropa waren die Juden im Osten der Alten Welt noch direkt von einer feindlichen und offen gewalttätigen Umwelt bedroht. In Polen und den angrenzenden östlichen und südöstlichen Landstrichen war das Ghetto noch Realität, brutale Übergriffe an der Tagesordnung. In dieser Situation suchten viele Betroffenen ihr Heil in der Auswanderung – oder in einer neuen Ideologie, dem Zionismus.

Mit der I. Polnischen Teilung 1771 geriet die Mehrzahl der europäischen Juden, über eine Million Gläubige, unter russische Herrschaft. Ab 1835 im sogenannten Ansiedlungsrayon – nur eine Minderheit, etwa 5 %, durfte sich nach 1859 das Recht erkaufen, auf „heiliger russischer Erde" leben zu dürfen.

Die Masse der osteuropäischen Juden vegetierte in beispiellosem Elend dahin. Minimalste Bürgerrechte, im Westen immerhin schon durchgesetzt, blieben illusorisch, Pogrome seitens der rückständigen christlich-orthodoxen Bevölkerung waren an der Tagesordnung. Viele Juden trieb es deshalb aus dem Land, vorzugsweise nach Übersee. Andere engagierten sich für radikal-sozialistische Ideen. Oder für die Ideale des Zionismus, der in Osteuropa auf besonders fruchtbaren Boden fiel.

Protagonisten der zionistischen Bewegung, deren Ziel die Wiederansiedelung der Juden in der Heimat ihrer Vorväter war, waren unter anderem der aus Rußland stammende Publizist Leo Pinsker (Autoemanzipation, Berlin 1882) und der ehemalige Marx-Anhänger Moses Hess (Rom und Jerusalem, Leipzig 1899).

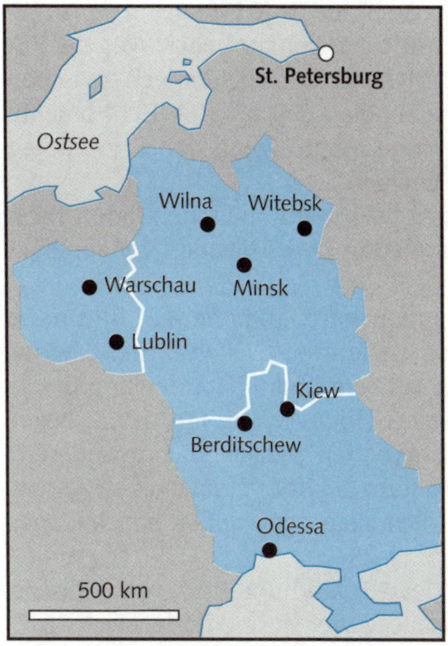

Ansiedlungsrayon im Westen des Zarenreiches

Es bildeten sich Interessengemeinschaften wie die Zionsfreunde (Chowewej Zion) oder die Zionsliebenden (Chibbat Zion). Zur eigentlichen Integrationsfigur aber stieg Ende des 19. Jahrhunderts ein Mann auf: Theodor Herzl.

Das Stichwort:

Theodor Herzl

Der 1860 in Budapest geborene Jurist und spätere Pariser Korrespondent der Wiener „Neuen Freien Presse" gelangte aufgrund eigener Erfahrungen und unter dem Eindruck der Dreyfus-Affäre zur Erkenntnis, daß die Assimilation gescheitert sei und die Juden ihren eigenen Staat haben müßten, um den Anfeindungen durch den Antisemitismus begegnen zu können. In seinem Buch „Der Judenstaat" (Wien 1896) formulierte Herzl seine konkreten Ideen eines jüdischen Gemeinwesens in Palästina. Auf dem I. Zionistenkongreß 1897 in Basel wurde diese Idee zur Forderung nach einer „öffentlich-rechtlich gesicherten Heimstätte für das jüdische Volk in Palästina" erhoben. Bemühungen Herzls, Kaiser Wilhelm I. und die türkische Regierung für die Durchsetzung zionistischer Siedlungspläne zu gewinnen, blieben allerdings erfolglos. Der auch innerhalb des Zionismus nicht unumstrittene Vordenker – Buber kritisierte ihn unter anderem wegen seines Ausspruches „Wir sind ein Volk – der Feind macht uns dazu" (12) – starb, enttäuscht und verbittert, 1904 in Edlach/Niederösterreich.

Seine Ideale aber lebten weiter. Um 1900 hatte der Zionismus bereits etwa 200.000 Anhänger. In Deutschland waren es allerdings nur rund 20.000, der erklärtermaßen antizionistische CV dagegen mobilisierte fast 300.000 Mitglieder!

Dennoch, die zionistischen Bemühungen zeigten erste Erfolge: in der sogenannten 1. Einwanderungsperiode (Alija, Aufstieg; benannt nach Weg der Pilger zum Jerusalemer Tempel, → B/I.6.) 1882-1903 siedelten sich zwischen 20.000 und 30.000 Juden neu in Palästina an, die 2. Alija, 1904-1914 brachte weiter 35.000 bis 40.000 Neusiedler in den Orient. Durch den I. Weltkrieg schließlich kam der Zuzug vorläufig zum Erliegen.

Weit stärker als nach Palästina aber zog es die osteuropäischen Juden in die Neue Welt. Zwischen 1880 und 1915 wanderten zwei Millionen von ihnen in die USA aus.

Bereits im 17. Jahrhundert gingen Juden nach Südamerika. Ihre erste Gemeinde entstand auf den Niederländischen Antillen (Mikwe-Israel-Emanuel-Synagoge, seit 1732, Willemstad/Curaçao). Westindische Juden begründeten auch die älteste Synagoge Nordamerikas (Touro-Synagoge, 1763, Newport/Rhode Island). Die jungen USA boten den jüdischen Einwanderern vorurteilsfrei jegliche Entfaltungsmöglichkeiten; die Rolle chancenloser gesellschaftlicher Außenseiter nahmen andere Bevölkerungsgruppen ein: Indianer und Schwarzafrikaner.

Auch in den USA brachen sich Mitte des 19. Jahrhunderts reformjüdische Bestrebungen Bahn. Unter Führung von Isaac Mayer Wise gründete sich 1873 die Union der Amerikanischen Hebräischen Gemeinden (Hebrew Union). Die Pittsburgh Platform verwarf 1885 manchen Aspekt traditionell jüdischen Glaubens, unter anderem auch den Rückkehr-Wunsch nach Palästina. Englisch trat an die Stelle der hebräischen Liturgie. Ähnlich wie in Deutschland aber steuerten die konservativen Juden gegen: mit Solomon Schechter an der Spitze bauten sie das Jüdische Theologische Zentrum in New York 1887 als geistigen Gegenpol zu den amerikanistischen Reformern auf. Unterstützung hierbei fanden sie bei den überwiegend orthodoxen Neubürgern aus Polen und Rußland. Die Hebrew Union hatte das Nachsehen.

Nicht alle auswanderungswilligen Ostjuden erreichten ihr Ziel in Übersee. Manche blieben auf ihrem Weg zu den Überseehäfen Hamburg und Bremen in Deutschland wohnen. Größte Anziehungskraft übte dabei die boomende Hauptstadt des neuen Deutschen Reiches aus. So stieg in Berlin von 1867 bis

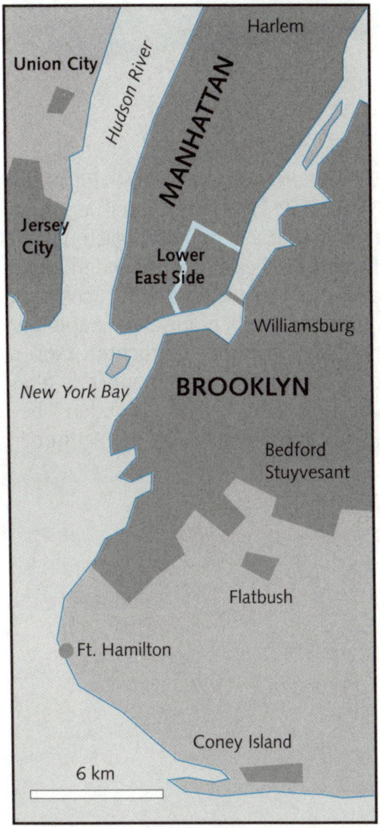

New York um 1880.
Wie für alle europäischen Einwanderer war die Hafenstadt auch für die Juden das Tor in die USA. Zum jüdischen Viertel der Stadt entwickelte sich die Lower East Side von Manhattan. Im Bereich der Hester Street gab es hier um 1890 etwa ein Dutzend Synagogen und zahlreiche andere jüdische Einrichtungen.
In Williamsburg, Brooklyn, bildete sich ein noch heute bestehendes Zentrum des amerikanischen Chassidismus heraus.

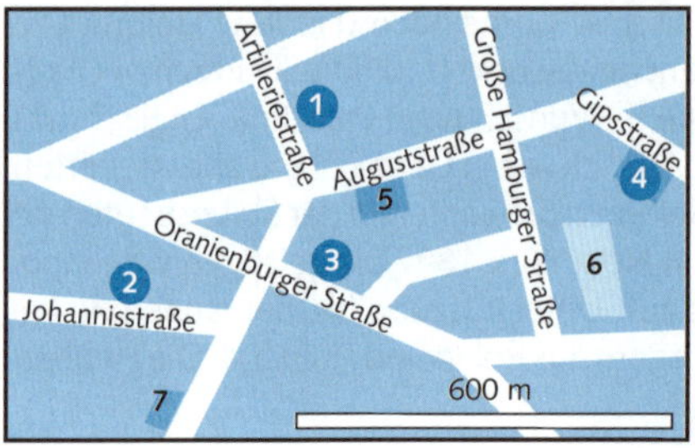

1 Synagoge (Adass Jisroel) und Rabbinerseminar
2 Jüdische Reformierte Gemeinde
3 Neue Synagoge
4 Synagoge im ehem. Rabbinerseminar
5 Jüdisches Krankenhaus
6 Alter Jüdischer Friedhof
7 Hochschule für die Wissenschaft des Judentums

Das Zentrum jüdischen Lebens in Berlin entstand im 19. Jahrhundert nördlich der Stadtmitte, im sogenannten Scheunenviertel.

1900 der jüdische Bevölkerungsteil von 27.565 Personen auf 108.044 Personen an (Gesamtbevölkerung 1871: 931.984/1900: 2.712.190. Der Anteil der Juden an der Berliner Einwohnerschaft erhöhte sich damit allerdings lediglich um ein Prozent – von knapp 3 % auf etwa 4 %). Der größte Teil der zuziehenden Juden stammte zunächst aus den ostpreussischen Provinzen wie Posen und Schlesien. Erst um die Jahrhundertwende kam eine größere Anzahl polnischer, litauischer und russischer Juden dazu. Die etablierte Berliner Gemeinde betrachtete diesen Zuwachs eher mit Sorge. Sie befürchtete, daß durch den Zuzug der eher minderbemittelten, allgemein geringschätzig-bösartig als „Kaftanjuden" bezeichneten Glaubensgenossen weiter Öl in das schwelende Feuer des Antisemitismus gegossen würde.

5. Zwischen den Weltkriegen

Der I. Weltkrieg stellte für die jüdische Gemeinschaft eine dramatische Wendemarke in völlig entgegengesetzte Richtungen dar. In Deutschland führte die Niederlage und – mehr noch – der Versailler Vertrag zu einer beispiellosen politischen, wirtschaftlichen und sozialen Instabilität. In der Folge konnte sich mit der NSDAP eine neue rechtsradikale Partei durchsetzen, die den Antisemitismus nach ihrer Machtergreifung zu einem Bestandteil ihrer Staatsdoktrin erhob. Im Nahen Osten hingegen erschien sich für die Juden nach dem Zusammenbruch des Türkenreiches eine günstige Situation zu ergeben. Die Briten, nunmehr Mandatsherren in Palästina, zeigten sich den zionistischen Vorstellungen geneigter als zuvor die Türken.

Zur Jahreswende 1916/17 drangen britische Einheiten von Ägypten aus nach Palästina vor. Die türkisch-deutsche Heeresgruppe F unter General von Falkenhayn konnte nicht verhindern, daß Feldmarschall Allenby am 9. Dezember 1917 Jerusalem eroberte.

Bereits im November hatte die britische Regierung mit der nach dem Außenminister des Empires benannten Balfour-Deklaration signalisiert, daß sie prinzipiell der Gründung einer jüdischen „Heimstatt" in Palästina zustimme. Ein jüdisches Staatswesen schien somit zum Greifen nahe, als Großbritannien 1922 in Palästina das Völkerbund-Mandat übernahm (→ B/IV.2.).

Im Vertrag von Sèvres (1920) mußte die Türkei auf ihre nahöstlichen Besitzungen verzichten.

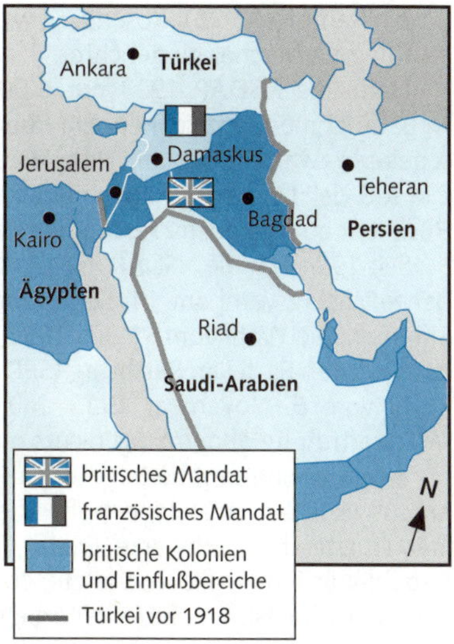

In Deutschland entstand inzwischen eine Situation mit letztlich furchtbaren Konsequenzen, nicht nur für die Juden des Landes, sondern ganz Europas. Das Deutsche Reich war an der Kriegsniederlage zerbrochen. Horrende Reparationsforderungen drückten die von bürgerkriegsähnlichen Zuständen geschüttelte Weimarer Republik. Von 1922 bis 1923 plagte eine beispiellose Inflation das Land, die Verelendung ergriff auch weite Teile des Mittelstandes. Die politischen Sitten verrohten, die gemäßigten Parteien verloren mehr und mehr an Einfluß, während radikale Gruppierungen des rechten und linken Spektrums millionenfachen Zulauf bekamen. Diesen Trend konnte auch eine zeitweilige Blüte von Kultur und Wissenschaft, an der gerade die deutsche Juden einen überdurchschnittlichen Anteil hatten, nicht abwenden.

Ganz rechts stand unter anderem die 1919 gegründete Deutsche Arbeiterpartei (DAP), aus der ein Jahr später die National-Sozialistische Deutsche Arbeiterpartei (NSDAP) hervorging. Ihr Parteiprogramm war eine krause Mischung aus Antikapitalismus, Antisozialismus, Antikommunismus und – natürlich – Antisemitismus. So hieß es unter anderem im 25-Punkte-Programm:

„... (4.) Staatsbürger kann nur sein, wer Volksgenosse ist. Volksgenosse kann nur sein, wer deutschen Blutes ist. Kein Jude kann deshalb Volksgenosse sein." Eine der absurdesten Ideen der Partei war die Verknüpfung von Judentum und Kommunismus. Maßgeblichen Anteil an der Formulierung dieser Idee hatte der Parteivorsitzende selbst: Adolf Hitler. Fast zwangsläufig lautete der Titel einer 1924 von Dietrich Eckart fabrizierten Nazi-Lehrschrift „Der Bolschewismus von Moses bis Lenin". Weiteres geistiges Rüstzeug der Nationalsozialisten waren Machwerke wie „Grundlagen des neunzehnten Jahrhunderts", 1899 von Houston Stewart Chamberlain, dem Schwiegersohn Richard Wagners, verfaßt, Alfred Rosenbergs „Mythus des 20. Jahrhunderts" (1930) und Hitlers „Mein Kampf" (1925). Rosenberg wurde später Nazi-Chefideologe und 1946 als Kriegsverbrecher hingerichtet.

Hatte die NSDAP 1923 nur 6.000 Mitglieder, konnte sie 1923 35.000 Neuaufnahmen verzeichnen. Ein Putschversuch im gleichen Jahr in München scheiterte zwar kläglich, und Hitler wurde zu fünf Jahren Festungshaft verurteilt. Die saß der Demagoge aber nie ab, er konnte vielmehr bereits 1926 seine Rückkehr auf die politische Bühne feiern.

Seit 1924 war die NSDAP mit 14 Abgeordneten im Reichstag vertreten. Bei der Reichstagswahl am 14. September 1930 errangen die Nazis 18,3 % der Stimmen, die Wahl vom 31. Juli 1932 machte sie mit einem Anteil von 37,4 % zur stärksten Partei im Reichstag (SPD 21,6 %, KPD 14,6 %). Zwar brachte die Wahl vom 6. November 1932 „nur" 33,1 %, am Kräfteverhältnis in der Volksvertretung änderte das nichts mehr.

Zweifelsohne profitierten die Nazis von der sich Ende der dreißiger Jahre erneut verschärfenden innenpolitischen Situation. Nach Jahren relativer Stabilität stürzte der „Schwarze Freitag" am 25. Oktober 1929 die Weimarer Republik in ihre schließlich letzte, tödliche Krise. 1932 waren 7,5 Millionen Deutsche arbeitslos, nur 1/3 der arbeitsfähigen Bevölkerung ging einer Vollbeschäftigung nach, die Nettoreallöhne sanken gegenüber 1929 um ein Drittel. In diesem Klima der Perspektivlosigkeit konnte die hemmungslos populistisch agierende NSDAP zur stärksten politischen Kraft aufsteigen.

Am 30. Januar 1933 ernannte der Reichspräsident Hitler zum Reichskanzler. Bei den Wahlen zum Reichstag am 5. März erhielt die NSDAP 43,9 % der Stimmen, und mit der Verabschiedung der Ermächtigungsgesetze am 24. März begann in Deutschland die Zeit der Hitlerdiktatur.

6. Der Holocaust

Die nazideutsche Politik der Zeit zwischen 1933 und 1938 war vornehmlich darauf ausgerichtet, die Juden mit ausgeklügelten Schikanen aus der Gesellschaft, besser noch, aus dem Land zu drängen. Trotz aller Repressionen verblieben aber viele deutsche Juden in dem Land, das sie noch immer als ihre Heimat ansahen. Tausenden von ihnen wurde diese Treue zum tödlichen Verhängnis.

Gleich nach der Machtübernahme begannen die Nationalsozialisten mit Repressionen gegen die jüdische Bevölkerung in Deutschland. In den ersten Jahren waren dies vor allem diskriminierende Maßnahmen, deren offensichtliches Ziel es war, die Juden aus dem Land zu drängen. 200 Jahre lang hatten die deutschen Juden aktiv ihren Beitrag zur deutschen Kultur und Wissenschaft geleistet, hatten für Deutschland ihren Blutzoll entrichtet – 1848, 1870/71 und im I. Weltkrieg. Umsonst: plötzlich war der Traum von der so beharrlich angestrebten deutsch-jüdischen Symbiose einem Alptraum gewichen. Mit großer Verbitterung stellte die Jüdische Rundschau in ihrer Ausgabe vom 22. Januar 1937 fest: „Der stolze deutsche Staatsbürger jüdischen Glaubens von gestern war heute nur noch Jude, und er rieb sich die Augen, und er begann zu fragen: Jude? Was bedeutet das? ... Der Jude stand allein in eisiger Kälte, am Rande des Abgrunds, sich und seinem Judentum gegenüber."

Die Periode offener physischer Gewalt setzte Anfang November 1938 mit der „Reichskristallnacht" ein und endete schließlich mit der fabrikmäßig betriebenen Vernichtung von Millionen europäischer Juden, die während des II. Weltkriegs in den Einflußbereich Deutschlands gerieten.

Selbst als die Tötungsmaschinerie auf Hochtouren lief, versuchten zionistische Organisationen und Einzelpersonen, Juden von den Deutschen „freizukaufen". Teilweise gelang dies sogar. Aber nicht nur Nazideutschland selbst, auch viele andere Länder und deren Bevölkerung trugen unter deutscher Besetzung direkt oder indirekt zur massenhaften Ermordung der Juden bei. Sei es durch Auflagen und Einschränkungen bei der Einwanderung, sei es durch den Einsatz von Hilfswilligen – unter anderem in der Ukraine, dem Baltikum, Frankreich, den Niederlanden sowie in den zahlreichen mit Hitlerdeutschland verbündeten Staaten – bei der Deportation oder Tötung.

Besonders krasse Beispiele sind das Weißbuch der britischen Regierung zu

In den zwanziger und dreißiger Jahren hatten in vielen europäischen Ländern ultrakonservative oder faschistische Regierungen die Macht übernommen. In fast allen diesen Staaten kam es auch zu offenen Diskriminierungen der jüdischen Bevölkerung. Auch die noch verbliebenen demokratischen Staaten Europas schränkten in den dreißiger Jahren die Zuwanderung von Juden, besonders aus Deutschland, ein. Aber selbst im Ursprungsland des Faschismus, Italien, blieben blutige Exzesse die Ausnahme. Zur Deportation und Vernichtung der jüdischen Bevölkerung kam es, wie auch in Ungarn, erst nach der deutschen Okkupation des Landes.

Palästina (→ B/IV.2.) und das unsolidarische Verhalten der polnischen Bevölkerung während des Aufstandes im Warschauer Ghetto. An der Hauptverantwortung der Deutschen an diesen in der Weltgeschichte einmaligen Greueltaten ändert dies allerdings nichts: klassische, christlich motivierte Judenfeindlichkeit des Mittelalters, rassisch motivierter neuzeitlicher Antisemitismus und schlicht pathologischer Haß auf jene Minderheit, verbunden mit eigens für die „Endlösung" ersonnenen Massenmord-Mechanismen richteten im deutschen Namen Unfaßbares an. Die nachfolgende kurze, keinesfalls vollständige Chronik der deutschen antijüdischen Aktionen zwischen 1933 und 1945 zeigen auf, in welch perfider Art und Weise vorgegangen wurde.

1933

20. März	Errichtung des ersten deutschen Konzentrationslagers (KZ) in der Nähe von Dachau.
22. März	Bildung eines „Referats Rassenhygiene" beim Reichsministerium für Inneres.
29. März	11-Punkte-Programm zum Boykott jüdischer Geschäfte.
30. März	Aus einer Erklärung des Vorstandes der Israelitischen Gemeinde Frankfurt/Main. „Nichts kann uns unsere tausendjährige Verbundenheit mit unserer deutschen Heimat rauben, keine Not und Gefahr kann uns den von unseren Vätern ererbten Glauben abspenstig machen... So gedenkt der Worte, die wir am bevorstehenden Pessach-Fest, dem Fest der Befreiung, von alterher sprechen: Von Geschlecht zu Geschlecht sind sie gegen uns aufgestanden, um uns zu vernichten, aber der Heilige, gelobt sei Er, hat uns aus ihrer Hand errettet."
31. März	„Arisierung" der Leitung der Karstadt-Kaufhäuser
1. April	Erneuter Aufruf zum Boykott „nichtarischer" Geschäfte
5. April	Aus einem Brief Albert Einsteins an die Preußische Akademie der Wissenschaften: „Ich erkläre...den Zustand im jetzigen Deutschland als einen Zustand psychischer Erkrankung der Massen... In einem Schriftstück, das ich der Internationalen Liga zur Bekämpfung des Antisemitismus zu Werbezwecken überließ,..., forderte ich ferner alle besonnenen und den Idealen einer bedrohten Zivilisation treu gebliebenen Menschen auf, alles daran zu setzen, daß diese in Deutschland in so furchtbarer Weise sich äußernde Massen-Psychose nicht weiter um sich greift." Bereits am 30. März war dem Wissenschaftler die deutsche Staatsbürgerschaft aberkannt worden.

7. April	Wiederherstellung des Berufsbeamtentums – Gesetzes Auszug: „§ 3 (1) Beamte, die nichtarischer Abstammung sind, sind in den Ruhestand...zu versetzen..."
17. April	Zulassungsstopp der Rechtsanwaltschaft für „Nichtarier"
22. April	Entlassung der Juden aus den Krankenkassen und Patentanwaltschaften
25. April	Beschränkungen für jüdische Studenten an Universitäten und Hochschulen
4. Mai	Entlassung aller Arbeiter und Angestellten „nicht arischer Herkunft" aus dem Öffentlichen Dienst
5. Mai	Trauverbot von Angehörigen verschiedener „Rassen" durch die Thüringische Landeskirche
Juni	Gründung des Jüdischen Kulturbundes zur Förderung der Auswanderung. Zahl der Juden in Deutschland: 499.000 (0,76% der Gesamtbevölkerung)
11. Juni	Die jüdischen Direktoren der Leonhard-Tietz-Warenhauskette Köln scheiden aus dem Amt
5. September	„Arier"-Paragraph im Beamtengesetz der evangelischen Altpreußischen Union: „§ 1 (2) Wer nichtarischer Abstammung oder mit Personen nichtarischer Abstammung verheiratet ist, darf nicht als Geistlicher oder Beamter der allgemeinen kirchlichen Verwaltung berufen werden."
10. Dezember	28 Thesen der Sächsischen Evangelisch-Lutherischen Landeskirche: „5. Weil die deutsche Volkskirche die Rasse als Schöpfung Gottes achtet, erkennt sie die Forderung, die Rasse rein und gesund zu erhalten, als Gottes Gebot. Sie empfindet die Ehe zwischen Angehörigen verschiedener Rassen als Verstoß gegen Gottes Willen..."

Etwa 37.000 Juden verließen 1933 Deutschland: 72 bis 74 % gingen in andere europäische Staaten, 19 % nach Palästina, 7 bis 9 % nach Übersee.

1934

5. Februar	Verbot der Staatsprüfung für „nichtarische" Medizinstudenten
Mai	Ritualmord-Sondernummer des „Stürmer" mit der Schlagzeile „Jüdischer Mordplan gegen die nichtjüdische Menschheit aufgedeckt"
7. Juni	Zwangsverkauf des Ullstein-Verlages

26. Juli	Einstellungsstopp für Juden als wissenschaftliche Assistenten
16. Oktober	Steuerrechts-Sonderregelungen für Juden
13. Dezember	„Arier-Nachweis" bei Habilitationen in Preußen

Die jüdische Auswanderung umfaßte 1934 ca. 23.000 Personen: 37 % gingen nach Palästina, 35 bis 40 % in europäische Staaten, 23 bis 28 % nach Übersee.

1935

17. März	Kanzelabkündigung der Bekennenden Kirche (BK) der Altpreußischen Union gegen die Judenhetze; etwa 700 Pfarrer werden daraufhin drei Tage lang interniert
24. April	„Arier-Nachweis" im Zeitungs- und Verlagswesen
25. Juli	Wehrdienst nur noch für „Arier"; seit 21. Mai „Arier-Paragraph" für Offiziere
18. August	Verbot der standesamtlichen Trauung zwischen „Ariern" und „Nichtariern"
15. September	Reichsbürgergesetz und Blutschutzgesetz erlassen („Nürnberger Gesetze"}. Auszug aus dem Reichsbürgergesetz: „§ 2 (1) Reichsbürger ist nur der Staatsangehörige deutschen oder artverwandten Blutes, der durch sein Verhalten beweist, daß er gewillt und geeignet ist, in Treue dem Deutschen Reich zu dienen..." Auszug aus dem Gesetz zum Schutz des deutschen Blutes und der deutschen Ehre: „§ 1 (1) Eheschließungen zwischen Juden und Staatsangehörigen deutschen und artverwandten Blutes sind verboten. Trotzdem geschlossene Ehen sind nichtig, auch wenn sie zur Umgehung dieses Gesetzes im Ausland geschlossen sind... Außerehelicher Verkehr zwischen Juden und Staatsangehörigen deutschen oder artverwandten Blutes ist verboten..."
24. September	Aufruf der Reichsvertretung der Juden in Deutschland in der Jüdischen Rundschau (Auszug): „...Im vollen Bewußtsein der Größe der Verantwortung und der Schwere der Aufgabe ruft die Reichsvertretung alle jüdischen Männer und Frauen, die gesamte jüdische Jugend zur Einigkeit, zu jüdischer Haltung, strenger Selbstzucht und größter Opferbereitschaft auf..."
14. November	1. Durchführungsverordnung zum Reichsbürgergesetz (Auszug): "§ 4 (1) Ein Jude kann nicht Reichsbürger sein. Ihm steht

	ein Stimmrecht in politischen Angelegenheiten nicht zu, er kann ein öffentliches Amt nicht bekleiden... § 5 (1) Jude ist, wer von mindestens drei der Rasse nach volljüdischen Großeltern abstammt... (2) Als Jude gilt auch der von zwei volljüdischen Großeltern abstammende staatsangehörige jüdische Mischling (a) der beim Erlaß des Gesetzes der jüdischen Religionsgemeinschaft angehört hat oder danach in sie aufgenommen wird..."
13. Dezember	Reichsärzteverordnung: keine neuen jüdischen Ärzte sind zugelassen
Dezember	Generelles Berufsverbot für jüdische Ärzte, Notare, Professoren und Lehrer im Staatsdienst

Etwa 21.000 deutsche Juden wanderten 1935 aus: 36 % nach Palästina, 33 bis 38 % nach Übersee und 26 bis 31% in europäische Staaten.

1936

11. Januar	Berufsverbot für „nichtarische" Steuerberater
4. Februar	Ermordung des NS-Auslandsorganisations-Landesgruppenleiters Schweiz, Wilhelm Gustloff, in Davos durch den Studenten David Frankfurter
16. Juli	„Ariernachweis" für Bautechniker erforderlich
20. November	Reichszuschußkürzung für jüdische Rentner

An den im gleichen Jahr in Berlin stattfindenden Olympischen Spielen ließ die NS-Regierung auch deutsche Sportler jüdischer Herkunft, zum Beispiel die Fechterin Helene Meyer („Die blonde He"), teilnehmen. Dies sollte belegen, daß es in Deutschland keine antijüdische Propaganda gebe.

1937

25. Januar	Berufsverbot für „nichtarische" Viehhändler
5. Februar	Deutschen Juden wird der Jagdschein entzogen und die Jagdpachtung verboten
13. Februar	Reichsverordnung: nur Reichsbürger werden als Notare zugelassen
15. April	Verbot der Doktor-Prüfung für Juden
11. Juni	Berufsverbot für jüdische Sachverständige
4. Juli	Die Leitung der Wertheim-Kette wird „arisiert"
16. November	Reichsministerium des Inneren: Genehmigungen von Reisepässen für Juden erfolgen nur im Ausnahmefall

Ungefähr 23.000 Juden konnten 1937 auswandern:
60 % nach Übersee, 10 % nach Palästina.
565 Urteile wegen „Rassenschande" wurden gefällt.

1938

5. Januar	„Nichtariern" wird die Namensänderung verboten
20. Januar	Berufsverbot für „nichtarische" Vermessungsingenieure
13. März	Annexion Österreichs: am 16. März wird den österreichischen Juden das Wahlrecht entzogen
16. März	Berufsverbot für „nichtarische" Waffenhändler
26. April	Anmeldepflicht für jüdische Vermögen über 5.000 RM
17. Mai	Volkszählung: Erfassung von Juden und „Mischlingen"
6. Juni	1. Sitzung der Internationalen Flüchtlingskommission in Evian. Fazit: nur „geringe Möglichkeiten" für die Aufnahme jüdischer Flüchtlinge im Ausland
9. Juni	Die Münchner Synagoge wird zerstört Vorlesungs-Teilnahmeverbot für Juden an Hochschulen und Universitäten
20. Juni	„Nichtariern" wird der Besuch von Behörden untersagt
11. Juli	Juden wird der Aufenthalt in Kurorten verboten
25. Juli	Berufsverbot für „nichtarische" Ärzte
10. August	Die Synagoge in Nürnberg wird zerstört
17. August	2. Durchführungsverordnung zum Gesetz über die Änderung von Familiennamen und Vornamen (Auszug): „§ 1 (1) Juden dürfen nur solche Vornamen beigelegt werden, die in den vom Reichsministerium des Inneren herausgegebenen Richtlinien über die Führung von Vornamen aufgeführt sind (Anmerkung des Autors: das waren zum Beispiel - männlich - Abel, Abieser, Abimelech, Abner und Absalom, - weiblich - Tana, Telze, Zerel, Zilla und Zimke)... § 2 (1) Soweit Juden einen anderen Vornamen führen, als sie nach § 1 Juden beigelegt werden dürfen, müssen sie vom 1. Januar 1939 ab zusätzlich einen weiteren Vornamen annehmen, und zwar männliche Personen den Vornamen ISRAEL, weibliche Personen den Vornamen SARA..."
18. August	Runderlaß des Reichsministers des Innern betreffs „Vornamen" (Auszug): „ (5) Juden, die deutsche Staatsangehörige sind, dürfen nur die in der Anlage aufgeführten Vornamen beigelegt werden; anderen deutsche Staatsangehörigen dürfen diese Vornamen nicht beigelegt werden..."

20. August	Zentralstelle für jüdische Auswanderung in Wien eröffnet (Leiter: Adolf Eichmann)
27. September	Berufsverbot für jüdische Rechtsanwälte
28. September	Berufsverbot für jüdische Krankenpfleger
5. Oktober	Juden müssen ihre Reisepässe abliefern, eine Neuausstellung (mit Aufdruck„J") erfolgt nur im Ausnahmefall
28. Oktober	Ausweisung von 15.000 bis 17.000 polnischen Juden
31. Oktober	Berufsverbot für jüdische Patentanwälte
7. November	Herschel Grynszpan schießt in Paris den Legationssekretär vom Rath nieder, dieser verstirbt zwei Tage später. Sein Tod dient als Vorwand für die „Reichskristallnacht". 1940 liefert die Vichy-Regierung den Attentäter an Deutschland aus. Er überlebt die Haft als Vorzugsgefangener und taucht nach dem Krieg unter falschem Namen in Frankreich unter.
10. November	„Reichskristallnacht". Schreiben Heydrichs an Göring (Auszug): „An Synagogen wurden 191 in Brand gesetzt, weitere 76 vollständig demoliert. Ferner wurden 11 Gemeindehäuser, Friedhofskapellen und dergleichen in Brand gesetzt und weitere 3 völlig zerstört. Festgenommen wurden rd. 20.000 Juden... An Todesfällen wurden 36, an Schwerverletzten ebenfalls 36 gemeldet. Die Getöteten bzw. Schwerverletzten sind Juden..." Zerstört wurden auch 7.500 Geschäfte. Die ruinierten Synagogen mußten auf Kosten der betroffenen Gemeinden abgetragen werden.
11. November	Waffenbesitz wird Juden verboten
12. November	Forderung einer „Sühneleistung" der jüdischen Gemeinden für den Tod vom Raths in Höhe von 1 Milliarde RM; die vom Vandalismus der „Reichskristallnacht" betroffenen jüdischen Geschäftsleute haben keinen Anspruch auf Versicherungsleistungen. Verbot des Besuches von Theatern, Konzerten, Kinos für Juden; Totale Ausschaltung aus dem Wirtschaftsleben.
15. November	Reichserziehungsministerium: jüdischen Kindern ist der Besuch öffentlicher Schulen untersagt
17. November	Britisches Unterhaus: deutsche Juden dürfen nur noch in den Kolonien angesiedelt werden
19. November	Niederlande: Schließung der Grenze für jüdische Flüchtlinge
22. November	Belgien: Einschränkung des Zuzugs von Juden

28. November	Reichministerium des Innern: Beschränkung der Bewegungsfreiheit beziehungsweise Wohnraumbeschränkung für Juden
29. November	Besitz von Brieftauben ist „Nichtariern" verboten
2. Dezember	Flüchtlingskommission von Evian: Ansiedlung jüdischer Emigranten generell nur noch in Übersee-Kolonien
3. Dezember	Zwangsverkauf jüdischer Geschäfte und Unternehmen; „Nichtariern" wird der Verkauf von Wertpapieren, Juwelen und Schmuck untersagt; Entzug der Führerscheine
5. Dezember	Kürzung der Pension für entlassene jüdische Beamte
6. Dezember	Verbot für „Nichtarier", bestimmte Gebiete innerhalb der Reichshauptstadt Berlin zu betreten (Auszug aus der entsprechenden Anordnung des Polizeipräsidenten von Berlin, ausgestellt am 28. November): „...§ 4 Der Judenbann erstreckt sich...auf 1. sämtliche Theater, Kinos, Kabaretts, öffentliche Konzert- und Vortragsräume, Museen, Rummelplätze, die Ausstellungshallen am Messedamm einschließlich Ausstellungsgelände und Funkturm, die Deutschlandhalle, sämtliche Sportplätze einschließlich der Eisbahnen; 2. sämtliche öffentliche und private Badeanstalten und Hallenbäder einschließlich Freibäder; 3. die Wilhelmstraße von der Leipziger Straße bis Unter den Linden einschließlich Wilhelmplatz; 4. die Roßstraße von der Hermann-Göring-Straße bis zur Wilhelmstraße; 5. das Reichsehrenmal mit der nördlichen Gehbahn Unter den Linden bis zum Zeughaus."
8. Dezember	Ausschluß von jüdischen Studenten von Universitäten und Hochschulen

1939

17. Januar	Berufsverbote für jüdische Dentisten, Zahntechniker Tierärzte, Apotheker, Heilpraktiker und Krankenpfleger
24. Januar	Reichszentrale für jüdische Auswanderung gegründet
30. Januar	Hitler-Rede vor dem deutschen Reichstag (Auszug): „Ich will heute wieder ein Prophet sein: wenn es dem internationalen Finanzjudentum in- und außerhalb Europas gelingen sollte, die Völker noch einmal in einen Weltkrieg zu stürzen, dann würde das Ergebnis nicht die Bolschewisierung der Erde und damit der Sieg des Judentums sein, sondern die Vernichtung der jüdischen Rasse in Europa... Die Völker wollen nicht mehr

	auf den Schlachtfeldern sterben, damit diese wurzellose internationale Rasse an den Geschäften des Krieges verdient und ihre alttestamentarische Rachsucht befriedigt. Über die jüdische Parole: Proletarier aller Länder, vereinigt euch wird eine höhere Erkenntnis siegen, nämlich schaffende Angehörige aller Nationen, erkennt euren gemeinsamen Feind!"
21. Februar	Juden müssen ihren Besitz an Edelmetallen und -steinen abliefern
30. April	Ausweisung von „Nichtariern" aus „arischen" Häusern, Einrichtung sogenannter Judenhäuser
5. Mai	Sämtliche Rassengesetze auch in Österreich gültig
17. Mai	Zahl der Juden in Deutschland: 213.930 Britisches Weißbuch zu Palästina: Verbot der Einwanderung von Juden
4. Juli	Reichsvereinigung deutscher Juden zwangsgegründet

Auswanderung deutscher Juden zwischen dem 1. Januar 1939 und dem 1. September 1939: 157.000!

1. September	Ausbruch des II. Weltkrieges; Mitteilung Görings vom 28. Dezember 1938: „Mischehen: I. 1. mit Kindern (Mischlinge I. Grades)...b) Ist der Vater Jude und die Mutter Deutsche, so sind derartige Familien...vorläufig nicht in jüdischen Vierteln unterzubringen, da die Kinder (Mischlinge I. Grades) später im Arbeitsdienst und in der Wehrmacht dienen müssen."
12. September	Einkaufsbeschränkungen (seit 1. September Ausgangsbeschränkungen) für „Nichtarier"
21. September	Konzentration der polnischen Juden in Ghettos
23. September	Rundfunkempfänger müssen von den Juden abgeliefert werden: Termin: der Jom-Kippur-Tag
12. Oktober	1. Deportation von Juden aus Österreich nach Polen
17. Oktober	1. Deportation von Juden aus der ehemaligen CSR in das geplante „Judenreservat" Nisko/San
24. Oktober	Einführung des Gelben Sterns in Wloclawek, ab 23. November im ganzen ehemaligen Polen
14. November	Juden werden die Reichskleiderkarten/Textilbezugsscheine entzogen

1940

12. Februar	1. Deportation deutscher Juden nach Osten
März	Auflösung des „Judenreservates" Nisko

Das Großdeutsche Reich (um 1941)

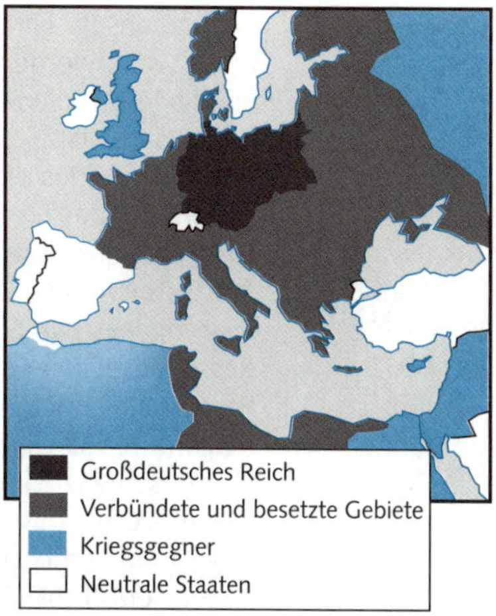

20. Mai	Errichtung des Vernichtungslagers Auschwitz
3. Juli	Denkschrift des Auswärtigen Amtes zum „Madagaskar-Plan" (Auszug): „...Referat D 111 regt als Lösung der Judenfrage an: Frankreich muß im Friedensvertrag die Insel Madagaskar für die Lösung der Judenfrage zur Verfügung stellen... Da Madagaskar (nur) Mandat wird, erwerben die dort Ansässigen nicht die deutsche Staatsangehörigkeit...sie werden dafür Angehörige des Mandats Madagaskar. Diese Regelung vermeidet, daß die Juden einen eigenen Vatikanstaat gründen und damit den symbolischen Wert, den Jerusalem für den christlichen und mohammedanischen Teil der Welt hat, für ihre Ziele einspannen können..."
4. Juli	Einkaufszeiten für Juden auf die Zeit von 16 bis 17 Uhr eingeschränkt
29. Juli	Reichspostministerium: Entzug der Telefonanschlüsse „nichtarischer" Teilnehmer
15. November	Abriegelung des Warschauer Ghettos

1941

7. Januar	Reichsfinanzministerium: Sondersteuer für Juden von 15 %
22. Januar	Pogrome in Rumänien
13. Februar	Befehl zur Deportation der Wiener Juden nach Osten

22. Februar	Aufbau des IG-Farben-Buna-Werkes in Auschwitz; am 1. März werden dem Werk in Monowitz 10.000 Häftlinge für die Bauarbeiten zur Verfügung gestellt
7. März	Zwangsarbeitspflicht für „Nichtarier"
20. März	Abriegelung des Krakauer Ghettos
25. März	Hirtenbrief des Freiburger Erzbischofs: Der Fluch des Christusmordes kommt über die Juden
14. April	1. Massenverhaftung von 3.600 Juden in Paris
30. Mai	Rassengesetze in Serbien
31. Mai	Rassengesetze im ehemaligen Polen
28. Juni	Pogrom in Kowno, 3.800 Tote
Juni	Reichführer SS Himmler an Höss, Lagerkommandant von Auschwitz: Umstellung des Lagers auf Massenvernichtung
2. Juli	Pogrom in Lemberg, 7.000 Tote
8. Juli	Abzeichenpflicht (Gelber Stern) im Baltikum
29. August	Rassengesetze in der Slowakei
1. September	Abzeichenpflicht in Deutschland. Auszug aus der Polizei-Verordnung über die Kennzeichnung der Juden: „... § 1 (1) Juden, ...die das sechste Lebensjahr vollendet haben, ist es verboten, sich in der Öffentlichkeit ohne einen Judenstern zu zeigen. (2) Der Judenstern besteht aus gelben Stoff mit der Aufschrift 'Jude'. Er ist sichtbar auf der linken Brustseite des Kleidungsstücks fest aufgenäht zu tragen... Die Ausgabe des Kennzeichens erfolgt gegen Zahlung von 0,10 RM." Aus der Richtlinie für die Durchführung: „1. Kennzeichnung. (a) Tragen des Kennzeichens (§1 Abs. 2) 1. Die Kennzeichen sind etwa in Herzhöhe auf dem Kleidungsstück fest aufgenäht, jederzeit sichtbar, zu tragen. Jede Verdeckung des Kennzeichens ist unzulässig. 2. Die Kennzeichen sind sorgfältig zu behandeln..."
13. September	Benutzung öffentlicher Verkehrsmittel ist Juden nur noch begrenzt gestattet
26. September	Pogrom in Kiew, 34.000 Tote
1. Oktober	Auswanderungsverbot für Juden aus dem deutschen Einflußbereich; in Deutschland leben noch 163.869 Juden; vom 1. September 1939 bis 1. Oktober 1941 wanderten noch etwa 13.000 Juden aus, seit 1933 verließen über 300.000 deutsche Juden das Hitlerreich
10. Oktober	Erlaubnispflicht für Juden bei Verkehrsmittelbenutzung und Wohnortwechsel

14. Oktober	Erste Massendeportationen aus Deutschland nach Osten
4. November	Per Erlaß fällt das Vermögen der Verschleppten an den Staat
24. November	Erste Transporte in das Ghetto Theresienstadt
12. Dezember	„Erfassung" der französischen Juden im Lager Compiègne
21. Dezember	Juden ist die Benutzung öffentlicher Fernsprecher untersagt
22. Dezember	Pogrom in Riga, 25.000 bis 30.000 Tote

1942

10. Januar	Die deutschen Juden müssen ihre Pelz- und Wollsachen abliefern

Das Stichwort

20. Januar 1942: Die Wannsee-Konferenz zur „Endlösung der Judenfrage"

Unter Leitung von SS-Obergruppenführer Reinhard Heydrich, Chef der Sicherheitspolizei und des SD sowie „Beauftragter für die Vorbereitung der Endlösung der Judenfrage" fand am 20. Januar 1942 in Berlin, im Haus Am Großen Wannsee 56-58, eine Beratung statt. Auszüge aus dem Protokoll:

„... II. ...Die Auswanderungsarbeiten waren...nicht nur ein deutsches Problem, sondern auch ein Problem, mit dem sich die Behörden der Ziel- bzw. Einwanderungsländer auseinanderzusetzen hatten... Trotz...Schwierigkeiten wurden seit der Machtübernahme bis zum Stichtag 31. Oktober 1941 insgesamt rund 537.000 Juden zur Auswanderung gebracht, davon vom 30. Januar 1933 aus dem Altreich rd. 360.000, vom 15. März 1938 aus der Ostmark rd. 147.000, vom 15. März 1939 aus dem Protektorat Böhmen und Mähren rd. 30.000. Die Finanzierung der Auswanderer erfolgte durch die Juden bzw. jüdisch-politische Organisationen selbst... Hier wurden durch die ausländischen Juden im Schenkungsweg bis zum 30. 10.1941 insgesamt rund 9.500.000 Dollar zur Verfügung gestellt... III. An Stelle der Auswanderung ist nunmehr als weitere Lösungsmöglichkeit...die Evakuierung der Juden nach dem Osten getreten... Im Zuge dieser Endlösung der Judenfrage kommen rund 11 Mio. Juden in Betracht, die sich wie folgt auf die einzelnen Länder verteilen:

A.	Altreich	131.800
	Ostgebiete	420.000
	Ostmark	43.700
	Generalgouvernement	2,284.000
	Bialystok	40.000
	Protektorat Böhmen und Mähren	74.200
	Estland	judenfrei
	Lettland	3.500
	Litauen	34.000
	Belgien	43.000
	Dänemark	5.600
	Frankreich (besetzt/unbesetzt)	165.000/700.000

	Niederlande	160.800
	Norwegen	1.300
B.	Bulgarien	48.000
	England	330.000
	Finnland	2.300
	Irland	4.000
	Italien	58.000
	Albanien	200
	Kroatien	40.000
	Portugal	3.000
	Rumänien/Bessarabien	342.000
	Schweden	8.000
	Schweiz	18.000
	Serbien	10.000
	Slowakei	88.000
	Spanien	6.000
	Türkei (europäischer Teil)	55.500
	Ungarn	742.800
	UdSSR	5,000.000
	Ukraine	2,994.684
	Weißrussland	446.484

... Unter entsprechender Leitung sollen nun im Zuge der Endlösung die Juden in geeigneter Weise im Osten zum Arbeitseinsatz kommen. In großen Arbeitskolonnen, unter Trennung der Geschlechter, werden die arbeitsfähigen Juden straßenbauend in diese Gebiete geführt, wobei zweifellos ein Großteil durch natürliche Verminderung ausfallen wird. Der allfällig endlich verbleibende Restbestand wird, da es sich bei diesem zweifellos um den widerstandsfähigsten teil handelt, entsprechend behandelt werden müssen, da dieser, eine natürliche Auslese darstellend, bei Freilassung als Keimzelle eines neuen jüdischen Aufbaues anzusprechen ist. (Siehe die Erfahrungen der Geschichte.)..."

31. Januar	Erste Bilanz der Einsatzgruppe A: 229.052 ermordete Juden in Nordostrussland
Januar	Erste Gas-Massenmorde in Auschwitz-Birkenau
17. Februar	Per Erlaß wird den deutschen Juden das Abonnement von Zeitungen und Zeitschriften verboten
17. März	Massenvernichtungslager Belzec errichtet; bis 21. März Deportationen aus Lublin nach Belzec; die Ermordung des Reichsprotektors Heydrich in Prag ruft die „Aktion Reinhard" ins Leben – Massenmorde in den Ghettos des Ostens; Erfassung der Habe der Opfer „zum Nutzen der deutschen Wirtschaft"
26. März	Massentransporte deutscher Juden nach Auschwitz

15. April	Stern-Kennzeichnung auch für Wohnungen von Juden
22. April	Besuch „arischer" Friseure für Juden verboten
April	bis Juni: weitere Transporte aus Deutschland nach Osten
1. Mai	Öffentliche Verkehrsmittel für Juden verboten
15. Mai	Haustierhaltung für Juden verboten
17. Mai	KZ Sobibor errichtet
1. Juni	Gelber Stern in Frankreich und den Niederlanden
18. Juni	„Nichtarier" müssen ihre elektrischen und optischen Haushaltgeräte, ihre Fahrräder und Schreibmaschinen abliefern
22. Juli	Bis zum 3. Oktober werden 310.000 Juden aus dem Ghetto Warschau nach Belzec und Treblinka verbracht
30. Juli	„Nichtarier" müssen ihre edelmetallenen Kultgegenstände abliefern
9. Oktober	Den Juden wird der Bücherkauf verboten
19. Oktober	Fleisch- und Milchmarken sowie die Kaufberechtigung für Weizenerzeugnisse werden entzogen

1943

13. März	„Liquidierung" des Krakauer Ghettos
19. April	Beginn des Aufstandes im Ghetto von Warschau
16. Mai	Warschauer Aufstand blutig niedergeschlagen; aus der Tagesmeldung des kommandierenden SS-Brigadeführers und Generals der Polizei, Stroop: „Das ehemalige jüdische Wohnviertel Warschaus besteht nicht mehr. Mit der Sprengung der Warschauer Synagoge wurde die Großaktion um 20.15 Uhr beendet... Gesamtzahl der erfaßten und nachweislich vernichteten Juden beträgt insgesamt 56 065"
Mai	Himmler in einem Schreiben an Kaltenbrunner: „... (1) Es sind sofort überall Untersuchungen anzustellen über Ritualmorde der Juden, soweit sie noch nicht evakuiert sind. Derartige Fälle sind herauszuziehen und mir vorzulegen. Wir müssen in dieser Richtung dann mehrere Prozesse machen..."
10. Juni	Reichsvereinigung der Juden in Deutschland aufgelöst
11. Juni	Befehl Himmlers: Alle Ghettos sind zu „liquidieren"
21. Juni	Ghetto Lemberg liquidiert (bis 27. Juni)
25. Juni	Gescheiterter Aufstand des Ghettos Tschenstochau; Ermordung der Überlebenden
1. Juli	Jeglicher Rechtsschutz für Juden erloschen
2. August	Gescheiterter Aufstand des KZs Treblinka

16. August	Ghetto Bialystok nach vergeblichem Aufstand liquidiert (bis 23. August)
11. September	Ghetto Minsk liquidiert (bis 14. September)
23. September	Ghetto Wilna liquidiert
14. Oktober	Aufstand im KZ Sobibor gescheitert
19. Oktober	Bilanz der „Aktion Reinhard": 178 745 960,59 RM zuzüglich 11 889 822,54 RM „laufende Ausgaben" und Sachwerte in Höhe von 180 000 000 RM
3. November	Ghetto Riga liquidiert

1944

8. März	Massentransporte von Theresienstadt nach Auschwitz
29. März	Rassengesetze in Ungarn
3. April	Gelber Stern in Ungarn eingeführt
5. April	Verhandlungen zwischen zionistischen Organisationen und der SS über die Freilassung von 100.000 ungarischen Juden gegen Zahlung von 2 Millionen Dollar scheitern
17. Mai	Erste Transporte aus Ungarn nach Auschwitz
24. Juli	Majdanek wird von den Deutschen aufgegeben
25. Juli	Ghetto Kowno liquidiert
21. August	Ghetto Lodz liquidiert (bis 15. September)
1. September	In Deutschland leben noch 15.574 Juden
7. Oktober	Vergeblicher Aufstand in Auschwitz-Birkenau; letzte Massenmorde am 28. November

1945

17. Januar	„Evakuierung" von Auschwitz
15. April	Bergen-Belsen „aufgegeben"
7. Mai	Ghetto Theresienstadt „aufgegeben"

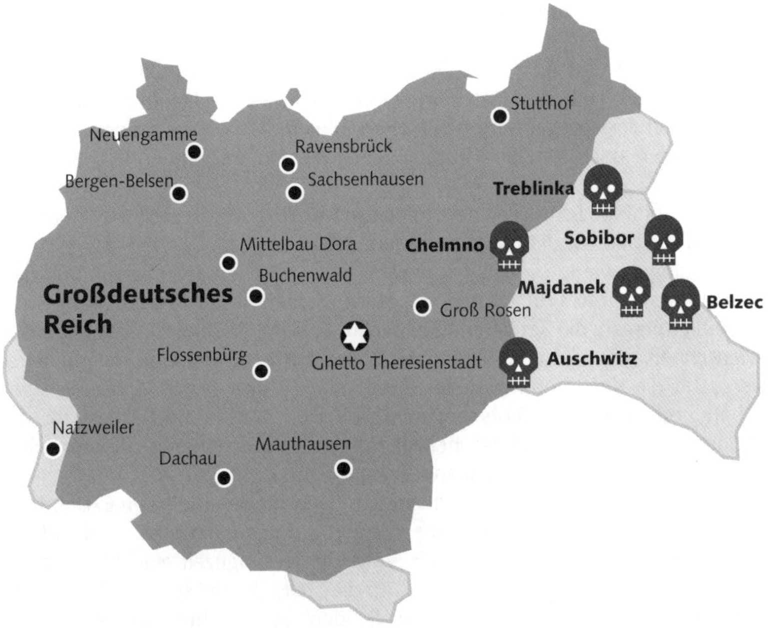

Die Nationalsozialisten hatten Deutschland mit einem System von Konzentrationslagern überzogen, die obenstehende Karte zeigt nur die Hauptlager. Die Vernichtungslager – allein in Auschwitz-Birkenau starben zwischen 1942 und 1945 nahezu 1 Million Menschen – befanden sich außerhalb des „Altreiches", im sogenannten Generalgouvernement.

Nach dem II. Weltkrieg mußte die jüdische Gemeinschaft eine erschütternde Bilanz ziehen: zwischen 4 und 6 Millionen Opfer hatte sie zu beklagen.
Eine genaue Zahl der in den Konzentrations- und Vernichtungslagern, den Ghettos, während des deutschen Vormarschs im Osten und bei „Säuberungsaktionen" wirklich ums Leben Gekommenen wird sich wohl niemals ermitteln lassen.
Auch nach ihrer Befreiung starben noch Hunderte Juden an chronischer Unterernährung, Krankheiten, in sowjetischer Haft oder bei Pogromen, zum Beispiel in der polnischen Stadt Kielce.
Von den Überlebenden hatten die meisten nur einen Wunsch: den Kontinent, auf dem sie so Schreckliches zu erdulden hatten, so schnell wie möglich zu verlassen.
Anfang 1945 zählte die UN-Organisation zur Verwaltung der Flüchtlingsfrage (UNRRA) mehr als 13,5 Millionen solcher „entwurzelter Personen" (displaced

persons; DP's), davon waren etwa 250.000 Juden. Die zionistische Jewish Agency – inoffizielle „Regierung" der Juden in Palästina – war bestrebt, möglichst viele der jüdischen DP's in den vor seiner Gründung stehenden jüdischen Staat zu holen. Daß etwa 12.000 von ihnen in Deutschland blieben und hier mit der Reorganisation jüdischen Gemeindelebens begannen, erschien vielen Juden nach den Erfahrungen der jüngsten Vergangenheit geradezu frevelhaft.

Der unfaßbare Schrecken des Holocaust* stellte auch die jüdische Theologie und Philosophie vor die Frage nach dem „Warum?"

Theologen wie Ignaz Maybaum sahen das millionenfache Leiden und den Tod als Strafe Gottes für – von den Opfern allerdings nicht selbst begangene – Verfehlungen an: die Betroffenen gaben ihr Leben als Sühne für die Schuld der Menschheit insgesamt. In ähnlicher Weise hatte das Judentum von jeher versucht, die Katastrophen seiner Geschichte zu bewältigen. Schließlich geschah und geschieht nichts gegen den Willen Gottes, und schon für die Propheten galten die Widersacher Alt-Israels als Werkzeuge des Herren – also Hitler in einer Reihe mit Nebukadnezar und Titus?

Eine solche These erregte Widerspruch. Und für den radikalen Existentialisten Richard Rubenstein lautete die Antwort auf den Holocaust: Gott ist tot!

Problematisch für das Judentum wurde in der Folgezeit eine Tendenz zur Mythologisierung des Völkermordes. An die Stelle des jüdischen Kultus rückte vielfach ein Bekenntnis zur jüdischen (Leidens-)Geschichte, aus der Historie erwuchs somit eine neue Identität ewig Leidender. Kritisch und provokativ hinterfragt der Publizist Rafael Seligmann diese „Reduzierung des Judentums auf eine immerwährende Trauer- und Leidensgemeinschaft": „So tritt der Völkermord an die Stelle des religiösen Auserwähltheitsanspruchs, löst Adolf Hitler Gott als Schöpfer jüdischen Seins ab. Nach dem Völkermord der Nazis ist das Judentum am Ende dieses Jahrhunderts in eine nicht minder große, diesmal geistige Gefahr geraten. Nur – die gegenwärtige Bedrohung kommt aus den eigenen Reihen. Es ist die Versuchung, das Judentum abzukoppeln, es zur Gemeinschaft der Opfer zu minimieren. Die Identifizierung der Juden mit dem Holocaust aber wäre der endgültige Triumph Hitlers." (13)

* griech.: Ganzopfer; dieser seit 1944 gebräuchliche Begriff für die Vernichtung der europäischen Juden ist in religiöser Hinsicht umstritten. Suggeriert er doch, daß die Betroffenen ihr Schicksal akzeptierten und sich ihm hingaben. Zutreffender ist die hebräisch Umschreibung Shoa – Verwüstung, Katastrophe.

7. Juden im Nachkriegsdeutschland

Daß im Land der Richter und Henker nach 1945 erneut jüdische Gemeinden entstanden, mutet wie ein historisches Paradoxon an. Sowohl die Jewish Agency als auch der Jüdische Weltkongreß sprachen sich vehement dagegen aus, erfolglos allerdings: einem Ultimatum an die in Deutschland verbliebenen Juden im August 1950, das Land binne sechs Wochen zu verlassen, folgten Tausende von ihnen diesem Aufruf nicht nicht.
Entsprechend den neuen politischen Gegebenheiten nahmen die jüdischen Gemeinden in West und Ost sehr unterschiedliche Entwicklungen. Während sich in der Bundesrepublik allmählich wieder solide Strukturen entwickelten, blieb die Gemeinschaft in der DDR sehr klein und unter kritischer Observanz durch den atheistischen Staat.

Die jüdische Nachkriegsgemeinschaft in der Bundesrepublik Deutschland setzte sich zunächst aus im Untergrund, in sogenannten Mischehen und in Lagern Überlebenden zusammen. Zu diesen etwa 15.000 kamen bis Ende der fünfziger Jahre nochmals 6.000 Re-Emigranten, überwiegend aus Israel. Gegenwärtig leben in der gesamten Bundesrepublik etwa 50.000 Juden in etwa 70 Gemeinden. Die meisten stammen aus ost- und südosteuropäischen Ländern, zunehmend auch aus der ehemaligen Sowjetunion. In manchen süddeutschen Gemeinden betrug der Anteil der aus dem östlichen Europa stammenden Juden 75%. Viele von ihnen, ehemalige DP's, behielten ihre polnische, ungarische oder rumänische Staatsbürgerschaft, sind staatenlos oder besitzen einen israelischen Paß. Aus diesem Grund – nur noch zehn Prozent der Gemeindemitglieder sind Juden aus dem Vorkriegsdeutschland – ist ihre Bindung an die Bundesrepublik Deutschland eher lose geblieben. Dies macht auch der Name der 1950 gegründeten Dachorganisation der jüdischen Gemeinden deutlich: Zentralrat der Juden in Deutschland. Von jüdischen Deutschen und deutschen Juden war zunächst bewußt keine Rede mehr. Auch standen und stehen die neuen jüdischen Gemeinden unter starkem moralische Druck seitens des Gemeinschaft in Israel und der übrigen Diaspora: „Feststeht, daß Juden in der Bundesrepublik sich mit Rechtfertigungszwängen auseinandersetzen müssen. Dabei spielt das Gefühl der Schuld eine Rolle, daß man zwar die Vernichtungslager überlebt, nicht jedoch nach Israel übergesiedelt ist. Dieses Gefühl, das nicht nur die Überlebenden kennen, sodern auch deren Kinder und Kindeskinder (survivor guilt), wird dadurch verschärft, daß man ausgerechnet in Deutschland lebt, jenem Land also, von dem der schlimmste Judenmord seit Menschengedenken ausgegangen ist." (14)

Wie problematisch sich das Verhältnis zur Bundesrepublik im konkreten Fall gestalten kann, zeigt eine Aussage von Micha Brumlik, Mitglied der alternativen „Jüdischen Gruppe", anläßlich einer Podiumsdiskussion zur Frage, ob junge Juden ihren Dienst in der Bundeswehr leisten sollten oder nicht: „Ich bin durchaus für die Wehrpflicht für uns Juden, aber das heißt nicht, daß wir unter

In Berlin (10.000 Mitglieder), Frankfurt/Main, München (jeweils 4.000 Mitglieder), Düsseldorf (1.500 Mitglieder), Hamburg (1.300 Mitglieder) und Köln (1.200 Mitglieder) gibt es gegenwärtig die größten jüdischen Gemeinden Deutschlands. Zum Vergleich: in ganz Württemberg leben heute noch etwa 700 Juden (kursiv: die jüdischen Gemeinden der ehemaligen DDR; grau: ehemalige innerdeutsche Grenze).

den gegebenen Umständen den Wehrdienst leisten sollen. Vielmehr sollten junge Juden den Wehrdienst verweigern und Ersatzdienst leisten – ähnlich wie die pazifistischen Verweigerer." (15)

Diese kritische Haltung gegenüber dem deutschen Staat wird allerdings keinesfalls von allen Juden im Lande geteilt. Viele knüpfen ganz bewußt an die Tradition der deutschen Staatsbürger jüdischen Glaubens an, den negativen Erfahrungen mit der jüngeren Vergangenheit zum Trotz.

Hinsichtlich ihrer Struktur sind die jüdischen Gemeinden stark überaltert, das Durchschnittsalter der Mitglieder beträgt 45 bis 50 Jahre; das Verhältnis von Geburten zu Sterbefälle ist 1 : 7. Der Zuwachs in den letzten Jahren ist lediglich dem bereits erwähnten Zustrom aus den GUS-Staaten zu verdanken. Viele dieser Juden haben allerdings kaum, wenig, mitunter keinerlei mentale Bindung an die religiösen Traditionen.

Konnte sich in der Bundesrepublik ein freies und vom Staat großzügig unterstütztes jüdisches Leben entwickeln, stellte sich die Situation in der Deutschen Demokratischen Republik (DDR) ganz anders dar. Lebten 1945 auf dem Gebiet der späteren DDR noch 3.500 Juden, so sank ihre Zahl bis 1967 auf 1.200. Am Ende der DDR waren es noch 350, organisiert in acht Gemeinden. Regelmäßige Sabbat-Gottesdienste fanden nur in Ost-Berlin (Synagoge Rykestraße) statt, wo über zwei Drittel der Juden Ostdeutschlands lebten. In den versprengten Gemeinden der Provinz konnten, wenn überhaupt, nur die Hauptfeste begangen werden. In Dresden etwa flog zu diesen Anlässen extra ein Kantor aus Budapest ein, um in der kleinen Friedhofssynagoge vor zwei Dutzend Gläubigen aus ganz Ostsachsen die Festtagsliturgie zu singen. Der erste und einzige Landesrabbiner der DDR, Martin Riesenburger, war 1965 verstorben.

Die strikt antizionistisch und antiisraelisch ausgerichtete Haltung der offiziellen DDR-Politik engte den Spielraum der Juden im zweiten deutschen Staat stark ein und zwang zum Konformismus. Erst kurz vor ihrem Untergang bemühte sich die DDR aus durchsichtigen politischen Gründen um Kontakte zu internationalen jüdischen Organisationen.

Auf die aus der nazideutschen Vergangenheit resultierenden Vorbehalte vieler Juden in Deutschland gegenüber der Bundesrepublik wurde oben bereits hingewiesen. Diese Vorbehalte sind nach der Vereinigung beider deutscher Staaten eher gewachsen. Latent vorhandener Antisemitismus in der Bevölkerung und neonazistische Aktionen scheinen solche Sorgen zu bestätigen*:

„Im Gegensatz zu der Mehrzahl ihrer Mitbürger erscheint ihnen die Vereinigung nicht als Chance, sondern als Risiko, als Unabwägbarkeit, ja Bedrohung. Mißtrauisch hören sie die Formel Willy Brandts: ‚Jetzt wächst zusammen, was zusammen gehört'. Dahinter werden Anfänge eines neuen Nationalismus vermutet, den auch die Versicherung, daß die Vereinigung der beiden Staaten sich im europäischen Kontext vollziehe, nicht beschwichtigt. In Kenntnis der deutschen Geschichte glaubt man vielmehr zu wissen, was es bedeutet, wenn von ‚Volk' gesprochen wird und völkisches Denken Konjunktur hat. Wie lange denn, so fragt man, werden wohl diejenigen auf sich warten lassen, die in sattsam bekannter Manier darüber schwadronieren, wer zum ‚Volk' gehört und wer nicht." (16)

Gerade im Vorfeld der deutschen Einheit hatte es besorgte Kommentare aus der jüdischen Welt gegeben. So rief der Friedensnobelpreisträger Elie Wiesel dazu auf, den neuen deutschen Staat zu verhindern („Für uns bleibt Deutschland bis zum Ende seiner Tage ein besonderes Land. Wir fürchten uns."), und die israelische Zeitung Maariv schrieb „Das jüdische Volk hat sechs Millionen Gründe, sich einer Wiedervereinigung Deutschlands entschlossen zu wiedersetzen, 45 Jahre nach dem Fall Nazideutschlands ist die letzte Zeile der Abrechnung zwischen dem jüdischen Volk und seinen Peinigern noch nicht geschrieben." (17)

Die Ängste vor dem „größeren" Deutschland haben sich bislang als unbegründet erwiesen. Der Weg aber zu einem entkrampfteren Verhältnis zwischen der nichtjüdischen Mehrheit und der jüdischen Minderheit sowie den Juden in der Diaspora und im Staat Israel ist, so scheint es, noch weit. Mißverständnissen bleibt Tür und Tor geöffnet, auch trägt offenbar unausrottbarer brauner Ungeist in alten und jungen Köpfen das seinige dazu bei, wenn alte Ängste wach bleiben.

* 1994 wurden in der Bundesrepublik 68 Anschläge auf jüdische Einrichtungen registriert. Und laut einer infas-Umfrage vom Juni 1995 waren 59 % der Befragten der Auffassung, daß die in Deutschland lebenden Juden diskriminiert würden. Verantwortlich dafür seien primär ökonomische Probleme und eine „allgemeine Orientierungslosigkeit" (56 % bzw. 51 %; vgl. Berliner Zeitung vom 24./25. Juni 1995).

8. Zwei Welten – Juden in der UdSSR und in den USA

Die beiden größten jüdischen Gemeinschaften außerhalb des Staates Israel existieren heute in den USA und den Nachfolgerepubliken der ehemaligen Sowjetunion. Konnte sich das jüdische Leben in Amerika traditionell ungehindert entfalten, hatten die Gemeinden in der UdSSR fast ständig unter staatlichen Repressionen zu leiden. Auch in Zukunft dürfte die amerikanische Judenheit an Bedeutung eher zunehmen, während die israelitische Glaubensgemeinschaft in den GUS-Staaten weiter abnimmt und von schrillem Nationalismus bedroht ist.

In Rußland kam es während des Bürgerkrieges ab 1917 zu schrecklichen antijüdischen Ausschreitungen. So sollen dem „Weißen Terror" des ukrainischen Separatisten Petljura 200.000 Juden zum Opfer gefallen sein.

Die bolschewistische Machtergreifung wurde von vielen Juden begrüßt und aktiv unterstützt. Gemäß der von den Sowjets vertretenen These einer jüdischen Nationalität kam es 1934 zur Bildung eines jüdischen Autonomiegebietes innerhalb der Russischen Föderation. Jenes Territorium mit der Hauptstadt Birobidschan befand sich im äußersten Osten Sibiriens und übte nur wenig Anziehungskraft auf die sowjetischen Juden aus – 1935 lebten lediglich 14.000 von ihnen in „ihrem" Gebiet, 1970 noch 11.452 (6,6 % der Gesamtbevölkerung des jüdischen Autonomiegebietes). 1982 schließlich kam es zur Auflösung des Gebietes.

Wie auch die anderen Glaubensgemeinschaften hatten die Juden unter dem Druck des atheistischen, religionsfeindlichen Regimes zu leiden. Hatte die Sowjetunion nach dem II. Weltkrieg noch die Bildung eines jüdischen Staatswesens in Palästina unterstützt und sogar Waffenlieferungen aus dem eigenen Machtbereich an den jungen israelischen Staat gebilligt, änderte sich diese Politik Ende der vierziger Jahre radikal. Die anfänglichen Hoffnungen, Israel könne eine sozialistische Entwicklung einschlagen, hatten sich nicht erfüllt. Moskau honorierte schließlich entsprechende Tendenzen in Ägypten und Syrien, der folgende radikale Antizionismus traf auch die jüdische Gemeinschaft in der UdSSR. Entsprechend stark war der Wunsch vieler Juden, die Sowjetunion zu verlassen: gab es 1959 noch 2,2 Millionen Juden im Land, war ihre Zahl bis 1978 auf 1,8 Millionen zurückgegangen. Inzwischen dürften in der GUS noch etwa 1 Million Juden leben. Der besonders in Rußland zunehmende Nationalismus mit eindeutig antisemitischen Untertönen dürfte auch weiterhin zu einem Rückgang der jüdischen Gemeinschaft führen.

Ein völlig anderes Bild bietet sich in den USA. Hier lebt die mit 5,5 bis 6,0 Millionen stärkste (und am stärksten gegliederte) jüdische Gemeinschaft der Welt. Zwar kam es auch hier kurzzeitig – nach dem I. Weltkrieg – zu Einschränkungen: Antisemitismus, restriktive Einwanderungsbestimmungen und Nume-

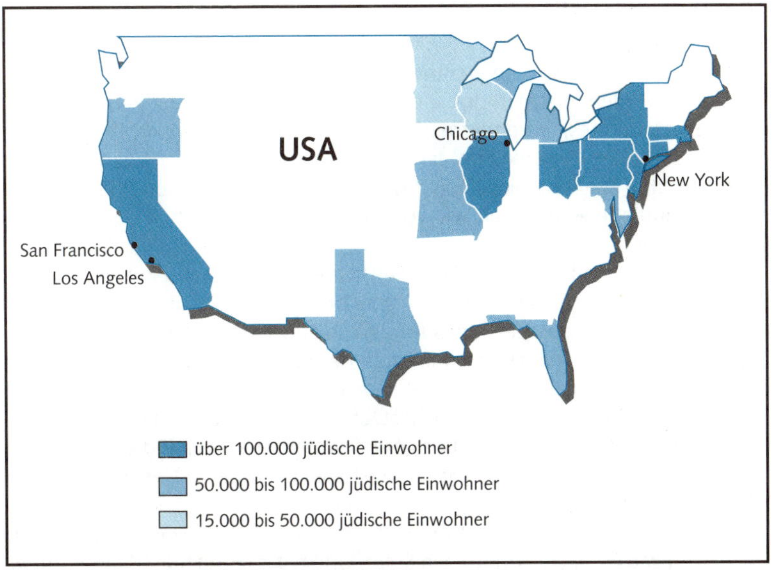

Über 50 % der Juden in den USA leben im Nordosten des Landes. Etwa 2 Millionen von ihnen sind im Großraum New York – 16 % jüdischer Bevölkerungsanteil, Manhattan sogar 20 % – zu finden, ungefähr 500.000 im Bereich von Los Angeles.

rus clausus an den Hochschulen und Universitäten. Aber getreu dem Motto „Leben und leben lassen" konnte und kann sich die Gemeinschaft frei entfalten. Bis in die Gegenwart ist allerdings selbst in den liberalen USA Judenfeindlichkeit an der Tagesordnung. So wurden zum Beispiel 1980 500 antisemitische Gewalttätigkeiten und Vorfälle registriert.

IV. Der Staat Israel

Als Juden 1948 wieder souveräne Herrscher über einen Teil des Landes ihrer Vorfahren wurden, erschien das wie ein Wunder. Das Wunder allerdings war irdischen Ursprungs, vorangetrieben und schließlich verwirklicht von sehr pragmatischen Persönlichkeiten. Jene politischen Zionisten der zwanziger und dreißiger Jahre stießen, wie schon zuvor der allerdings noch eher schwärmerisch-romantische Herzl, nach wie vor auf Widerspruch auch in der jüdischen Gemeinschaft.

Seit 2000 Jahren erflehten die Juden die Rückkehr nach Zion. Aber diese Rückkehr auf weltlichem Wege in Gang zu bringen, quasi Gottes Geschäfte zu erledigen, erschien gerade den Strenggläubigen unter ihnen blasphemisch. Skeptisch bis ablehnend blieben auch viele der Juden, die als Nachkommen der nie ganz erloschenen Gemeinden im Lande Israels lebten. Ihnen erschienen die kurzbehosten Neuankömmlinge nicht zuletzt deshalb suspekt, weil diese mehrheitlich eher weltlich-sozialistisch eingestellt waren. Und weil sie die, inzwischen längst morbide, orientalische Ordnung aushebelten, in der seit jeher auch Juden ihren Platz hatten – wenn auch in der zweiten Reihe.

Allen inneren und äußeren Widerständen zum Trotz, keine 50 Jahre nach Herzls Tod gab es ihn, den jüdischen Staat. Und hätte es ihn nur 10 Jahre früher gegeben, Millionen europäischer Juden wären am Leben geblieben. Nicht zuletzt angesichts dieser Opfer hatte sich die Weltöffentlichkeit wohl genötigt gefühlt, der Bildung dieser Bleibe für die Überlebenden und Davongekommenen zuzustimmen.

Verlierer dieser Entwicklung wurden die im Lande lebenden Araber. Auch sie konnten auf eine inzwischen 1200 Jahre alte Tradition zurückblicken, die sie mit „ihrem" Land Palästina verband. Palästina? Eine Fiktion, ein Begriff aus antiker Zeit! Die Kalifen hatten einen ihrer Militärbezirke Falastin benannt, dessen Umrisse allerdings weder mit den türkischen Verwaltungseinheiten noch mit den willkürlich gezogenen britischen Mandatsgrenzen übereinstimmten. Es gab keine palästinensische Geschichte, mithin auch kein palästinensisches Volk. Und während sich die jüdischen Siedler zielstrebig und mit europäischem Know-how auf eine postkoloniale Zukunft vorbereiteten, verharrte die arabische Gesellschaft in Destruktivismus. Kompromißlos forderten ihre Führer alles – und verloren alles. Hunderttausende Araber waren nach der gescheiterten Invasion ihrer „Brüder" im Jahre 1948 in deren Staaten geflohen. Die Integration in die Gesellschaften dieser Länder, die sich zudem noch ihren Anteil aus der Konkursmasse des Mandatsgebietes sicherten, wurde ihnen verwehrt. Ein elendes Lagerleben war die Folge. Und dort, wo sich Massen von Palästina-Flüchtlingen niedergelassen hatten, kam es zu Spannungen, schließlich zu Bürgerkriegen. In diesen Konflikten – siehe Jordanien, siehe Libanon, – starben mehr palästinensische Araber als bei direkten Auseinandersetzungen mit Israel.

Was die Form dieser Auseinandersetzungen angeht, so wird oft und gern der moralische Zeigefinger gen Israel erhoben. So verstieg sich der britische Historiker Toynbee angesichts des Massakers von Deir Yassin zu folgender Äußerung: „Die Juden wußten 1948 aus persönlicher Erfahrung, was sie taten, und es war ihre größte Tragödie, daß die Lektion, die sie in ihrer Begegnung mit den nazideutschen Heiden erhalten hatten, sie nicht zur Zurückhaltung anhielt, sondern sie einige der schrecklichen Taten, die die Nazis ihnen gegenüber verübt hatten, nachahmen ließ." (18) Als Erwiderung darauf möge ein weiteres Zitat dienen, niedergeschrieben anläßlich der Kritik am israelischen Einmarsch in den Libanon 1982: „Und dann die Frage der Fragen aller Zeitgenossen, die auch im Jahre 40 nach Auschwitz die NS-Konzentrationslager für Besserungsanstalten halten, die ihre Absolventen nur deshalb so vielen Prüfungen unterzogen, damit sie anschließend als die besseren Menschen durch den Rest ihres Lebens schreiten konnten: ‚Wie ist es möglich, daß die Juden, die so viel Leid erfahren haben, solch einen brutalen Krieg im Libanon führen können?'" (19)

Der Staat Israel war von der ersten Stunde an in seiner Existenz bedroht. Seine Geschichte ist eine Geschichte von Isolation, Terror, Kriegen und Konflikten. Diese Tatsachen haben tiefe Spuren in der Gesellschaft des Landes hinterlassen. Immerhin ist seit einigen Jahren ein Prozeß in Gang gekommen, der mit vorsichtigem Optimismus als eine Wende zum Besseren gedeutet werden kann.

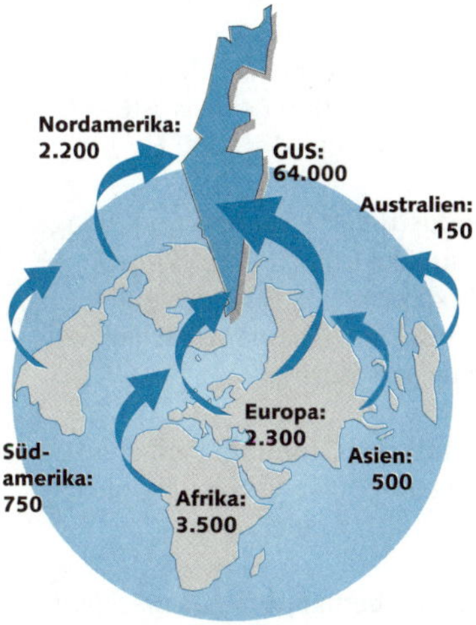

Die Mehrzahl der Israelis waren ursprünglich Aschkenasim oder deren Nachkommen. 1965 bildeten die Aschkenasim mit etwa 50 % der Bevölkerung die Majorität, 1990 waren es noch 33 %. Das nunmehr herrschende Übergewicht der sephardisch-orientalischen Juden (1989: ca. 42 %) wurde allerdings in den vergangenen Jahren durch die verstärkte Einwanderung aus der ehemaligen Sowjetunion etwas relativiert.

Obwohl Israel ein Einwanderungsland geblieben ist (nebenstehende Grafik: Zuwanderung 1993), gab und gibt es auch Auswanderer. Zwischen 1932 und 1989 haben nach offiziellen Angaben 360.000, nach anderen Schätzungen sogar 700.000 Juden das Land verlassen. Die meisten von ihnen gingen in die USA.

1. Der Staat Israel (Medinat Israel) – Statistisches

Die Staatsflagge Israels – der Davidsschild (Magen David) auf, dem Gebetsmantel (Tallit) nachempfundenen weißen Tuch mit blauen Streifen

Fläche: 20.770 km^2 (eigene Angaben 21.501 km^2; zum Vergleich Hessen: 21.114,16 km^2);
mit besetzten Gebieten und Gaza-Jericho: 27.800 km^2;
maximale Ausdehnung
in Nord-Süd-Richtung: 450 km,
in Ost-West-Richtung: 135 km.

Hauptstadt: Jerusalem (Yerushalajim, arab.: Al Kuds)

Einwohner: 5,46 Millionen (Schätzung 1995; 1983: 4,0 Millionen), davon 82 % Juden, 14 % Muslime, 2,3 % Christen und 1,7 % Drusen.

Die israelischen Großstädte sind Jerusalem (544.000 Ew.), Tel Aviv-Jaffa (353.000 Ew.), Haifa (251.000 Ew.), Holon (162.000 Ew.), Petach Tikva (149.000 Ew.), Bat Yam, Rischon le-Zion (jeweils 146.000 Ew.), Netanja (140.000 Ew.)

Industrie: Maschinen- und Anlagenbau, Elektrotechnik/Elektronik, Textilindustrie, Rüstungsgüterproduktion, Diamantenschleiferei, Nuklearindustrie.

Staatliche Ordnung: Parlamentarische Republik; Verfassung nicht schriftlich fixiert

Staatsoberhaupt: Staatspräsident (seit 1993 Dr. Ezer Weizmann). Wahl alle fünf Jahre
Legislative: Knesset (Parlament, 120 Sitze; Wahl alle vier Jahre)

Exekutive: Regierung mit einem Premierminister an der Spitze (seit Mai 1996 Benjamin Netanjahu)

Die gegenwärtige Regierung bildet im wesentlichen das rechtsliberale Wahlbündnis Likud-Gesher-Tsomet (32 Sitze), unterstützt von der Shas-Partei (Shomrei Tora Sefardim, Sephardische Torawächter; religiöse, sephardische Partei, (10/1992: 6 Sitze), der Nationalreligiösen Partei (Mafdal, 9/6 Sitze), der Vereinigung Torajudentum (Vereinigte Torapartei, bestehend aus Agudat Jisroel, Degel ha-Tora und Geulat Jisroel/aschkenasisch-orthodox, 4/4 Sitze) der rechtskonservativen Moledet (2/3 Sitze) der erst 1996 gegründeten Einwandererpartei Jisrael ba-Aliya (7 Sitze) sowie „Dritter Weg“, einer rechten Abspaltung von der Arbeitspartei (4 Sitze).

In der Opposition befinden sich die Israelische Arbeitspartei (Mifleget ha-Awoda ha-Israelit; sozialdemokratisch, 34 /44 Sitze) und der Parteienverbund Meretz (Ratz, Bürgerrechtspartei, und Mapam, linkssozialistisch; Shinui, liberal, 9/12 Sitze).

Linke arabische Parteien sind Chadash (Demokratische Front; Rakach, 5/3 Sitze) und die Arabische Demokratische Partei (4/2 Sitze).

Das Staatswappen enthält die Menora, umrahmt von zwei Zweigen des Ölbaums und dem hebräischen Schriftzug „Israel“

Erez Israel, das Land Israels – kaum eine andere Region der Welt bietet auf solch begrenztem Raum soviel landschaftliche und kulturelle Kontraste: antike Stätten – Samaria, Caesarea oder die Festungen der Makkabäer und Herodier – , Kreuzfahrerburgen – Montfort oder Belvoir – und nicht zuletzt die heiligen Stätten dreier bedeutender Religionen.

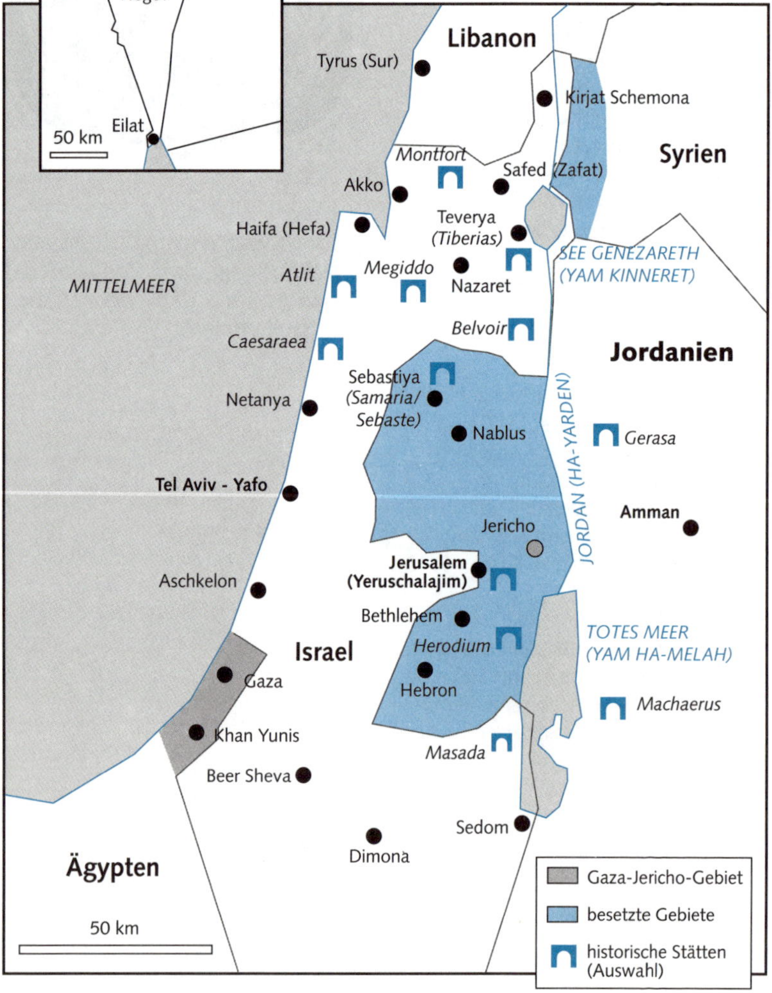

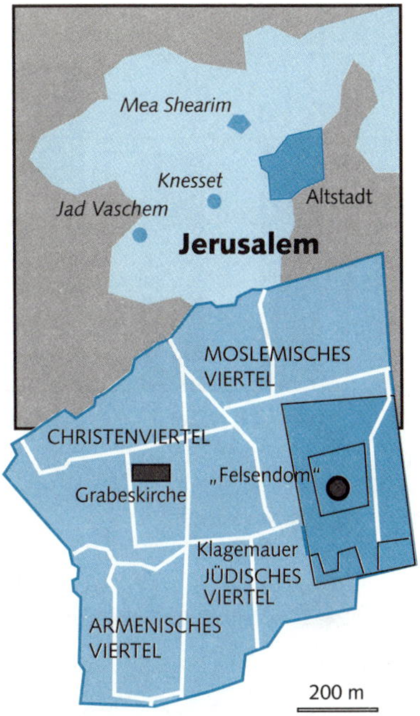

Jerusalem ist nach israelischem Selbstverständnis die Hauptstadt des Landes. Die Stadt, deren Name die Bibel etwa 800 mal erwähnt, ist gleichermaßen ein Zentrum jüdischer, christlicher und moslemischer Religiosität. Fromme Juden gedenken der Tempelzerstörungen an der Klagemauer, der südwestlichen Umfassung der gewaltigen herodianischen Anlage. Auf dem Tempelberg steht seit dem 7. Jahrhundert ein islamisches Heiligtum. Und im westlichen Teil der nur etwa 1 km^2 großen, aber von 25.000 Menschen bewohnten Altstadt befindet sich die Heilige Grabeskirche der Christen.

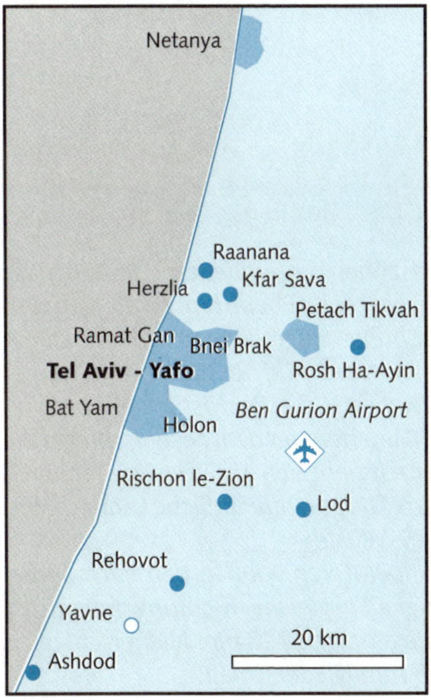

Nahezu 90 % der israelischen Bevölkerung leben in Städten, davon 50 % in der Mittelmeer-Küstenregion. Das größte städtische Ballungsgebiet ist der Großraum Tel Aviv.

Von den jüdischen Einwohnern bezeichnen sich etwa 20 % als streng religiös, 60 % als gelegentlich den Glauben praktizierend und 20 % als nicht religiös. Ultra-orthodoxe Juden stellen maximal 10 % der Bevölkerung, die radikalste Gruppierung sind die Neturei Karta (aram.: Wächter der Stadt) – sie lehnen den israelischen Staat als nicht gottgewollt, weil von Menschen geschaffen, ab. Zentren der radikalen Orthodoxie sind Bnei Brak bei Tel Aviv und das 1860 begründete Jerusalemer Stadtviertel Mea Shearim (aram.: Hundert Tore).

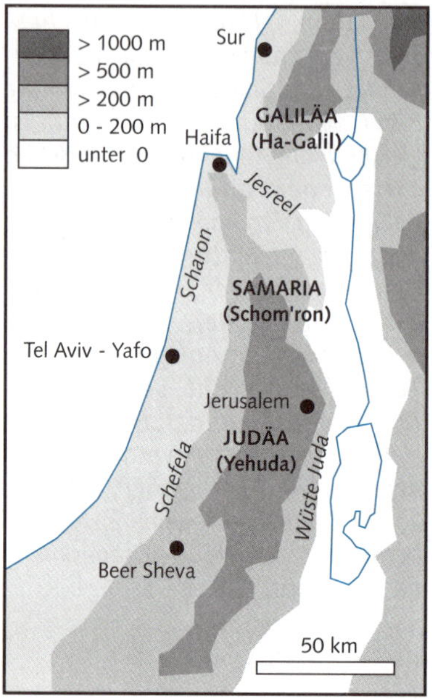

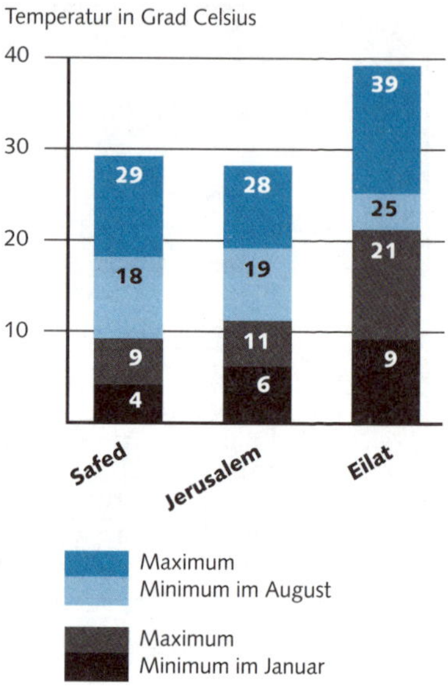

Israel läßt sich grob in vier Landschaftszonen untergliedern. Entlang der Mittelmeerküste zieht sich eine fünf bis 20 km breite Ebene hin, an die sich zum Landesinnern ein durchschnittlich 200 m hohes Hügelland anschließt. Durch die Mitte des Landes erstreckt sich in Nord-Süd-Richtung ein karger Mittelgebirgszug mit Bergen bis zu 1.200 Metern Höhe. Den östlichen Abschluß bilden Jordantal und Totes Meer, mit 400 Metern unter dem Meeresspiegel die tiefste Depression der Welt. Der Grabenbruch zieht sich im Süden weiter durch die Arava-Senke an der jordanischen Grenze. Die gesamte südliche Landeshälfte beherrscht die nur dünn besiedelte Negev-Wüste.
Während die jährlichen Durchschnittstemperaturen von Norden nach Süden zunehmen, nimmt die Niederschlagshäufigkeit in gleicher Richtung dramatisch ab: in Safed fällt an durchschnittlich 75 Regentagen 718 mm Niederschlag, in Eilat sind es lediglich 8 Regentage mit 25 mm Niederschlag!

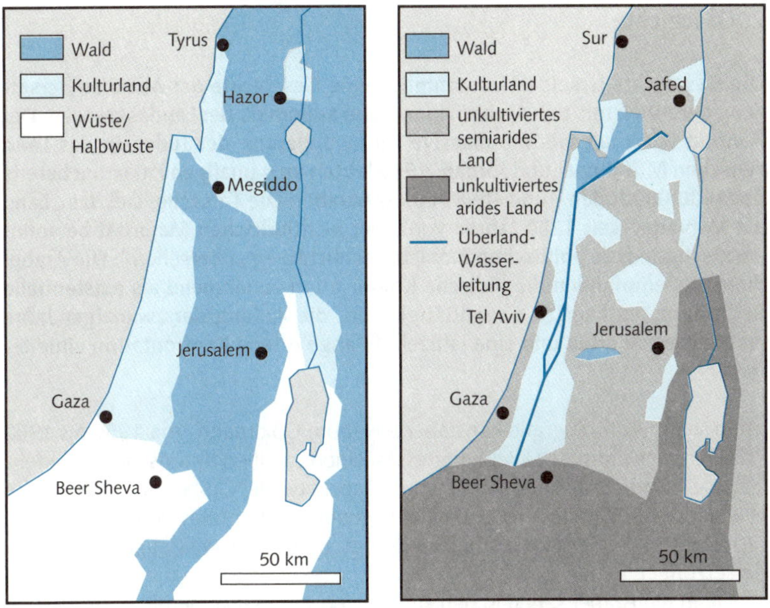

Vor 3.000 Jahren waren weite Teile des heutigen Israel von dichten Wäldern bedeckt. Der schon in antiker Zeit betriebene Raubbau verwandelte das Land in eine Ödnis. Erst im 20. Jahrhundert konnte ein Teil seiner ehemaligen Fruchtbarkeit zurückgewonnen werden. Allerdings ist es nur dem Einsatz eines verzweigten Bewässerungssystems zu verdanken, daß besonders im Westen Israels neues Kulturland entstand. Wälder nehmen lediglich 5 bis 6 % der Gesamtfläche ein und sind Ergebnis der Wiederaufforstung.

2. Geschichte

Die Geschichte Israels ist vornehmlich eine Geschichte der Auseinandersetzung der Juden mit den Arabern inner- und außerhalb der Landesgrenzen. Der Konflikt ist so alt wie die massive Rückwanderung der Juden in das Land zwischen Mittelmeer und Jordan. 1939 lebten im damaligen Palästina bereits über 400.000 Juden – und etwa 900.000 Araber! Die Tatsache, daß das „Land der Vorväter" seit 1200 Jahren von einer nichtjüdischen Majorität bewohnt wurde, hatten die politischen Zionisten schlichtweg „übersehen". Die Araber ihrerseits empfanden die jüdische Kolonisation zunehmend als existentielle Bedrohung, es kam zu Gewalttätigkeiten, die Anfang der zwanziger Jahre erstmals eskalierten und eine jahrzehntelange offene Konfrontation einleiteten.

In seiner Autobiografie konstatierte Nahum Goldmann, von 1956 bis 1968 Präsident des Jüdischen Weltkongresses, einen „großen historischen Denkfehler des Zionismus, daß er den arabischen Aspekt bei der Gründung des jüdischen Heimlandes in Palästina nicht ernsthaft genug zur Kenntnis genommen hat." (20) Das Problem wurde solange verdrängt, bis es zu gewalttätigen Auseinandersetzungen kam.

Denn die Araber sahen in den *zugereisten* Juden – immerhin hatten die im Lande ansässigen Juden mit den Arabern jahrhundertelang friedlich zusammen-

Als Engländer und Franzosen den Nahen Osten unter sich aufteilten, nahmen sie auf Geschichte und Bevölkerung der Region keinerlei Rücksicht. Lediglich die Westgrenze Ägyptens war historisch verbürgt. Zum britischen Mandatsgebiet gehörte ursprünglich auch das Land jenseits des Jordans, Transjordanien. Dieses Territorium unterstellte London im März 1921 dem Haschemiten Abdallah als Emirat.
Die Haschemitendynastie beherrschte ursprünglich die heiligen islamischen Stätten Arabiens, war aber von den Wahabiten vertrieben worden.

gelebt – europäische Landräuber, eine fünfte Kolonne der britischen Mandatsmacht. Unruhen im Mai 1921 folgte schließlich ein erster blutiger Konflikt, 133 Juden und 116 Araber starben dabei.

Nachdem es bereits Ende 1935 erneut zu Spannungen zwischen den beiden Volksgruppen kam, brach Anfang 1936 eine offene arabische Revolte aus, in deren Verlauf fast 2.900 Araber, etwa 1.200 Juden und 700 Briten umkamen. Als politische Konsequenz aus diesen Auseinandersetzungen legten die Briten im gleichen Jahr einen Teilungsplan vor: eine nach ihrem Vorsitzenden Lord Robert Peel benannte Kommission schlug vor, Palästina in eine arabische, eine jüdische und eine britisch-internationale Provinz zu untergliedern. Der Vorschlag ging allerdings in den arabisch-jüdischen Unruhen, die bis 1939 anhielten, unter.

Die militärischen Erfolge Hitlerdeutschlands in Nordafrika – Ende 1942 stand das Afrika-Korps nur noch 800 km von Tel Aviv entfernt – brachte für die jüdische Gemeinschaft in Palästina neue Gefahren, zumal sich das geistliche Oberhaupt der palästinensischen Araber, Muhammad Amin al-Husseini, Mufti von Jerusalem, den Deutschen bereits als Bundesgenosse angedient hatte. November 1941 war er in Berlin mit Hitler, später auch mit Himmler und Eichmann zusammengetroffen und hatte diesen gegenüber seine Bereitschaft zur Kollaboration gegen Briten und Juden versichert.

Die Briten nahmen während des II. Weltkrieges eine äußerst zwiespältige Rolle ein. Einerseits verschuldeten sie mit ihrem am 17. Mai 1939 verhängten Einreisestopp für Juden nach Palästina den Tod von Tausenden Flüchtlingen. Halbwracke Schiffe, auf denen diese versuchten, das rettende Exil zu erreichen, wurden gnadenlos abgewiesen. So ertranken beim Untergang der zurück nach Rumänien geschickten „Struma" im Dezember 1941 767 Juden des Balkanlandes.

Andererseits rekrutierten die Engländer Juden für den Kampf gegen Rommel, Vichy-Einheiten aus dem Libanon und Syrien beziehungsweise arabische Diversanten. Die Kämpfer der Palmach (Plugol Machaz, Stoßtrupp) und S.N.S. (Special Night Squads) waren vornehmlich Angehörige der paramilitärischen jüdischen Selbstverteidigungseinheit Hagana.

Das Stichwort:

Hagana, Irgun und Lechi

Seit ihrer Ansiedlung in Palästina waren die jüdischen Einwanderer bemüht, eine staatsähnliche Infrastruktur zu schaffen, eine Parallelgesellschaft zur eher desorganisierten arabischen Einwohnerschaft. Dazu gehörte auch die 1920 gegründete jüdische Untergrundarmee Hagana. Nach der Gründung des Staates Israel bildete diese den Grundstock der israelischen Armee (Zva Hagana Lejisrael – Zahal – , Verteidigungsarmee Israels). Jüdische Extremisten bildeten 1930 die Haganah B, aus der sieben Jahre später die Irgun (Irgun Zwai Leumi; Etzel oder IZL – Nationale Militärorganisation) hervorging. Ihr geistiger Vater war der Führer der „revisionistischen" Zionisten, Vladimir (Zeev) Jabotinsky. Im

Gegensatz zu den Pragmatikern um Ben Gurion, dem ersten Staatschef Israels, forderten die Revisionisten das gesamte Mandatsgebiet, also auch Transjordanien, als jüdischen Staat. Noch kompromißloser war die 1940 entstandene Lechi (Lochme Cherut Jisrael; Freiheitskämpfer Israels), von den Briten nach ihrem Gründer Abraham Stern despektierlich „Stern Gang" genannt.

Ab 1944 kämpfte eine Jüdische Brigade innerhalb der britischen Armee. In der englischen Armee sammelten jüdische Kämpfer Erfahrungen, die ihnen bei späteren Kriegen gegen die Araber unschätzbare Vorteile verschafften.

Unmittelbar nach dem II. Weltkrieg verstärkte die jüdische Seite den Druck auf die Briten. In konzertierten Aktionen gingen die paramilitärischen Verbände gegen strategisch wichtige Einrichtungen vor. Ein brutaler Terrorakt allerdings war der Irgun-Anschlag auf das Jerusalemer King David Hotel, Sitz der Mandatsregierung. Dabei kamen am 22. Juli 1946 41 Araber, 28 Briten und 17 Juden um.

Die Briten, im Mutterland mit sozialen und wirtschaftlichen Problemen konfrontiert, waren immer weniger Herr der Lage, zumal auch der Druck von außen zunahm. Immer noch galten die Bestimmungen des Weißbuches für Palästina, obwohl inzwischen viele Überlebende des Holocaust einwandern wollten. Zionistische Organisationen wie die Jewish Agency förderten diesen Wunsch – ein Katz und Maus-Spiel war die Folge: Wieder wurden illegale Emigrantenschiffe abgefangen, diesmal allerdings nach Zypern umdirigiert. Hier und in Palästina selbst entstanden Internierungslager für die unerwünschten Juden.

Der UNO-Beschluß von 1947 sah vor, den jüdischen und arabischen Staat dreizuteilen. Die einzelnen Distrikte sollten durch Korridore miteinander verbunden werden und nicht verteidigungsfähig sein. Damit sollten die palästinensischen Staaten zu einer Konföderation gezwungen werden.

Schließlich wandten sich die Briten an die UNO. Diese reagierte und setzte 1947 einen Sonderausschuß ein, das United Nations Special Committee on Palestine (UNSCOP). Während sich die zionistische Seite gesprächsbereit zeigte, lehnten die Araber eine Zusammenarbeit mit der UNSCOP ab. Schließlich entstanden Pläne, Palästina, wie ehedem von der Peel-Kommission angeregt, zu teilen. Am 29. November 1947 beschloß die UNO-Vollversammlung mit der Resolution 181 einen Teilungsplan:

Der arabische Staat sollte 11.000 km^2 mit 725.000 Arabern und 10.000 jüdischen Einwohnern umfassen; der jüdische Staat hätte ein Größe von 149.000 km^2 und 498.000 jüdische sowie 407.000 arabische Einwohner gehabt. Jerusalem und Umgebung, als internationalisiertes Gebiet geplant, wäre von 105.000 Arabern und 100.000 Juden bewohnt gewesen. Obwohl der jüdische Staat 56 % des ehemaligen Mandatsgebietes eingenommen hätte, blieb er in zweifacher Hinsicht benachteiligt. Der größte Teil seines Territoriums bestand aus der Wüste Negev, einer Ödnis, in der kaum Juden siedelten. Außerdem wäre der arabische Bevölkerungsanteil fast so hoch gewesen wie der jüdische. Dennoch akzeptierten die Zionisten in ihrer Mehrheit den UNO-Beschluß, die arabische Seite blieb bei einem kompromißlosen „Alles oder nichts". Bereits am 12. April 1948 beschloß die Arabische Liga in Kairo, in Palästina nach dem Abzug der Briten militärisch zu intervenieren.

Etwa einen Monat vor dem Ende der Mandatszeit kam es in einem arabischen Dorf westlich von Jerusalem zu einem furchtbaren Massaker: in Deir Yassin ermordeten Kämpfer von Irgun und Lechi 245 Araber, darunter 145 Frauen. Bei Arabern und Juden löste die Untat gleichermaßen Entsetzen aus. Der Oberrabbiner von Jerusalem bannte die Täter, Ben Gurion und die Jewish Agency distanzierten sich mit Nachdruck von diesem Verbrechen. Für Tausende Araber war Deir Yassin ein blutiges Fanal. Aus Furcht vor ähnlichen Taten flüchteten sie aus dem Mandatsgebiet.

In der Nacht vom 14. zum 15. Mai 1948, genau um 24 Uhr, holten die Briten in Palästina den Union Jack ein. Gleichzeitig proklamierte Ben Gurion in Tel Aviv den Staat Israel – und im Morgengrauen rückten Armeen aus fünf arabischen Staaten in das neue Land ein.

Die Invasoren aus Ägypten, Transjordanien, Syrien, Libanon und Irak konnten nominell 100.000 Soldaten aufbieten. Auf jüdischer Seite standen lediglich 11.000 reguläre Kämpfer und eine gleiche Anzahl Reservisten. Als letztes Aufgebot standen noch die Angehörigen der überwiegend aus Jugendlichen bestehenden Territorialarmee (Chel Hamishmar; 32.000 Mitglieder) zur Verfügung.

Obwohl die arabische Seite hinsichtlich ihrer Mannschaftsstärke und Ausrüstung überlegen schien und zunächst gewaltige Geländegewinne erzielte, konnte lediglich die britisch kommandierte Arabische Legion aus Transjordanien eine wirklich schlagkräftige Einheit aufbieten. Den hochmotivierten jüdischen Soldaten gelang es deshalb nach anfänglichen Niederlagen, bis zu einem ersten Waffenstillstand am 11. Juni die Initiative zu ergreifen. Nach dem zweiten

Waffenstillstand am 18. Juli konnten die Israelis, die bereits den Feind aus den zentralen Landesteilen zurückgedrängt hatten, fast das gesamte ehemalige Mandatsgebiet unter ihre Kontrolle bringen. Am 7. Januar 1949 kam es schließlich zur Feuereinstellung. Bis zum Juli 1949 konnte Israel mit allen Nachbarn Waffenstillstandsabkommen abschließen.

Die aus Deutschland nach Palästina emigrierte kommunistische Künstlerin Lea Grundig, gewiß keine Zionistin, erlebte die auf der Allenby Road in Tel Aviv abgehaltene Siegesparade mit: „Klirrend und krachend holperten Raupen über den Asphalt. Es waren Kampfwagen, Panzer ägyptischer Herkunft. Auf ihnen saßen die Söhne derer, die seit 2000 Jahren immer geschlagen wurden. Diesmal hatten sie die Schläge abgewehrt und zurückgegeben... Wagen, Panzer, Geschütze rollten vorbei, alles eroberte Waffen. Die Menschen am Straßenrand staunten, und ein Lächeln erschien auf ihren Gesichtern. Der alte Komplex der Angst und der Flucht, des Verfolgt- und Ausgeliefertseins, von jeder Generation neu erworben und der folgenden vermacht – hier hatte er ein Veto gefunden. Die Eroberer der Geschütze hatten uns beschützt. Sie zog vorbei, die Parade der Verteidiger, der Söhne von Eltern aus vielen Ländern, die hierher gekommen waren, um zu einer neuen Nation zu verschmelzen." (21)

Große Teile des von der UNO geplanten arabischen Staates in Palästina blieben unter der Kontrolle Ägyptens (Gaza-Streifen) und (Trans-)Jordaniens (Westjordanland und Ost-Jerusalem). Beide Staaten verweigerten allerdings den etwa 800.000 geflüchteten arabischen „Brüdern" die Souveränität und

Nach dem I. Nahostkrieg eignete sich Transjordanien große Teile des laut UNO-Beschluß für einen arabischen Palästinenserstaat vorgesehenen Gebietes an. Dazu gehörte auch der Ostteil Jerusalems mit seinen bedeutenden heiligen Stätten. Ägypten okkupierte den Gaza-Streifen.
Israel konnte sein Staatsgebiet zwar abrunden, problematisch für seine Verteidigungsfähigkeit blieben aber die wie arabische Brückenköpfe ins Land ragende Westbank und der Gaza-Streifen.

beanspruchten diese Territorien als eigenes Staatsgebiet. Die Flüchtlinge hausten weiterhin in Lagern und wurden nicht integriert, sondern als Haßpotential gegen den israelischen Staat mißbraucht.

Zu den wenigen Ländern, die den Kampf der Israelis mehr oder weniger offen unterstützten, gehörte auch die Sowjetunion. Immerhin duldete Moskau massive Waffenlieferungen aus seinem Herrschaftsbereich an den neuen Staat. Schließlich deutete manches darauf hin, daß Israel einen eher sozialistischen Kurs einschlagen könnte, Indiz dafür waren die sozialdemokratische Regierung und das fast kommunistisch anmutende Kibbuz-System.

Das Stichwort:

Kibbuzim und Moschawim

Das ursprüngliche zionistische Leitbild war der Pionier, welcher das karge Land kraft seiner Arbeit kultiviert (Chaluziut; von Chaluz, Pionier). Zu den ersten neu-jüdischen Einrichtungen in Palästina gehörten Kommunen, in denen das Vermögen und die Produktionsmittel der Mitglieder allen daran Beteiligten gleichermaßen gehörten. In diesen Kibbuzim, in denen heute nur noch 3 % der israelischen Bevölkerung lebt, gibt es gemeinsam nutzbare Einrichtungen wie Küche, Speisesaal und Wäscherei und keine individuelle Lohnzahlung. Die materiellen Bedürfnisse der Kibbuzniks werden aus einem gemeinsamen Budget bestritten. Ähnlich funktionieren die Moschawim. Hier allerdings haben die Mitglieder eigene Höfe und landwirtschaftliche Gerätschaften. Alle Dienstleistungen und der Warenabsatz aber werden gemeinschaftlich geregelt.

Obwohl die latenten Spannungen mit den arabischen Nachbarstaaten anhielten, konsolidierte sich der israelische Staat allmählich. Bereits am 5. Juli 1949 verabschiedete die Knesset das sogenannte Rückkehrgesetz. Es billigt jüdischen Einwanderern aus aller Welt (Olim) automatisch die israelische Staatsbürgerschaft zu. Von der Staatsgründung bis 1961 kamen weitere 687.000 Neubürger in das Land, die jüdische Einwohnerschaft (Jischuv) verdoppelte sich damit. So holte die Luftwaffe 1950/51 per Luftbrücke über 100.000 Juden aus dem Irak ins Land („Operation Esra und Nehemia"), durch eine ähnliche Aktion kamen in etwa dem gleichen Zeitraum fast 50.000 jemenitische Juden nach Israel („Operation Zauberteppich"). Der Zustrom jener stark arabisierten orientalischen Juden brachte Probleme für die Neu-Israelis und die bislang überwiegend aschkenasisch-westlich geprägte Gesellschaft des Landes mit sich. Lange Zeit blieben die orientalischen Juden in Politik und Gesellschaft unterrepräsentiert, eine, wenn auch zahlenmäßig starke Randgruppe.

Die Eingliederung so vieler Zuwanderer in so kurzer Zeit belastete auch die Ökonomie des Landes enorm. Abhilfe brachten hier unter anderem die nicht unerheblichen Wiedergutmachungsleistungen der jungen Bundesrepublik an Israel. In einem 1952 in Luxemburg unterzeichneten Abkommen verpflichtete sich Bonn zu Warenlieferungen im Werte von drei Milliarden Mark. Insgesamt zahlte der westdeutsche Staat bis Mitte der siebziger Jahre über sechzig Milliarden Mark an Israel und jüdische Organisationen.

Anfang der fünfziger Jahre, konkret am 23. August 1952, entstand in Nahost eine neue politische Situation. Ein Militärputsch der „Freien Offiziere" hatte in Ägypten den probritischen König Faruk gestürzt. Das sich sozialistisch gebende Regime Nasser wurde der neue Favorit der Sowjets in der Region – und der Schrecken der alten Kolonialmacht England. Ihr blieb zunächst noch die Herrschaft über den Suez-Kanal, bis ägyptische Einheiten auch diesen letzten Posten des Empires im Juli 1956 übernahmen.

In einer konzertierten Aktion, Codename „Musketeer/Mousquetaire", an der auch Israel wesentlichen Anteil haben sollte, wollten Briten und Franzosen die Initiative am Suezkanal zurückgewinnen. Wesentliche Vereinbarungen beschlossen Vertreter der drei Staaten am 24. Oktober 1956 in Sèvres bei Paris.

Drei Tage später begannen israelische Elitesoldaten mit der Besetzung der Sinai-Halbinsel. Fallschirmjäger unter dem Kommando Ariel Scharons besetzten die Pässe östlich des Suez-Kanals und drangen nach Westen und Süden vor. Anfang November hatten die Israelis die gesamte Halbinsel unter Kontrolle. Briten und Franzosen starteten ihre Aktion am 31. Oktober mit Luftangriffen gegen ägyptische Städte, am 5. November landeten Bodentruppen bei Port Said. Allerdings mußten sich alle Beteiligten schon am 6. November auf Druck der UNO zur Feuereinstellung verpflichten. London und Paris holte bis zum 22. Dezember seine Truppen zurück, und bis Mitte März 1957 räumte auch Israel

Der Sechs-Tage-Krieg brachte die Sinai-Halbinsel ein weiteres Mal in den Besitz der Israelis. Strategisch wichtig war auch die nunmehrige Kontrolle über die Westbank und die Golan-Höhen. Das seit 1948 durch eine Mauer und Stacheldraht geteilte Jerusalem konnte wiedervereinigt werden.

das besetzte ägyptische Gebiet. Das Unternehmen war gescheitert. Gemäß Resolution 1001 beschloß die UNO die Installierung einer Streitmacht (United Nations Emergency Force; UNEF) im Gaza-Streifen und auf der Sinai-Halbinsel, um die mutmaßlichen Hauptkontrahenten auseinanderzuhalten.

Ende der fünfziger Jahre formierte sich der Widerstand der arabischen Palästinenser gegen Israel. Im Oktober 1959 gründeten Exilanten in Kuwait die Fatah (arab.: Öffnung, Befreiung) mit Jasir Arafat an der Spitze. Die Fatah trat 1968 der PLO (Palestine Liberation Organization, gegründet 1964) bei und wurde deren militärischer Arm. Eine andere militante Palästinenser-Organisation war die 1967/68 gebildete PFLP (Popular Front for the Liberation of Palestine) unter Führung von George Habash.

In der zweiten Hälfte der sechziger Jahre spitzte sich auch die Lage an den israelischen Grenzen wieder zu. An der syrischen und jordanischen Demarkationslinie kam es zu Auseinandersetzungen mit palästinensischen Kommandos. Am 4. November 1966 schlossen Ägypten und Syrien einen offen gegen Israel gerichteten Beistandspakt, gleichzeitig rückten ägyptische Einheiten in das gemeinsame Grenzgebiet vor. Die dort stationierten UNEF-Truppen forderte Kairo ultimativ zum Rückzug auf. Im Mai bezogen die Ägypter die geräumten Stellungen und blockierten gleichzeitig den Schiffahrtsweg zum Hafen Eilat. Mit Jordanien (30. Mai) und dem Irak (4. Juni) schloß das Nasser-Regime ebenfalls Verteidigungsabkommen. Vollmundig erklärte der ägyptische Staatschef am 28. Mai 1967, die arabischen Staaten seien für eine Konfrontation mit Israel gerüstet. Zu dieser kam es allerdings schneller, als es den Koalitionären recht war.

Am Morgen des 5. Juni 1967 zerstörten israelische Bomber in zwei gewaltigen Angriffswellen 300 ägyptische Kampfflugzeuge am Boden, gegen Mittag erfolgten weitere Einsätze gegen Syrien und Jordanien. Dabei wurden 50 beziehungsweise 28 feindliche Flieger vernichtet – 75 % der ägyptischen, 50 % der syrischen und 100 % der jordanischen Luftwaffe waren damit außer Gefecht gesetzt. Gleichzeitig rückten israelische Bodentruppen in den Gaza-Streifen ein, bereits am dritten Kriegstag war der Suez-Kanal erreicht und nach fünf Tagen die Sinai-Halbinsel besetzt. Im gleichen Zeitraum hatten die Israelis Ostjerusalem, die Westbank und die Golan-Höhen unter ihre Kontrolle gebracht. Auf UNO-Vermittlung kam es am 10. Juni zum Waffenstillstand. Der Sechs-Tage-Krieg war vorbei, aber Israel zog sich nicht wieder hinter seine alten Grenzen zurück. An Opfern hatte die israelische Seite 679 Gefallene und 2.563 Verwundete zu beklagen. Ägypten verlor 11.500 Soldaten, Jordanien 6.094 und Syrien 170.

Das Stichwort:
Israelische Luftwaffe
Ein Garant des Erfolges im Sechs-Tage-Krieg war der effiziente Einsatz der israelischen Fliegerkräfte unter ihrem General Weizmann, dem heutigen Staatspräsidenten des Landes.

Das Wappen der israelischen Luftwaffe

Bereits 1946 überführten die in Palästina lebenden Juden 58 Spitfire-Jäger aus der Tschechoslowakei per Direktflug nach Ekron („Operation Velvetta"). Während des Unabhängigkeitskrieges 1948/49 erwarb der junge Staat weitere 84 Jagdflugzeuge aus der Tschechoslowakei, die diesmal in zerlegtem Zustand ihren Bestimmungsort Ramat David erreichten („Operation Balak"). In den fünfziger und sechziger Jahren erwarb Israel vornehmlich französische Kriegsmaschinen vom Typ Dassault Mystère II C und Dassault Mirage III. Das Lieferembargo der Franzosen ab 1967 veranlaßte Israel zur Eigenproduktion. Auf der Basis von durch Spionage erworbenen Plänen der Mirage III entstand der Typ Nesher der Israel Aircraft Industries (IAI). In den sechziger und siebziger Jahren kaufte Israel verstärkt US-Rüstungsgüter, ab 1968 die McDonnell Douglas F-4 Phantom II. Mitte der siebziger Jahre entwickelte die IAI ein weiteres Jagdflugzeug auf Mirage-Basis (Kfir C 1). Die Produktion der letzten IAI-Maschine, Lavi, wurde 1988 aus Kostengründen eingestellt. Das Rückgrat der israelischen Luftwaffe bilden heute US-Maschinen der Typen McDonnell Douglas F-15 Eagle und GD F-16 Fighting Falcon. Flugzeuge dieser Typen führten auch einen der spektakulärsten Einsätze der Luftwaffe in Friedenszeiten durch: am 7. Juni 1981 zerstörten sie den über 1.000 km entfernten irakischen Kernreaktor in Tuwaitha bei Bagdad (siehe nebenstehende Karte; *Israel mit besetzten Gebieten).
Nach drei Stunden kehrten alle zwei Dutzend Maschinen zum Luftwaffenstützpunkt Beer Sheva zurück.

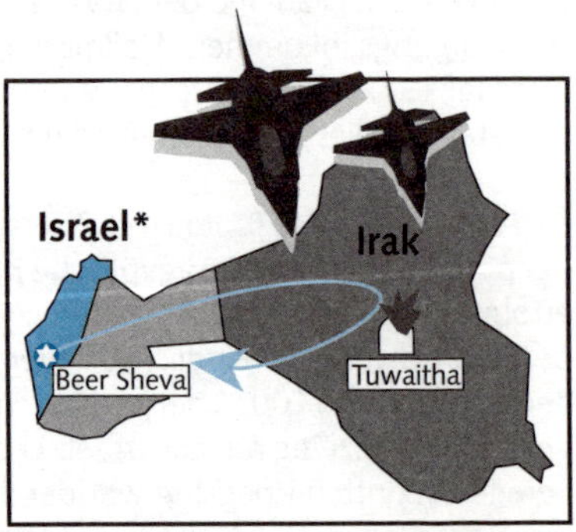

Der nach dem Sechs-Tage-Krieg erzielte Friede blieb trügerisch. So versenkte zum Beispiel die ägyptische Marine im Oktober 1967 den israelischen Kreuzer „Eilat" im Mittelmeer. Die Scharmützel an den Grenzen hielten an.

1970 verstarb der ägyptische Präsident Nasser. Sein Nachfolger, der vormalige Kriegsminister Anwar al-Sadat, setzte zunächst die Politik seines Vorgängers fort. Einfluß auf Israel sollten auch die Ereignisse 1970/71 im Nachbarland Jordanien haben. Dort bildeten palästinensische Flüchtlinge inzwischen etwa 60 % der Bevölkerung. Es kam zu Auseinandersetzungen mit der um ihren Einfluß fürchtenden Staatsmacht. Schließlich gingen Truppen König Husseins gegen die militanten Palästinenser vor. Die offenen Kämpfe erreichten im September 1970 ihren Höhepunkt und hielten bis Juli 1971 an. Dabei starben etwa 20.000 Palästinenser. Nach den Ereignissen in Jordanien benannte sich eine extremistische arabische Terrororganisation „Schwarzer September". Auf das Konto dieser Gewalttäter ging auch das Attentat auf die israelische Olympiamanschaft in München 1972 – elf Sportler, ein deutscher Polizist und fünf Terroristen kamen bei der Geiselnahme und dem mißglückten Befreiungsversuch ums Leben.

Einen weiteren Krieg im Nahen Osten brachte das Jahr 1973. Noch im März hatte der Nahost-Experte Bassam Tibi in einer Publikation festgestellt: „Die ägyptische Armee kann keinen Frieden wollen; ihr liegt daran, den Kriegszustand aufrechtzuerhalten, sosehr sich das ägyptische Offizierscorps sich auch darüber im klaren ist, daß ein erneuter Krieg gegen Israel eine weitere Niederlage und eine umfassende Katastrophe bedeutet. Aber ohne die Betonung eines *bevorstehenden* Krieges kann die ägyptische Armee ihre Existenz und ihre mannigfachen Privilegien, kann sie ihr Militärregime nicht rechtfertigen." (22) Bei einer Bevölkerung von seinerzeit 33,9 Millionen hatte Ägypten schätzungsweise 275.000 Mann unter Waffen. Israel konnte eine Armee in ähnlicher Größenordnung aufbieten – bei etwa 2,8 Millionen Einwohnern ein enormer Militarisierungsgrad der Gesellschaft.

Im 4. Nahostkrieg ergriffen die Araber zur völligen Überraschung der Israelis die Initiative. Am 6. Oktober, Jom Kippur jenes Jahres, drangen zwei ägyptische Armeen mit 1.000 Panzern über den Suez-Kanal vor und berannten im Norden die am Ostufer errichtete Bar-Lev-Linie. Diese nach dem israelischen Generalstabschef benannte Befestigung hielt dem feindlichen Druck an mehreren Stellen nicht stand. Gleichzeitig versuchten syrische Truppen, die Golan-Höhen einzunehmen. Trotz des Schocks, den die Invasion in Israel zunächst auslöste, kam der Vormarsch beider Interventionsarmeen nach kurzer Zeit zum Stehen. Israels Armeen übernahmen die Initiative, und am 15. Oktober gelang es diesen sogar, über den Suez-Kanal vorzudringen und die bei Suez stationierte 3. Ägyptische Armee einzuschließen. Am 25. Oktober kam es zur Feuereinstellung. Traurige Bilanz des Jom-Kippur-Krieges: 2.500 israelische Gefallene und 7.000 bis 8.000 Tote auf arabischer Seite. In der größten Panzerschlacht nach dem II. Weltkrieg blieben 1.000 israelische und 1.500 arabische, überwiegend ägyptische Tanks.

Obwohl Israel auch diese arabische Aggression abwehren konnte, folgte dem Jom-Kippur-Krieg Ernüchterung. Der Nimbus der Unbesiegbarkeit der israelischen Armee war zerstört, die nunmehr entstandene Patt-Situation zeigte, daß der Nahost-Konflikt offensichtlich nicht mit Waffengewalt zu lösen war. Auch hatten die Volkswirtschaften aller an den Kriegen beteiligten Länder unter den ausufernden Rüstungsanstrengungen zu leiden. Im Jahre 1970 hatte Israel 20 % seines Bruttosozialproduktes (= 40 % des Jahreshaushaltes) für Militärausgaben aufgebracht, Ägypten wandte 1968 12,5 % auf. Noch bedrückender war für Israel der vergleichsweise hohe Verlust von Menschenleben.

Am 18. Januar 1974 unterzeichneten die Generalstabschefs Israels und Ägyptens das sogenannte 1. Disengagement-Abkommen, das ein Auseinanderrücken der Truppen beider Länder an der Waffenstillstandslinie vorsah. Am Ostufer des Suez-Kanals entstand eine UNO-Kontrollzone. Mit Syrien kam am 31. Mai 1974 ebenfalls ein Truppenentflechtungsabkommen zustande. Israel räumte daraufhin 633 km² Land und die Stadt Kuneitra.

Eine Wende im Verhältnis Israel-Ägypten deutete sich an, nachdem Sadat im März 1976 den Freundschaftsvertrag seines Landes mit der Sowjetunion aufkündigte und sich schrittweise den USA annäherte.

Innenpolitisch brachte das Jahr 1977 für Israel einen Wechsel in der Regierung. Nachdem seit 1948 ununterbrochen sozialistische Parteien und Koalitionen das Land regiert hatten, brachte die Knesset-Wahl mit dem Likud-Block erstmals ein konservatives Parteienbündnis an die Macht. Der neue Premier, Likud-Chef Menachem Begin, ehedem Mitglied der Untergrundbewegung Etzel und politisch ein „Falke", war hauptsächlich mit den Stimmen der sephardischen Bevölkerungsgruppe gewählt worden.

Daß ausgerechnet der Hardliner Begin in den Dialog mit dem Erzfeind Ägypten eintrat, überraschte seinerzeit selbst ausgewiesene Nahost-Experten. Als Vermittler fungierte der amtierende US-Präsident Jimmy Carter. Am 11. November 1977 trat Ägyptens Präsident seine historische Reise nach Jerusalem an und sprach vor der Knesset. Es dauerte allerdings noch ein Jahr, bis Israel und Ägypten am 17. September 1978 in der Nähe von Washington den sogenannten Rahmenvertrag von Camp David unterzeichneten. Am 26. März 1978

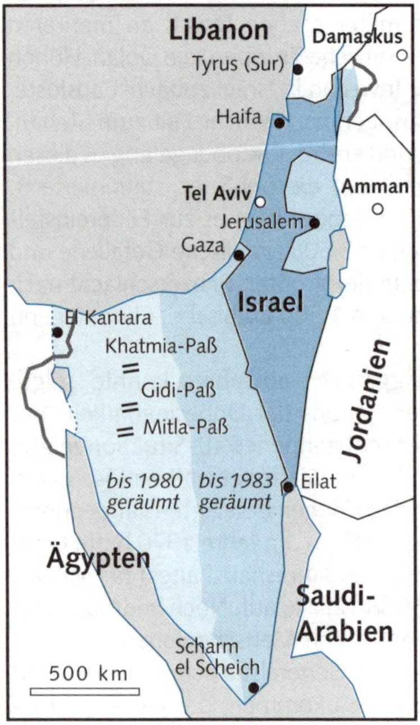

Trotz des überraschenden Vorstoßes der arabischen Armeen zu Beginn des Jom-Kippur-Krieges konnte die israelische Armee die eingedrungenen ägyptischen und syrischen Einheiten relativ rasch zurückdrängen. Die nebenstehende Karte zeigt den Frontverlauf bei Abschluß der Waffenstillstandsabkommen.
Die diplomatische Annäherung zwischen Ägypten und Israel führte Anfang der achtziger Jahre zur schrittweisen Räumung der Sinai-Halbinsel. Die Formel „Land gegen Frieden" war, wie auch die Aufgabe israelischer Siedlungen, innenpolitisch nicht unumstritten.

schlossen beide Staaten auch einen Friedensvertrag ab. Im Ergebnis beider Vereinbarungen zog sich Israel schrittweise von der Sinai-Halbinsel zurück. Die Übereinkunft mit Ägypten war zwar ein entscheidender Schritt in Richtung auf einen dauerhaften Frieden in der Region – immerhin war damit das arabische Land ausgeschert, das bislang den Hauptanteil am Kampf gegen Israel getragen hatte. Aber gerade dieser Umstand verbitterte die übrige islamische Welt. Ägypten wurde isoliert, der „Separatfrieden" mit dem „zionistischen Gebilde" Israel verurteilt. Sadat schließlich fiel 1981 während einer Truppenparade einem Attentat islamistischer Militärs zum Opfer.

Im Jahr 1982 ließ sich Israel in den im Libanon tobenden Bürgerkrieg hineinziehen. Die ehemals blühende „Schweiz des Nahen Ostens" wurde seit 1975 von schweren Kämpfen zwischen moslemischen und christlichen Kämpfern in ihren Grundfesten erschüttert. Der seit 1943 zwischen den beiden Volksgruppen bestehende Nationalpakt war durch den Zustrom der Palästina-Flüchtlinge nach dem „Schwarzen September" zerbrochen, das annähernde demographische Gleichgewicht zerstört. Anfang der achziger Jahre hatte bereits Syrien, das Libanon ohnehin als Einflußbereich beanspruchte, auf moslemischer Seite in den Krieg eingegriffen.

Auslösender Faktor für Israel, im Libanon zu intervenieren war die Tatsache, daß PLO-Einheiten vom Süden des Landes immer wieder das nördliche Israel attackierten.

Unter der Losung „Frieden für Galiläa" drangen deshalb schließlich ab 6. Juni 1982 10.000 israelische Soldaten mit 1.000 Panzern in den Südlibanon vor. Drei Tage später standen die Einheiten vor Beirut. Die israelische Luftwaffe geriet in den östlichen Landesteilen wiederholt in Kämpfe mit den syrischen Luftstreitkräften. Dabei wurden ohne eigene Verluste 86 gegnerische Maschinen vernichtet. Am 11. Juni schlossen Israel und Syrien ein Waffenstillstandsabkommen.

In der Folgezeit verstärkte die israelische Armee im Verbund mit den libanesischen Falangisten den Druck auf das von moslemischen Gruppierungen und der PLO gehaltene West-Beirut. Ein elfstündiges Dauerbombardement am 12. August wurde erst nach telefonischer Intervention des US-Präsidenten Reagan eingestellt. Das Engagement der israelischen Truppen im Libanon blieb auch im Inland umstritten. Hunderttausende Israelis gingen auf die Straße, um gegen den Krieg zu demonstrieren. Am 21. August schließlich begannen die PLO-Einheiten mit dem Abzug aus Beirut; Arafat selbst verließ die libanesische Hauptstadt am 30. August auf dem Seeweg. Bis zum Juni 1985 zog auch Israel, das sein Kriegsziel – das Ende der Präsenz der PLO im nördlichen Nachbarland – erreicht hatte, seine Soldaten zurück. Unter indirekter Kontrolle verblieb allerdings eine sogenannte Sicherheitszone im Südlibanon, die von christlichen Milizen beherrscht wird. Bis zur Gegenwart sickern allerdings immer wieder proiranische Hisb'ollah- und Dschihad (arab.: Heiliger Krieg)-Terroristen nach Israel ein und verüben Anschläge.

Ein Verkehrsunfall, bei dem ein israelischer LKW-Fahrer im Gaza-Streifen vier Araber tötete, löste im Dezember 1987 die sogenannte Intifada (arab.: soviel wie „abschütteln" – der israelischen Herrschaft) aus. Dieser „Krieg der Steine" wurde zu einer jahrelangen permanenten Revolte zumeist jugendlicher Palästinenser, die in den besetzten Gebieten israelische Soldaten und Siedler attackierten. Zu einer Hauptstütze der Intifada entwickelte sich die Hamas-Bewegung. Hamas (arab.: „Begeisterung" – für den Islam) ist eine bereits 1967 von Scheich Ahmed Jasin gegründete islamistische Bewegung. Um den palästinensischen Widerstand zu spalten und die Dominanz der PLO zu brechen, billigte und duldete Israel zunächst Jasins Organisation. Diese errichtete dank großzügiger Spenden aus den Golfstaaten im Gaza-Streifen und der West-Bank eigene Schulen, Krankenhäuser und Moscheen. Hamas gewann damit zunehmenden Einfluß besonders unter jungen Arabern und forcierte die Renaissance eines betont nationalistischen und judenfeidlichen Islams unter den Palästinensern. Damit geriet auch die traditionell westlich orientierte christliche Minderheit in der arabischen Bevölkerung unter Druck. Gleichzeitig ging Hamas massiv gegen palästinensische „Kollaborateure" vor.

Unversöhnlichkeit gab und gibt es aber auch auf jüdischer Seite. Den harten Kern bilden dabei besonders national-religiöse Gruppen unter den Siedlern in den besetzten Gebieten. Besonders die Likud-Regierungen förderten die Ansiedlung gerade von Neubürgern auf dem Golan, in der Westbank und im Gaza-Streifen. Einer jener Einwanderer war der in den siebziger Jahren aus den USA zugezogene Rabbi Meir Kahane; die Siedlung Kiryat Arba bei Hebron wurde Zentrum seiner ultranationalistischen Bewegung Kach.

Gegenwärtig hält Israel noch die Westbank (5.860 km²; 1,4 Mio. Araber, 95.000 jüdische Siedler) und die Golan-Höhen (1.295 km²; 14.5000 Araber, 14.000 jüdische Siedler) besetzt und beansprucht eine etwa 20 km tiefe Sicherheitszone im Südlibanon zum Schutz der nördlichen Staatsgebiete.
Das palästinensische Selbstverwaltungsgebiet gemäß dem Gaza-Jericho-Abkommen umfaßt 380 km² und wird von 681.000 Arabern und 4.000 jüdischen Siedlern bewohnt. In Jericho leben etwa 20.000 Araber. Ab 1996 soll der endgültigen Status der Autonomiegebiete feststehen, die von der PLO als Keimzelle eines palästinensischen Staates verstanden werden.

Kahane fiel 1990 in New York einem Mordanschlag zum Opfer. Sein Sohn Benjamin führte Kach zunächst unter dem Namen „Kahane lebt" weiter, bis die israelische Regierung am 13. März 1994 die Organisation verbot.

Der Zusammenbruch des Ostblocks 1989/90 veränderte allmählich auch die Situation im Nahen Osten. In kleinen Schritten bewegten sich Israel, die noch feindlich gesinnten arabischen Nachbarn und die PLO aufeinander zu. Am 30. Oktober 1991 kam es in Madrid erstmals zu offiziellen Gesprächen zwischen den Kontrahenten auf hoher Ebene. Israels Ministerpräsident Jizhak Shamir auf der einen und die Außenminister Syriens, Libanons und Jordaniens sowie PLO-Vertreter auf der anderen Seite verhandelten zunächst ohne greifbare Ergebnisse. Aber der historische Dialog war immerhin eröffnet.

Bei den Wahlen zur Knesset 1992 errang die oppositionelle Arbeitspartei den Sieg. In einer Rede am 3. September erteilte der neue Premier Jizhak Rabin der Idee eines Groß-Israel eine Absage und zeigte sich kompromißbereit, um den Friedensprozeß in der Region zu forcieren. Ein Jahr später marschierten israelische Einheiten allerdings nochmals in den Libanon ein. Die vom 25. bis 31. Juli 1993 andauernde „Operation Abrechnung" sollte die fortgesetzten Angriffe der proiranischen Schiitenmilizen gegen Nordisrael unterbinden. Der Erfolg blieb allerdings aus. Auch weiterhin gelang es der Hisb'ollah immer wieder, Terrorakte und Überfälle in Israel zu verüben.

Obwohl allein im ersten Vierteljahr bei palästinensischen Anschlägen 13 Israelis und bei israelischen Gegenaktionen 60 Araber umgekommen waren, gelang 1993 der Durchbruch bei den israelisch-palästinensischen Gesprächen. Nach Geheimgesprächen in Norwegen unterzeichneten beide Seiten, vertreten durch Premier Rabin und PLO-Chef Arafat, am 13. September in Washington den Grundlagenvertrag zum Gaza-Jericho-Abkommen. Israel billigte darin unter anderem eine palästinensische Selbstverwaltung im Gaza-Streifen und in der Stadt Jericho. Der Grundlagenvertrag trat am 13. Oktober des Jahres in Kraft. Einige Fragen blieben allerdings zunächst ungelöst, so die Größe des Bereiches Jericho und die Kontrolle der Außengrenzen des Autonomiegebietes. Israel ließ deshalb die für den 13. Dezember festgelegte Frist eines Truppenabzuges aus dem Gaza-Streifen verstreichen.

In Gefahr geriet der Friedensprozeß auch, als am 25. Februar 1994 ein israelischer Siedler in einer Hebroner Moschee 29 Araber tötete und 270 weitere verletzte. Vierzig Tage darauf ermordeten Hamas-Aktivisten im nordisraelischen Afula acht Israelis. Auch in der Folgezeit fielen – und fallen immer wieder – Israelis mörderischen Anschlägen zum Opfer.

Dennoch unterzeichneten Rabin und Arafat am 4. Mai 1994 in Kairo das Gaza-Jericho-Abkommen. Auch mit Jordanien nahm Israel durch ein Treffen zwischen Rabin und König Hussein normale Beziehungen auf: beide Repräsentanten kamen am 26. Oktober 1994 in Arava zusammen. Dabei wurde unter anderem die Aufnahme diplomatischer Beziehungen und die Rückgabe von 380 km^2 Land durch Israel an Jordanien vereinbart.

Die Fortschritte des Friedensprozesses begleiteten allerdings weiterhin zahlreiche Anschläge palästinensischer Extremisten. Die – unvollständige – Chronik des Schreckens: 6. April 1994 – sieben Tote, 52 Verletzte in Afula, 19. Oktober 1994 – 23 Tote, 40 Verletzte in Tel Aviv, 22. Januar 1995 – 18 tote israelische Soldaten, 50 Verletzte bei zwei Selbstmord-Attentaten in Netanya, 9. April 1995 – zehn Tote und 45 Verletzte bei zwei Anschlägen im Gaza-Streifen, 21. August 1995 – fünf Tote, 101 Verletzte in Tel Aviv, 25. Februar 1996 – 27 Tote und 80 Verletzte in Jerusalem und Askalon, 3. März 1996 – 19 Tote und 80 Verletzte in Jerusalem, 4. März 1996 – 20 Tote, 90 Verletzte in Tel Aviv...

Obwohl diese Terrorserie in weiten Teilen der israelischen Öffentlichkeit Zweifel am Versöhnungskurs der Regierung Rabin verstärkten, unterzeichneten am 28. September 1995 Israelis und Palästinenser in Washington das sogenannte Oslo-B-Abkommen. Das Kernstück der Vereinbarung bildet der schrittweise Abzug der israelischen Armee aus den größeren Städten des Westjordanlandes. Konkret bezog sich diese Regelung auf Jenin, Nablus, Tulkarem, Kalkilja, Ramallah, Bethlehem und den überwiegende Teil Hebrons. Auch 450 kleinere Ortschaften und Siedlungen sollten nach und nach einer palästinensischen Zivilverwaltung übergeben werden. Die Likud-Opposition, national-religiös eingestellte Israelis und besonders der Siedlerrat für Judäa, Samaria und Gaza (Jescha) lehnten diese Erweiterung des Autonomiegebietes als „Verrat" ab. Premier Rabin, ehedem gefeierter Kriegsheld von 1948 bis 1967, erschien ihnen zunehmend als „Ausverkäufer" jüdischer Interessen, die Polemik gegen ihn nahm zu und gipfelte in Darstellungen, die den Ministerpräsidenten in Nazi-Uniform zeigten.

Auf einer Kundgebung in Tel Aviv am 4. November 1995 – 100.000 Menschen bekundeten ihren Willen zum Frieden, – schoß ein jüdischer Extremist Jizhak Rabin nieder. Der Premier erlag wenige Stunden später seinen schweren Verletzungen. Die Bluttat schockte zum Ausgleich gewillte Juden und Araber gleichermaßen. Zunächst übernahm Außenminister Shimon Perez die Regierungsgeschäfte.

Bei den Angriffen auf Ziele im Libanon im April 1996 beschossen die Israelis zum wiederholten mal syrische Stellungen in der Bekaa-Ebene. Syrien betrachtet den Libanon traditionell als Einflußbereich und hat auf dem Territorium des Nachbarstaates etwa 35.000 Soldaten stationiert. Nach Meinung von Nahost-Experten könnte sich aus dem militärischen Engagement beider Länder im Libanon schnell ein direkter Konflikt zwischen Israel und Syrien entwickeln.

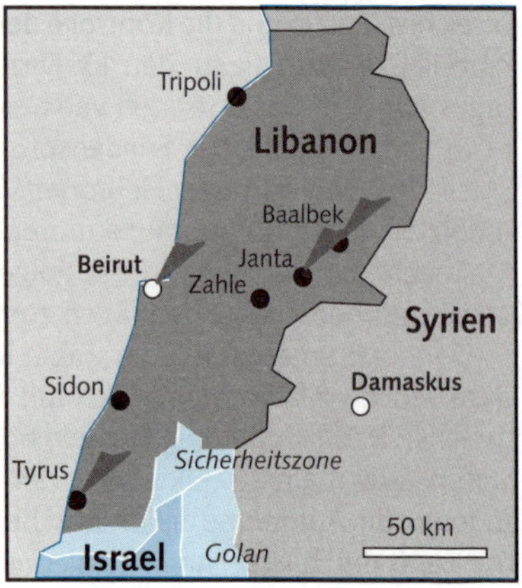

Zahlreiche offene oder schwelende Konflikte im Nahen Osten und den angrenzenden Regionen lassen diesen Teil der Welt auch in der Gegenwart nicht zur Ruhe kommen.

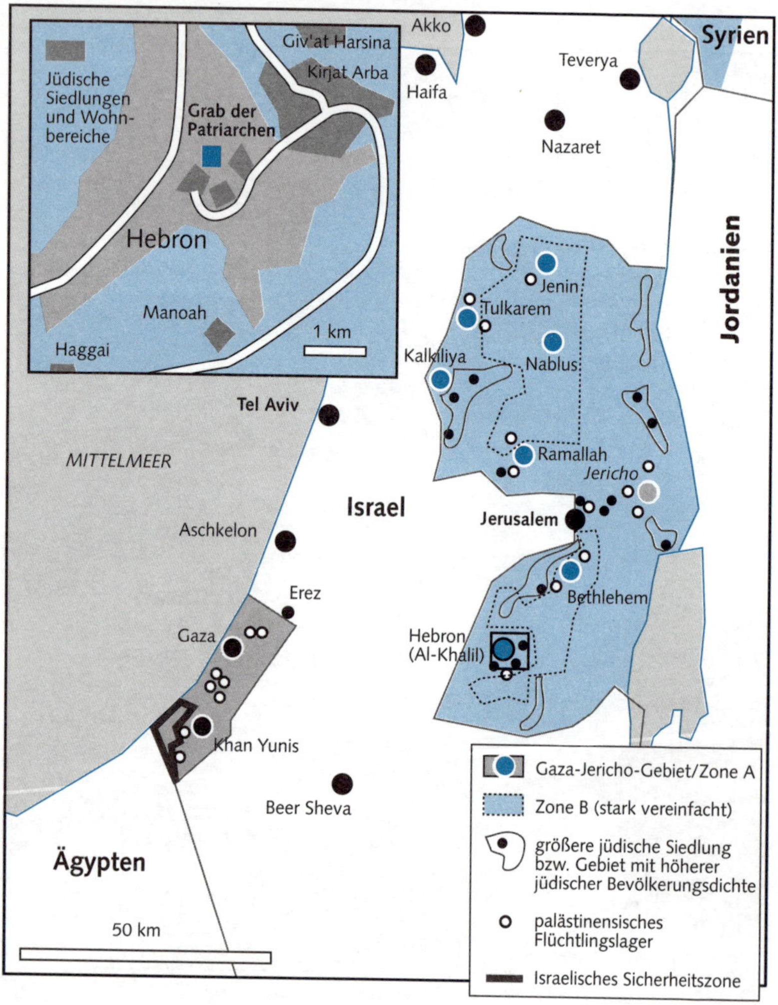

Oslo B teilt das Westjordanland in drei Zonen ein: Gebiet A (etwa 30% des Territoriums) soll mit Ausnahme von Hebron unter vollständige palästinensische Kontrolle fallen. Gebiet B bleibt weiterhin als „Sicherheitsgebiet" von den Israelis dominiert, wird aber auch parallel von palästinensischer Polizei überwacht. Zahlreiche Straßen und Wege sind allerdings ausschließlich den Israelis vorbehalten, so daß sich eine stark zergliederte Struktur ergibt. Gebiet C schließlich umfaßt die jüdischen Siedlungen und Militärposten und bleibt vollständig unter israelischer Kontrolle.

Die Knesset bestätigte am 22. November 1995 den Interims-Premier, der die Politik seines Vorgängers fortsetzte.

Nach Angriffen von Hisb'ollah-Milizen auf Galiläa startete Israel am 11. April 1996 eine Offensive gegen mutmaßliche Stellungen der Gruppierung im Süd- und Zentral-Libanon (Operation „Früchte des Zorns"). Bei den Kampfhandlungen starben auch rund 160 Libanesen. Als am 18. April auch das UNIFIL-Lager Kana bei Tyrus von israelischen Granaten getroffen wurde, kamen dabei 102 Zivilisten und einige UN-Soldaten ums Leben. Nach einem Waffenstillstandsabkommen mit Libanon und Syrien zogen sich die Israelis am 26. April 1996 wieder zurück.

Mit seinem harten Kurs im Libanon wollte Perez nach Ansicht vieler Beobachter auch gegenüber der nicht verstummenden Kritik an der israelisch-palästinensischen Annäherung Entschlossenheit demonstrieren. Dennoch unterlag der Premier bei der ersten Direktwahl eines Ministerpräsidenten in der israelischen Geschichte am 29. Mai 1996: Shimon Perez erhielt 49,51% der abgegebenen Stimmen, sein Herausforderer Benjamin Netanjahu 50,49%. Damit übernahm auch der bislang oppositionelle Likud-Block die politische Verantwortung im Lande. Netanjahu, ein erklärter Gegner des Abkommens mit den Palästinensern, fror zunächst alle Kontakte mit diesen ein. Die Autonomiegespräche gerieten ins Stocken, erst am 4. September traf der neue Premier mit Arafat am Checkpoint Erez zu einem Gespräch zusammen. Greifbare Ergebnisse jedoch blieben aus. Wichtige Fragen wie zum Beispiel der israelische Teilabzug aus Hebron, der bereits seit dem 28. März überfällig war, harrte weiter einer Klärung.

Trotz des deutlich verschlechterten Klimas in den israelisch-palästinensischen Beziehungen einigten sich Netanjahu und Arafat am 15. Januar 1997 schließlich doch noch auf eine Kompromißformel im Streit um Hebron. Viele Probleme sind dennoch ungelöst und bergen für die Zukunft erhebliches Konfliktpotential. Dazu gehört neben dem Streitfall Hebron der Status von Ost-Jerusalem

Das Stichwort:

Stolpersteine: Hebron und Jerusalem

Die Stadt Hebron (→ Nebenkarte Seite 156) ist für Juden und Moslems gleichermaßen von hohem symbolischen Wert. Hier befinden sich der biblischen Überlieferung zufolge die Grabstätten von Abraham, Isaak und Jakob und von Sara, Rebekka und Lea. An ihrer Stelle erhebt sich seit Jahrhunderten eine Moschee, die allen drei Religionen heilig ist, Anfang 1994 allerdings Ort eines blutigen Anschlags wurde (→ S. 153). Hebron zählt heute etwa 180.000 arabische Einwohner, inzwischen leben auch wieder 400 bis 500 Juden in der Stadt. Zum Schutz dieser betont provokativ und militant auftretenden Siedler waren bislang bis zu 2.000 israelische Soldaten in Hebron stationiert. In unmittelbarer Nachbarschaft befinden sich mehrere israelische Siedlungen. Die größte von ihnen, Kirjat Arba, zählt 5.000 Einwohner und ist ein Zentrum radikal-nationaler Juden.

Hebron ist nicht nur der Patriarchen wegen vielen Israelis ein nationales Heiligtum. Hier residierte König David, bevor er Jerusalem eroberte. Und hier kamen 1929 bei einem arabischen Aufruhr 67 Juden ums Leben. Die Araber wiederum verehren den ersten Sohn Abrahams, Ismael, als ihren Stammvater (vgl. 1. Mose 16 und 25, 12-16). Entsprechend groß ist die Erfurcht der Muslime vor dem Grab der Patriarchen.

Die Regelung vom Januar 1997 sieht vor, daß etwa 80% Hebrons unter palästinensische Verwaltung gestellt werden. Die übrigen 20 % der Stadt umfassen allerdings das historische Zentrum, den Markt und die Patriarchen-Grabstätte. Hier lebende Araber bleiben weiterhin erheblichen Restriktionen unterworfen, die dem Sicherheitsbedürfnis der jüdischen Siedler geschuldet sind. Diesen wiederum geht der erzielte Kompromiß zu weit. Durch die weit verbreitete Frustration auf beiden Seiten sind, so scheint es, zukünftige Konflikte vorprogrammiert.

Weitaus komplizierter ist die Situation in Jerusalem. Für die Israelis gibt es bezüglich des politischen Status der Stadt nichts zu verhandeln. Sie betrachten die seit 1967 wiedervereinigte Stadt als unteilbare Kapitale des Landes. Die Palästinenser freilich erheben politischen Anspruch auf die islamischen Stätten in der historischen Altstadt. Jahrhundertelang hatten hier Juden, Christen und Moslems auf engsten Raum zusammengelebt.

Zu den ersten Versuchen, sich außerhalb der Mauern anzusiedeln, gehörten die 1860 beziehungsweise 1874 gegründeten jüdischen Quartiere Yemin Moshe und Mea Shearim. Auch arabische Viertel wie Talbieh und Katamon entstanden in der Westjerusalemer Neustadt. Der erste israelisch-arabische Krieg

Von 1949 bis 1967 teilten Mauern und Stacheldraht Jerusalem. Eine international kontrollierte neutrale Zone hielt die Kriegsparteien auf Distanz. Östlich der Stadt, auf dem Scopus-Berg, bestand noch eine jüdische Enklave. Zwischen den jüdischen und arabischen Teilen der Stadt gab es nur eine Verbindung, das sogenannte Mandelbaum-Tor. Juden blieb der Zugang zu den heiligen Städten in Alt-Jerusalem während der jordanischen Herrschaft verwehrt.

Zu Spannungen und heftigen Ausschreitungen seitens der Palästinenser führten im März 1997 Pläne der Israelis, das jüdische Siedlungssystem um Jerusalem weiter auszubauen.

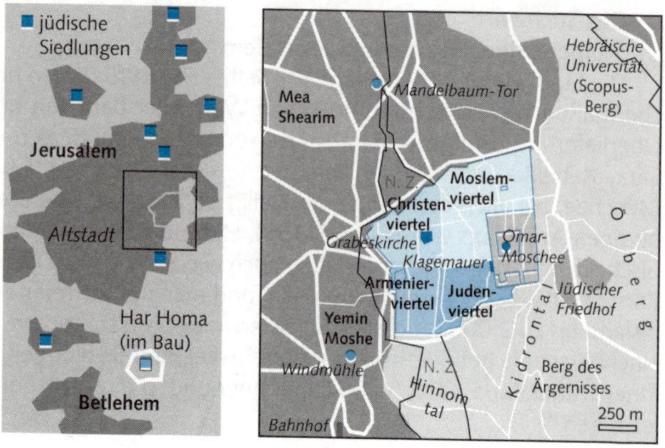

von 1949 hinterließ ein geteiltes Jerusalem. Die in der nunmehr jordanisch verwalteten Altstadt lebenden Juden mußten ihr Wohngebiet verlassen, der berühmte jüdische Friedhof am Fuße des Ölbergs wurde geschändet. Aus Westjerusalem waren die Araber bereits gegen Ende der britischen Mandatszeit verdrängt worden.

Im Sechstagekrieg verlor Jordanien mit dem Westjordanland auch Ost-Jerusalem an Israel. Per Gesetz erklärte die Knesset 1981 Jerusalem als Ganzes zur Hauptstadt Israels – „auf ewig". Heute leben in der Stadt etwa 570.000 Einwohner, davon sind nur noch 170.000 Palästinenser. als 1996 das jüdische Jerusalem seine offizielle 3000-Jahr-Feier zelebrierte, spielten denn auch die Araber und ihr über 1300jähriger Anteil an der Stadtgeschichte keine Rolle. Den palästinensischen Bemühungen, wenigstens über einen Bruchteil Jerusalems Souveränität zu erlangen, hat Israel bislang stets eine strikte Absage erteilt. Im Gegenteil, seit einiger Zeit nehmen jüdische Siedlungstätigkeiten südöstlich von Jerusalem wieder zu.

Das Stichwort:
Der Felsendom

Symbol moslemisch-arabischer Ansprüche auf Jerusalem ist die Omar-Moschee, umgangssprachlich auch „Felsendom" genannt. Der Bau geht auf den Kalifen Omar zurück, der die Heilige Stadt 638 eroberte.

Die Moschee erhebt sich auf dem Plateau, das einst die jüdischen Tempel trug. Den ursprünglich schlichten Holzbau ließ der von Damaskus aus regierende Kalif Abd al-Malik 691 durch das noch heute bestehende Oktogon mit prächtiger Goldkuppel ersetzen. Da er sich mit einem in Mekka residierenden Gegenkalifen auseinandersetzen mußte, stärkte al-Malik die Rolle Jerusalems als wichtige islamische Pilgerstätte. Die Kreuzfahrer hielten die Omar-Moschee für den Tempel Salomons, der Templerorden nahm das Bauwerks deshalb in sein Siegel auf.

Als Jordanien 1948 Ost-Jerusalem besetzte, hoffte der amtierende König Abdallah als neuer Schutzherr der islamischen Stätten wie ehedem al-Malik auf Prestigegewinn in der arabischen Welt. Seine Rolle wurde ihm zum Verhängnis: ein palästinensischer Attentäter erschoß den Großvater König Husseins 1951 auf dem Tempelberg.

Extremistischen jüdischen Gruppierungen war die so exponiert gelegene Moschee schon lange ein Dorn im Auge – es sollte Platz geschaffen werden für den III. Tempel. Anfang der 80er Jahre gab es Vorbereitungen für einen Sprengstoffanschlag, den israelische Ermittlungsbehörden allerdings vereitelten. Wie sensibel die arabische Seite auf vermeintliche israelische Versuche reagiert, den Frieden des religiösen islamischen Bezirks zu stören, zeigen die schweren Aus-

Der Felsendom auf einer Briefmarke aus der Mandatszeit (Originalreproduktion; vergrößert)

schreitungen vom 24. September 1996. Zu blutigen Unruhen kam es, als die israelischen Behörden einen antiken Tunnel im Bereich der östlichen Altstadt der Öffentlichkeit zugänglich machten. Die Palästinenser sahen darin eine Gefährdung der islamischen Stätten , 84 Menschen starben bei Auseinandersetzungen mit Sicherheitskräften in Ost-Jerusalem und im Autonomiegebiet.

Auch die Beziehungen Israels zu den arabischen Nachbarstaaten haben sich seit dem Amtsantritt Netanjahus deutlich verschlechtert. Seit dem Baubeginn in Har Homa liegt der Friedensprozeß praktisch auf Eis. Die Gespräche mit den nach wie vor feindlich eingestellten Syrern sind ohnehin seit längerer Zeit vertagt. Damaskus beharrt auf der bedingungslosen Rückgabe des gesamten Golans, verbunden mit einem sofortigen kompletten Rückzug der israelischen Einheiten. Für den auf seine Sicherheit bedachten Staat Israel sind dies unannehmbare Bedingungen.

Gegenwärtig kommt auch die im Gaza-Jericho-Abkommen vereinbarte schrittweise Ausdehnung des palästinensischen Autonomiegebietes auf die gesamte Westbank nicht voran. Die Krux freilich ist: Verzichtet Israel gänzlich auf Einfluß in diesen Gebieten, könnte sich Geschichte wiederholen: ein entschlossener Aggressor wäre in der Lage, den Staat gleichsam zu filetieren – Süd-, Zentral- und Nordisrael ließen sich durch zwei „Schnitte" voneinander trennen und kaum mehr wirksam verteidigen.

Die palästinensische Führung ihrerseits hat bei den Arabern Hoffnungen auf einen palästinensischen Staat geweckt, die selbst mittelfristig unrealistisch sind. Das Erwachen aus diesem Wunschtraum und die anhaltend schlechte wirtschaftliche Lage in den besetzten Gebieten sind kein gutes Omen für die Zukunft.

Seit 1948 hat Israel über 18.200 Soldaten in den Auseinandersetzungen mit den Arabern verloren. Israel braucht Frieden und den Ausgleich mit seinen Nachbarn. Aber nicht um den Preis der Selbstaufgabe. Es gilt nach wie vor, was Golda Meïr, die große alte Dame der israelischen Politik, 1970 in einem Interview gesagt hat:

„Hätten wir im Zweiten Weltkrieg einen kleinen Flecken Erde gehabt, auf den wir uns hätten flüchten können, dann wären von jenen sechs Millionen Juden noch einige am Leben. Freiwillig werden wir es nie wieder soweit kommen lassen. Nie wieder. Nie wieder". (23)

Quellenverzeichnis

(1) Buber, M., Das Land der Juden (in: „Die Welt", März 1912).
(2) ders., Jüdische Wissenschaft (in: „Die Welt", Oktober 1901).
(3) ders., Er und Wir (in: „Die Welt", Mai 1910).
(4) ders., Jüdische Wissenschaft (in: „Die Welt", Oktober 1901).
(5) Chagall, B., Brennende Lichter, Reinbek b. Hamburg 1966.
(6) ebd.
(7) Tuchman, B., Die Torheit der Regierenden. Von Troja bis Vietnam, Frankfurt 1992.
(8) Haffner, S., Preußen ohne Legende, Hamburg 1979.
(9) Lehmann, E., Gesammelte Schriften, Dresden 1898.
(10) ebd.
(11) ebd.
(12) vgl. Buber, M., Herzl und die Historie (in: „Ost und West", August 1904).
(13) Seligmann, R., Republik der Betroffenen (in: DER SPIEGEL 14/1994).
(14)Schoeps, J. H., Jüdisches Leben im Nachkriegsdeutschland. Von den Jahren des Aufbaus bis zum Ende der Teilung, (in: Nachama, A./Schoeps, J. H., Jüdische Lebenswelten. Essays, Berlin 1991).
(15) ebd.
(16) ebd.
(17) vgl. DER SPIEGEL 50/1994 (Ein Volk, ein Reich, ein Führer?) und DER SPIEGEL 20/1990 (Deutschland nur mit den Juden).
(18) Toynbee, A., A study of history (Band VIII), London/New York/Toronto 1955 (dt.: Der Gang der Weltgeschichte, 1958)
(19) Broder, H. M., Der Ewige Antisemit. Über Sinn und Funktion eines beständigen Gefühls, Frankfurt 1986.
(20) Goldmann, N., Staatsmann ohne Staat, Köln/Berlin 1970.
(21) Grundig, L., Gesichte und Geschichte, Berlin 1958.
(22) Tibi, B., Militär und Sozialismus in der Dritten Welt, Frankfurt 1973.
(23) DER SPIEGEL 30/1970.

Literaturverzeichnis

Ariel, D. S., Die Mystik des Judentums, München 1993.
Bellow, S., Nach Jerusalem und zurück, Frankfurt/Berlin/Wien 1979.
Ben-Chorin, S., Bruder Jesus. Der Nazarener in jüdischer Sicht, München 1994.
Ben-Sasson, H. H. (Hrsg.), Geschichte des jüdischen Volkes. Von den Anfängen bis zur Gegenwart, München 1994.
Brentjes, B., Völker beiderseits des Jordan, Leipzig 1979.
Collin, L., Lapierre, D., O Jerusalem, München 1972.
Dahm, H. G., Die Geschichte des Zweiten Weltkriegs, Frankfurt/Berlin 1989.
De Vries, S. Ph., Jüdische Riten und Symbole, Reinbek b. Hamburg 1993.
Eschwege, H., Die Synagoge in der deutschen Geschichte, Dresden 1980.
Eschwege, H. (Hrsg.), Kennzeichen J, Berlin 1966.
Féner, T., Scheiber, S., Jüdische Tradition in Ungarn, Leipzig 1984.
Flusser, D., Jesus, Reinbek b. Hamburg 1993.

Goldstein, D., Das Judentum und seine Legenden, Klagenfurt 1990.
Graetz, H., Geschichte der Juden, Leipzig 1853-1876.
Guthe, H., Geschichte des Volkes Israel, Tübingen 1914.
Giordano, R., Wenn Hitler den Krieg gewonnen hätte. Die Pläne der Nazis nach dem Endsieg, Hamburg 1989.
Herrmann, S., Geschichte Israels in alttestamentlicher Zeit, München 197.3
Herm, G., Die Phönizier. Das Purpurreich der Antike, Reinbek b. Hamburg 1987.
Herzl, T., Der Judenstaat.Versuch einer modernen Lösung der Judenfrage, Zürich 1988.
Israel von A - Z, Jerusalem 1993.
Jepsen, Von Sinuhe bis Nebukadnezar, Berlin 1979.
Kroll, G., Auf den Spuren Jesu, Leipzig 1979.
Krüger, R., Die Kunst der Synagoge, Leipzig 1966.
Mayer, R. (Hrsg.), Der Talmud, München 1980.
Melman, Y., Knesseth und Kibbuz. Die Geschichte des Staates Israel, München 1993.
Lewis, B., Die Juden in der islamischen Welt, München 1987.
Meyers Großes Konversations-Lexikon, Leipzig/Wien 1908.
Nachama, A., Sievernich, G., Jüdische Lebenswelten. Katalog, Berlin 1991.
Nationalsozialismus, P. M. Perspektive 8/1988.
Noth, M., Geschichte Israels, Göttingen 1954.
Ostrovsky, V., Der Mossad, München 1991.
Petzold, J., Die Geschichte der NSDAP, Berlin 1981.
Robbe, M., Scheidewege in Nahost, Berlin 1982.
Rohrbach, S., Schmidt, M., Judenbilder. Kulturgeschichte antijüdischer Mythen und antisemitischer Vorurteile, Reinbek b. Hamburg 1991.
Simon, H. u. M., Geschichte der jüdischen Philisophie, Berlin 1984.
Stemberger, G. (Hrsg.), 2000 Jahre Christentum, Erlangen 1990.
Wolffsohn, M., Wem gehört das Heilige Land? München 1992.
Wyman, D. S., Das unerwünschte Volk. Amerika und die Vernichtung der europäischen Juden, Frankfurt 1989.
Yerushalmi, Y. H., Ein Feld in Anatot. Versuche über jüdische Geschichte, Berlin 1993.

Atlanten und Kartenwerke

De Lange, N. (Hrsg.), Jüdische Welt, München 1991.
Herder Grosser Bibelatlas, Freiburg/Basel/Wien 1989
Leisering, W. (Hrsg.), Putzger Historischer Weltatlas, Berlin 1990.
Matthew, D. (Hrsg.), Mittelalter, München 1984.
Matthiae, K., Chronologische Übersicht und Karten zur spätjüdischen und urchristlichen Zeit, Berlin 1977.
O'Brien, J., Palmer, M., Weltatlas der Religionen, Bonn 1994.
Rogerson, J. (Hrsg.), Land der Bibel, München 1985.